braumüller

MARKUS TENI

Einfach loslaufen

Mit Bewegung zu mehr Gesundheit und Wohlbefinden

braumüller

Bibliografische Information der Deutschen Nationalbibliothek
Die Deutsche Nationalbibliothek verzeichnet diese Publikation in der Deutschen Nationalbibliografie; detaillierte bibliografische Daten sind im Internet über http://dnb.d-nb.de abrufbar.

1. Auflage 2022

Servitengasse 5, A-1090 Wien
www.braumueller.at

Bild Cover: © Shutterstock/sutadimages
Druck: EuroPB, Dělostřelecká 344, CZ 261 01 Příbram
ISBN 978-3-99100-348-9

INHALT

Einleitung

Schon wieder ein neues Laufbuch? Ist denn nicht schon längst alles über dieses Thema geschrieben worden? Gibt es etwa neue, bahnbrechende Erkenntnisse diesbezüglich?

Eines gleich vorweg: Dies ist kein Buch von einem Profisportler, gespickt mit Geschichten aus der Welt des Spitzensports und umfangreichen Trainingsplänen, die für „Normalsterbliche“ in den meisten Fällen sowieso nicht zu bewältigen sind.

Das Material hat sich über einen längeren Zeitraum angesammelt und war zunächst nur dazu gedacht, mir das Laufen durch Wissen (und nicht Glauben) auf allen möglichen Gebieten zu vereinfachen. Die Idee, ein Buch über das Laufen zu schreiben, ist über die letzten Jahre langsam gewachsen. Auslöser war vor allem, dass der Wettkampf- und Leistungsgedanke die Freude an der Bewegung immer mehr zu ersticken droht. Alles und jedes muss genauestens gemessen und abgestimmt werden, Platzierungen und neuen Bestzeiten ist alles unterzuordnen. Auch Freizeitläufer sind sehr oft von diesem Leistungsdenken infiziert, dabei ist es doch unerheblich, ob man bei einem x-beliebigen Stadtmarathon den 5834. oder 6172. Platz belegt. Auf Außenstehende wirkt diese Art von Verbissenheit oft abschreckend und alles andere als motivierend, selbst einmal die Laufschuhe zu schnüren. Ansprechen möchte ich neben Läufern genau die Personen, die sich nicht oder nur ungenügend bewegen. Die zu viel Gewicht auf die Waage bringen, die eigentlich keine Zeit zum Laufen haben, für die Sport und Bewegung mit schlechten Erfahrungen aus der Kindheit zusammenhängen. Etwa den Jungen, der im Sportunterricht gehänselt wurde, weil er zu klein und dünn war. Oder das Mädchen, das ob seiner Leibesfülle gerade mal so eine Runde um den Sportplatz geschafft hat. An all diese Menschen, die Bewegung und vor allem das Laufen meist mit Widerwillen, Zwang, Anstrengung, Schmerzen und Scham in Verbindung bringen, wendet sich dieses Buch. Es geht überhaupt nicht darum, einen Marathon nach dem anderen zu absolvieren und sich bis an die Leistungsgrenze zu quälen, um immer zu den Besten zu gehören. Es geht darum, Bewegung wieder als etwas ganz Natürliches anzusehen, Spaß und Freude am Laufen zu haben und einfach sein Bestes zu geben. Die oft demütigenden Erlebnisse aus Kindheits- und Jugendtagen abzulegen und selbst zu erfahren, dass Bewegung nicht nur einigen wenigen Auserwählten vorbehalten ist, sondern sich jeder einigermaßen gesunde Mensch aufraffen kann. Und es geht vor allem auch darum, unseren Kindern ein positives Vorbild in puncto Bewegung zu sein und ihnen zu zeigen, dass ein gesunder und leistungsfähiger Körper mehr als ein Statussymbol ist.

Ich hatte weder die nötige Zeit noch das Geld, um jeden Aspekt des Laufens genauestens zu beleuchten und niederzuschreiben. Auch konnte ich nicht um die halbe Welt fliegen, um bekannte Spitzenläufer, Wissenschaftler, Sportpsychologen und Trainer zu befragen, oder um mit den San in Namibia auf die Jagd zu gehen oder von den Tarahumara in Mexiko in ihre Lauftechnik eingeführt zu werden. So habe ich aus der (vermeintlichen) Not eine Tugend gemacht und nur auf jene Informationen zurückgegriffen, welche auch dem Großteil der Bevölkerung frei zugänglich sind: Bücher, das Internet und persönliche Erfahrungen. Trotz dieser Einschränkung habe ich beim Schreiben und Recherchieren die Erfahrung gemacht, dass sich heutzutage ein riesiger Wissensschatz auf allen möglichen Gebieten angehäuft hat. Wer will, kann sich auch als Normalsterblicher mit durchaus brauchbaren Daten und Fakten versorgen.

Viele werden sich jetzt fragen: Was kann der mir Neues erzählen, was ich nicht schon weiß? Welche Referenzen hat er vorzuweisen? Von dem Typen habe ich ja überhaupt noch nie etwas gehört. Ich bin der kleine, schmächtige Junge, dem niemand je zugetraut hätte, jemals freiwillig auch nur ein paar Kilometer zu laufen, geschweige denn einen Marathon oder Traillauf zu bewältigen. Der ob seiner durchaus vorhandenen sportlichen Ambitionen von seinem Umfeld eher belächelt und demotiviert wurde, anstatt unterstützt und ermuntert zu werden oder Wege aufgezeigt zu bekommen, die er selbst gehen kann. Der eine oder andere hat vielleicht ähnliche Erfahrungen gemacht und wird sich darin womöglich auch wiedererkennen.

Genau darum geht es mir. Hier schreibt nicht der Überläufer, der beim Berlinmarathon auf den neuen Weltrekord losgeht oder sich monatelang akribisch auf den Badwater Ultramarathon vorbereitet, sondern der Typ von nebenan, berufstätig, Familienvater, mit allen damit verbundenen Verpflichtungen und dementsprechend wenig Zeit für ein minutengenau gesteuertes Trainingsprogramm. Jemand, der Regenerationsphasen eigentlich nur aus den schlauen Laufbüchern kennt, da nach der Laufeinheit schon der nächste berufliche oder private Termin wartet. Ich bin ein durchschnittlicher Läufer, mein Kilometerschnitt ist durchschnittlich, mein Trainingsaufwand ist durchschnittlich, meine Marathonzeiten sind durchschnittlich. Wo mir allerdings nur wenige das Wasser reichen können, ist meine Motivation zum Laufen. Ich bewege mich einfach unheimlich gerne, darin bin ich mindestens intergalaktischer Vize-Meister.

Außerdem bin ich jemand, dem die Aufrüstung in einer Sportart, die das Natürlichste darstellt, was der Mensch machen kann, unglaublich auf die Nerven geht. Das immer Höher, Schneller, Weiter in Verbindung mit der immer umfangreicher und teurer werdenden Ausrüstung, den neuesten Erkenntnissen aus der Ernährungslehre mit den daraus abgeleiteten – und sich oft widersprechenden – Diätempfehlungen, das Feilen an Sekunden für den nächsten Lauf (egal ob Volkslauf, Marathon oder nur für die nächste Trainingseinheit), noch ausgeklügeltere Trainingspläne und immer irrwitzigere Laufveranstaltungen.

Ich möchte den Blick auf einen Aspekt des Laufens lenken, der in unserer schnelllebigen Zeit westlicher Prägung beinahe vollständig verloren gegangen ist. Das Laufen sollte wieder den Stellenwert bekommen, der ihm zusteht. Eine unglaublich harmonische und effektive Bewegung ohne modischen Schnickschnack, ohne Trainingspläne, ohne peinlichst ausgetüftelte Wettkampfernährung und ohne Schuhe, die für unsere Füße nur bedingt geeignet sind. Läufer sollten keine elitäre Gemeinschaft bilden, in die der Zutritt erst nach Vorlage von Kilometerzeiten, Platzierungen und brandneuer Ausrüstung gewährt wird, sondern ein Zusammenschluss Gleichgesinnter, wo jeder willkommen ist, unabhängig von Alter, Leistungsniveau und sozialem Status.

Laufen – vor allem der Langstreckenlauf – ist heute, wo schon so vieles vermessen, kartografiert und gezähmt ist, oder aber auch so teuer, dass der Normalbürger davon wirklich nur träumen kann, das klassische Abenteuer für Jedermann. Laufen reißt uns aus dem Alltagstrott, vertreibt die Monotonie unserer geregelten Tage, lässt uns erhaben und groß denken und macht uns für diese paar Stunden zuverlässig zum Helden unserer eigenen, ganz persönlichen (kleinen oder großen) Abenteuergeschichte.

Bei meinen Recherchen für dieses Buch und den Selbstversuchen hat sich eine Erkenntnis wie ein roter Faden durchgezogen: Glauben

Sie nichts, was vermeintliche Fachleute, Verkäufer, Werbestrategen, Ernährungspäpste, Laufgurus und selbst Profiläufer Ihnen erzählen – besonders dann nicht, wenn Geld im Spiel ist. Denken Sie selbst nach, machen Sie Ihre eigenen Erfahrungen, vertrauen Sie wieder Ihrer eigenen Urteilsfähigkeit. Kurz gesagt, übernehmen Sie selbst Verantwortung für Ihr Tun.

Alles, was wir im Laufe unseres Lebens tun, hat Auswirkungen. Und zwar nicht nur auf einen selbst. Wieviel Sie laufen, beeinflusst Ihren Körper und Geist – und dadurch auch die Beziehungen zu anderen Menschen. Wo Sie laufen und wie Sie dorthin kommen, was Sie essen und trinken, was Sie anziehen, welche zusätzliche Ausrüstung Sie kaufen und verwenden – all das wirkt nicht nur auf Sie ein, sondern durch ein komplexes Zusammenspiel vieler Faktoren im Endeffekt auch auf andere Menschen und schlussendlich auf das Ökosystem Erde. Der Langstreckenlauf ist zwar die klassische Sportart für Solisten und Eigenbrötler, jedoch existiert niemand in einer Blase. Denn jedes Tun und Handeln hat Folgen, ist Anstoß und Auslöser für weitere Ereignisse.

Im vorliegenden Buch gibt es keine Trainingspläne, keine Vorgaben für Art und Dauer von Trainingseinheiten, keine unbedingt einzuhaltenden Kilometerzeiten, generell keine „Du-musst-mindestens-Vorgaben“ und vor allem keine strikten Regeln dafür, was einen „richtigen Läufer“ ausmacht. Ich möchte Sie dahingehend motivieren, nichts als gegeben hinzunehmen, selbst Fragen zu stellen und, wenn meine Erkenntnisse und die daraus abgeleiteten Empfehlungen für Sie schlüssig sind, diese anzuwenden. Sollten Sie zu anderen Ergebnissen kommen, ist das auch in Ordnung. Dieses Buch stellt in keiner Weise der Weisheit letzten Schluss dar, sondern ist eine persönliche Bestandsaufnahme nach heutigem, mir zugänglichem Wissensstand. Erfahrungsaustausch, Diskurs und

Weiterentwicklung sind durchaus erwünscht, denn zu leben bedeutet ständige Bewegung. Und diese Bewegung ist nicht zwangsläufig eine Gerade. Natürlich übernehme ich die Verantwortung für alles, was ich geschrieben habe. Alle Angaben, Erläuterungen, Zitate, sowie die Bezüge auf die von mir verwendeten Quellen und die daraus resultierenden Schlussfolgerungen habe ich nach bestem Wissen und Gewissen gemacht.

Wofür ich allerdings keine Haftung übernehme, ist das, was Sie ganz persönlich aus den vorliegenden Informationen machen. Dies liegt einzig und allein in Ihrer Verantwortung.

Dies ist mein Anliegen: Werden Sie Ihr eigener Trainer, Ernährungsberater und Motivationscoach.

„Glaube wenig, hinterfrage alles, denke selbst!“

Albrecht Müller

Wie konnte es so weit kommen?

Laufen bedeutet heute einen ungeheuren Aufwand. Von der richtigen (sprich modisch korrekten) Bekleidung, der Ernährung, dem Trinken über die Trainingsgestaltung und Steuerung, die Analyse des Fußes und den richtigen Schuh, Lauftests, bis hin zur Auswahl der Wettkämpfe (die sollten natürlich möglichst prestigeträchtig sein) für die nächste Laufsaison gleicht dieses selbst auferlegte Programm vieler Läufer eher einem kräftezehrenden Gewaltakt als einer sinnvollen und gesunden Freizeitbeschäftigung. Von Freude und Spaß ist oft keine Rede mehr.

Wie kann es sein, dass etwas so Natürliches und Freudebringendes (beobachten Sie einmal Kinder beim Spielen) wie das Laufen in etwas verwandelt wurde, das Vermarktung, Steuerung und ständig neue Trends benötigt?

Ich bin – so wie die meisten gesunden Menschen weltweit – ein leidenschaftlicher Läufer. Diese Liebe zum Laufen haben wir von Kindesbeinen an, viele Spiele drehen sich in der einen oder anderen Form ums Laufen. Kinder dosieren ihre Kräfte nicht, jedes Spiel wird mit voller Energie angegangen. Eigentlich paradox: Im Kindesalter versucht man ständig uns einzubremsen und zum Stillsitzen zu animieren, im Erwachsenenalter dagegen werden wir dauernd dazu angehalten, schneller zu machen und uns öfter aus unserem Sessel zu erheben.

Es ist nicht zu übersehen, dass die meisten Menschen zwar gerne laufen, jedoch nur bis zum Alter von ca. 10–12 Jahren. Dann beginnt etwas, was ich gerne als Wohlstandsdegeneration bezeichne: der unweigerliche körperliche Verfall ansonsten gesunder Kinder und Jugendlicher, hervorgerufen durch mangelnde Bewegung und übermäßige Ernährung. Das Endergebnis sind die heute um uns wandelnden Erwachsenen mit all den bekannten Zivilisationskrankheiten. Und das Eintrittsalter in diesen „Bewegungsunfähigkeitsklub" wird immer weiter nach unten gesenkt.

In der Siedlung, in der ich als Kind mit meinen Eltern wohnte, war es eines meiner Lieblingsspiele, zahlreiche Runden um einen Komplex von drei Mietshäusern zu laufen. Es gab Start und Ziel, andere Läufer, Betreuer auf Fahrrädern und die, die mal nicht zum Laufen motiviert waren, übernahmen die Rolle der Zuschauer. Für jeden gab es eine Aufgabe. Alleine für die Planung konnten Stunden vergehen. Was mich abgesehen von der Einfachheit der damaligen Freizeitbeschäftigungen im Prä-Handy- und Computerspielzeitalter im Rückblick am meisten fasziniert, ist die Tatsache, dass Kinder einfach aus Spaß ein Rennen veranstalten. Und das nicht nur einmal. Die Distanzen, die wir damals freiwillig zurücklegten, waren auch nach heutigen Maßstäben durchaus beachtlich. Ein Turnlehrer müsste sich heute wohl so einige Kommentare besorgter Eltern anhören, wenn er die ihm anvertrauten Sprösslinge solche Distanzen (einige Kilometer) laufen lassen würde. Wir liefen damals des Öfteren aus einer Laune heraus auch schon mal direkt nach dem Mittagessen 20, 25 oder 30 Runden um diese drei Häuserblöcke. Ich habe die Strecke im Zuge der Recherche für dieses Buch vermessen und das Ergebnis kann sich durchaus sehen lassen:

20 Runden zu je ca. 410 m ergeben eine Strecke von etwa 8 km, 30 Runden eine Strecke von ca. 12 km.

Und das von Kindern. Einfach so. An einem Nachmittag. Es war dann aber nicht so, dass wir anschließend darniederlagen und unsere Wunden leckten. Es gab noch so viele andere Spiele, die an so einem Nachmittag gespielt werden wollten: Abfangen, Fußball, Verstecken, Völkerball, … bis zum Sonnenuntergang. Und das war nur ein Nachmittag in der Woche. Wenn man im Vergleich dazu die heutige Freizeitgestaltung vieler Kinder sieht, könnte man heulen. Die viel propagierte tägliche Turnstunde in den Schulen (von der wir meilenweit entfernt sind) erscheint einem da wie blanker Hohn.

Heute erscheint der Aufwand für eine Laufeinheit aus der Erwachsenenperspektive sehr viel höher. Nach oder vor einem anstrengenden Arbeitstag möchte man eigentlich die Beine lieber hochlagern als diese zu bewegen. Ausziehen, anziehen, aufwärmen, der Lauf selbst, dehnen, ausziehen, duschen, wieder anziehen, ausreichend trinken, gesundes Essen. Lohnt sich der ganze Aufwand überhaupt? Die Zweifel verstärken sich noch, wenn man völlig verschwitzt und ausgepumpt am milde lächelnden Nachbarn vorbeiläuft, der mit einem kühlen Bier auf seiner Terrasse sitzt. Nichts ist geblieben von der kindlichen Spontanität und der Begeisterung für die Bewegung. Wenn sich dann die ersten Wehwehchen und typischen Läuferverletzungen einstellen, wandern die knallbunten Laufschuhe meist für sehr lange Zeit in das unterste Fach des Schuhschranks. Wieso konnten wir die kindliche Freude am Laufen nicht konservieren und mit ins Erwachsenenleben retten?

Liegt es vielleicht daran, dass das Laufen eine kindliche Eigenheit ist? Eine spielerische Tätigkeit und somit eine vorübergehende Erscheinung? Oder daran, dass wir Menschen einfach nicht zum Laufen geboren sind – dies also nur eine weitere geschickte

Marketingaktion der Sportartikelindustrie ist, um uns für gutes Geld Bekleidung, Schuhe und allen sonstigen Schnickschnack zu verkaufen, den wir gar nicht benötigen? Angesichts der großen Palette an läufertypischen Verletzungen keine unberechtigte Frage.

Ich möchte Ihnen zeigen, dass wir Menschen die geborenen Läufer sind. Dass uns das Laufen im Blut liegt, ja unser Überleben als Spezies erst ermöglicht hat. Viele mögen jetzt ungläubig den Kopf schütteln, aber es lohnt sich, näher hinzusehen. Ich möchte Sie auf eine Reise mitnehmen von den Anfängen des modernen Menschen in den afrikanischen Savannen über die Fehlentwicklungen dieser wunderbaren Bewegungsart (die offiziell eine Sportart ist, sogar eine olympische) in den letzten Jahren und Jahrzehnten bis zu dem Punkt, an dem wir heute stehen, und wo wir durch die Rückbesinnung auf unsere natürlichen Anlagen und – weitaus wichtiger – die Änderung unserer Einstellung zum Laufen hoffentlich wieder dahin gelangen können, wo wir einmal waren: einfach zu laufen wie ein Kind! Voller Freude und Begeisterung – ohne Einschränkung durch Trainingspläne, Pulsfrequenz und unbedingt zu erreichende Kilometerzeiten.

Viele Jahre lang habe ich mit der zunehmenden Industrialisierung des Laufens gehadert, diese ist für mich fast ein Sakrileg. Für mich steht das Laufen an und für sich im Mittelpunkt, nicht das Getöse drumherum.

Außerdem interessierte mich schon immer folgende Frage: Wie ticken Läufer, die nicht nach Medaillen und Bestzeiten gieren, sondern das Laufen um seiner selbst willen betreiben – und trotzdem Höchstleistungen vollbringen? Warum tun sich Menschen wie eine alleinerziehende Mutter, der graumelierte Pensionist oder der überarbeitete Familienvater die für Außenstehende wie eine Tortur wirkende Herausforderung eines Marathons oder Traillaufes an? Was treibt Menschen an, dies freiwillig zu tun, obwohl sie es „nicht nötig hätten“, die dafür eigentlich keine Zeit haben, und deren Namen nie in einem Buch, einem Fernsehbericht oder einer Bestenliste aufscheinen werden? Was ist es, das diese Menschen zum Laufen animiert?

Ein weiterer Punkt erregte meine Aufmerksamkeit: die immer größere und unüberschaubare Anzahl von Laufschuhen, die jedes Jahr ein noch besseres Laufverhalten versprechen, zur Vermeidung typischer Laufverletzungen beitragen sollen, und, und, und. Irgendwie wollte mir das nicht einleuchten. Unter allen Läufern im Tierreich ist der Mensch die einzige Spezies, die zum Laufen spezielles Schuhwerk, künstliche Sohlen, benötigt. Wieso eigentlich? Abgesehen vom nicht zu leugnenden Schutzaspekt für unsere wohlstandsverweichlichten Füße: Was spricht dafür, während des Laufens spezielle Schuhe zu tragen? Was sind die Vor- und Nachteile?

Und zu guter Letzt: Warum ist das Laufen bei einem Großteil der Bevölkerung so unbeliebt? Selbst unter Läufern ist die Anzahl derer, die das Laufen als notwendiges Übel sehen („Ich muss etwas für meine Kondition tun, ich will abnehmen, mein Arzt hat mir das empfohlen, einmal im Leben musst du einen Marathon laufen!") größer als die Gruppe derer, die das Laufen aus reiner Freude betreiben. Das die unter diesen Gründen abgespulten Kilometer oft kein Vergnügen sind, leuchtet wohl jedem ein, und die Läuferkarriere ist nach Erreichen des angepeilten Zieles meist auch schnell wieder vorbei. Oder auch schon vorher.

Diese Fragen waren für mich der Ausgangspunkt auf einer teilweise überraschenden, manchmal erschreckenden, oft erhellenden, hin und wieder auch amüsanten, jedoch immer interessanten Erkundungstour zu den (im wahrsten Sinne) Beweggründen menschlicher Laufleistungen.

Die Anfänge des Laufens

„Bewegung ist die Ursache jeden Lebens."

Leonardo da Vinci

Betrachtet man den Menschen im Vergleich zu Läufern im Tierreich, fällt eines sofort auf: Mit wenigen tierischen Läufern kann der Mensch bezüglich Tempo mithalten. Die schnellsten Menschen erreichen im Sprint gerade mal 44 km/h, ein Pferd kommt auf fast 70 km/h, Geparden liegen mit ca. 110 km/h unangefochten an der Spitze der Läuferpyramide. Usain Bolt erreichte bei seinem Weltrekordlauf im Jahr 2009 eine Höchstgeschwindigkeit von 44,72 km/h, die 100 m konnte er so in 9,58 Sekunden absolvieren.[1] Jedoch könnte selbst ein gewöhnlicher Feldhase Herrn Bolt dabei ganz locker abhängen. Zudem wurde sein 100-m-Weltrekord inzwischen mindestens schon einmal unterboten, denn die US-Amerikanerin Sarah G. Pard lief im Jahr 2012 bei einem Trainingslauf eine inoffizielle 100-m-Fabelzeit von sage und schreibe 5,95 Sekunden.[2] Anzumerken wäre allerdings, dass Sarah ein Gepardenweibchen ist und im Zoo von Cincinnati lebt. Bei tierischen Rekorden wie diesem muss man immer Folgendes bedenken: Man weiß nicht, ob das Gepardenweibchen alles gegeben hat oder für ihre Verhältnisse doch eher moderat gelaufen ist.

Bei einem Wettlauf würde der Mensch wohl abgeschlagen an letzter Stelle ins Ziel laufen. So oder ähnlich wird argumentiert, wenn man den Menschen als geborenen Läufer ins Spiel bringt. Doch alleine die Fragestellung ist irreführend. Welche Distanz soll denn gelaufen werden? Über kurze Strecken hat der Mensch meist keine Chance gegen seine tierischen Mitstreiter.

Die Domäne des Menschen ist der Langstreckenlauf, dafür sind wir geschaffen. Wir Menschen können selbst dann noch laufen, wenn fast kein Tier mehr dazu imstande ist. Denn nur wir Menschen dürfen zwei geniale Lauf-Geheimwaffen unser Eigen nennen: Erstens können Menschen effektiv am ganzen Körper schwitzen (im Gegensatz zu Säugetieren mit Fell überhitzen wir nicht so leicht) und zweitens ist der menschliche Einsatzwille ohnegleichen. Menschen treiben ihren Körper auch dann noch weiter, wenn dieser schon mit jeder Faser dagegen rebelliert. Mit wenigen Ausnahmen (etwa Wölfe oder Schlittenhunde) läuft kein Tier solch „verrückte" Distanzen wie der Mensch. So gibt es in Werner Herzogs Film *Happy People* – der auch aus anderen Gründen sehenswert ist – eine Szene, in der ein Hund an einem einzigen Tag ca. 150 km neben seinem Besitzer auf einem Schneemobil her durch die verschneite Winterlandschaft Sibiriens läuft. Diese Art von „Verrücktheit" ist wohl ansteckend.

Im alten Ägypten schickten die Pharaonen Landvermesser aus, die das Herrschaftsgebiet am Nil dadurch vermaßen, indem sie es durchliefen.[3] Im Inkareich versorgten Botenläufer die oft weit auseinanderliegenden Städte mit Informationen. Vor der Erfindung des Autos war Gehen und Laufen in allen Teilen der Erde völlig normal. Selbst als Pferd und Wagen genutzt wurden, bewegten sich die meisten Menschen immer noch zu Fuß fort. Die Menschen gingen zur Arbeit aufs Feld oder in den Wald, wanderten in die größeren Dörfer und Städte, um Waren zu kaufen und zu verkaufen. Man besuchte Verwandte, ging in die Kirche oder begab sich – per pedes – auf Pilgerreise.

Frühe Reisende und Naturforscher berichteten von Eingeborenen in der Kalahari, die große Antilopen bis zur völligen Erschöpfung jagten, von den Aborigines in Australien, die oft wochen- oder monatelang im Outback unterwegs waren, oder von Läufern der Hopi, die in Arizona schier unglaubliche Distanzen (von ihrem Siedlungsgebiet im Nordosten Arizonas an den Pazifischen Ozean; das sind mehrere hundert Kilometer – one way) unter sengender Sonne zurücklegten. Waren das einfach fantastische Erzählungen von Ethno-Romantikern oder kühl kalkulierte Übertreibungen, um Werbung in eigener Sache zu machen, indem man eine tolle Geschichte zum Besten gab? Oder steckt in diesen Erzählungen doch ein wenig mehr als ein Körnchen Wahrheit?

Leider ist es uns heute nicht mehr möglich, funktionierende Stammeskulturen von Naturvölkern zu beobachten, um von ihnen zu lernen. Denn der Kontakt mit modernen Gesellschaften war bis dato für alle Naturvölker eine Katastrophe. Im Namen von Entwicklung und Fortschritt erleiden indigene Völker (Das lateinische Wort „indigenus" bedeutet „eingeboren" oder „einheimisch".) Unterdrückung und Gewalt in allen nur erdenklichen Formen sowie Vertreibung von ihrem Land. Nicht nur in der Vergangenheit – auch heute ist das noch so. Das mögen viele Zeitgenossen nicht glauben, leben wir doch in solch aufgeklärten, zivilisierten Zeiten. Die sogenannten Buschleute oder San sind jenes indigene Volk, das mich seit Kindertagen fasziniert. Bevor ich die Geschichte dieses außergewöhnlichen Volkes ein wenig näher betrachten will und außerdem ihren besonderen Zugang zum Laufen vorstelle, lasse ich einen ihrer Vertreter zu Wort kommen. In seinen eigenen Worten schildert er das heutige „moderne" Leben der San:

Was für eine Art von Entwicklung ist das, wenn die Menschen ein kürzeres Leben als zuvor haben? Sie infizieren sich mit HIV/AIDS. Unsere Kinder werden in der Schule geschlagen und wollen nicht mehr hingehen. Manche werden zu Prostituierten. Sie dürfen nicht jagen. Sie prügeln sich, weil ihnen langweilig ist, und sie betrinken sich. Sie fangen an, Selbstmord zu begehen. Wir haben das noch nie zuvor gesehen. Ist das Entwicklung?

Roy Sesana, San, Botswana[4]

Im Süden Afrikas leben heute noch die Nachfahren jener Ureinwohner, die bei uns landläufig als „Buschmänner" bekannt sind. Der heute gebräuchliche Oberbegriff für diese ethnischen Gruppen lautet San. Doch auch diese Bezeichnungen wurden von den ehemaligen Kolonialherren erfunden. Sie selbst nennen sich Kua, abgeleitet von ihrer „Klicksprache", dem Kek.[5] Zur besseren Lesbarkeit verwende ich hier allerdings die geläufigen Begriffe San und Buschmänner/Buschleute, da diese (zumindest in Europa) keine abwertenden Begriffe mehr sind.

Die San sind das Ergebnis einer jahrtausendealten Anpassung an ihre Umwelt, das perfekte Beispiel für ein Leben mit der Natur. Dieses Volk gilt als Ursprung unseres genetischen Stammbaums und gibt uns einen Einblick in das Leben der Menschheit vor ca. 20.000 Jahren. Auf den ersten Blick erscheinen diese Menschen zart und zerbrechlich, doch der Schein trügt uns wohlgenährte moderne Zivilisationsmenschen. Diese schlanken, feingliedrigen Menschen mit den freundlichen und aufgeweckten Gesichtern gehör(t)en zum zähesten und ausdauerndsten Menschentypus, den die Evolution wohl je hervorgebracht hat. Die modernen Sinnbilder für Ausdauer, Kraft und Geschicklichkeit, unsere Sportstars, hochdekorierten Elitesoldaten diverser Spezialeinheiten oder knallharte Survivalspezialisten, die sich medienwirksam filmen lassen, wie sie „mutterseelenalleine" die entlegensten Ecken unseres Planeten durchstreifen, keiner könnte es in ihrem angestammten Lebensraum mit den kleinen, flinken Menschen aus dem Süden Afrikas aufnehmen. Es existiert eine ganze Reihe unwirtlicher Orte auf unserem Heimatplaneten Erde. Würde es eine Rangliste diesbezüglich geben, die Kalahari (das Verbreitungsgebiet der San) würde wohl einen Spitzenplatz darauf einnehmen. Hier herrschen Temperaturen, die tagsüber auf bis zu 45° Celsius steigen und nachts bis unter den Gefrierpunkt fallen können.[6] Die Kalahari ist eine Halbwüste mit 8-10-monatigen Trockenperioden im Jahr. Wasserstellen sind selten, die Möglichkeiten für landwirtschaftliche Nutzung gelinde gesagt stark eingeschränkt, dafür gibt es jede Menge Raubtiere und Giftschlangen.[7] Und dennoch leben die San hier seit Urzeiten. Glücklich und zufrieden, wie es scheint, obwohl das Leben sicher hart und entbehrungsreich ist.

Die San sind sogenannte Wildbeuter, sie leben vom Sammeln und Jagen – dies ist zugleich die älteste Wirtschaftsform des Menschen. Seit der neolithischen Revolution schrumpft der Anteil der Jäger und Sammler kontinuierlich. Waren es um 1500 n. Chr. ca. noch ein Prozent der Weltbevölkerung, so sind es heute gerade noch 0,001 % – Tendenz fallend.[6] Wildbeuterpopulationen kommen nur noch in sogenannten Extremregionen unseres Planeten (wie den polaren Eiswüsten, den Dürregebieten Inneraustraliens, den Regenwäldern Afrikas und Südamerikas und eben der Kalahari im Süden Afrikas) vor, entweder lebten sie ursprünglich dort oder sie wurden dorthin verdrängt. Aber selbst in diesen entlegenen Gebieten ist ihr Überleben bedroht. Die Abholzung der Wälder, der Abbau von Bodenschätzen oder auch die mit extremem Aufwand betriebene landwirtschaftliche Nutzung, wie z. B. extensive

Weidewirtschaft in der Kalahari, bringen diese letzten Jäger- und Sammlerkulturen immer mehr in Bedrängnis. Die längste Zeit ihres Bestehens lebten die San in der Halbwüsten- und Savannenregion unabhängig und mit nur gelegentlichen Kontakten zu anderen Ethnien (wie etwa bodenbauenden und viehzüchtenden Bantugruppen und Europäern). Dies änderte sich allerdings mit der europäischen Kolonialisierung vor ca. 150 Jahren. Die Bodenbauern verdrängten diese Wildbeuterkultur mehr und mehr, bis hin zur fast vollständigen Auslöschung.

Wie schon eingangs erwähnt, überleben die wenigsten indigenen Kulturen den Kontakt mit unserer modernen Lebensweise. Es besteht nur die Möglichkeit zwischen Auslöschung oder vollständiger Anpassung. Die San haben ersteren Weg gewählt – bzw. ließ man ihnen keine andere Wahl. Eine Kultur, die der unseren so diametral gegenübersteht, wollte man wohl nicht weiter gewähren lassen. Die San setzten in ihrer Entwicklungsgeschichte auf viele oft hoch spezialisierte Fertigkeiten und Kenntnisse und sehr wenig auf Technik. Dennoch scheint das Leben dieser „primitiven" Wildbeuterkultur weniger mühselig und zeitaufwendig als unsere moderne Vierzigstundenwochen-Zivilisation zu sein. So reichen durchschnittlich vier Stunden täglich für die Arbeit der Frauen und etwa drei Stunden für die der Männer. Aber was machen die San mit all der übrigen Zeit?

Genau das, was uns Lebensberater, Psychologen, Lifestylemagazine und Therapeuten aller Couleur immer raten: Gespräche führen, Freunde treffen, Zeit mit den eigenen Kindern verbringen, singen, ausgiebig schlafen. Solche Wilde aber auch ...

Bekannt sind die San heute nicht zuletzt wegen ihrer beeindruckenden Laufleistungen, die sie bei ihren Hetzjagden immer wieder unter Beweis stellten. Sogar die Regierung Botswanas wollte sich dieses Talent vor etlichen Jahren zunutze machen. Der Plan war, die Buschmänner als olympische Teilnehmer für Botswana bei Laufbewerben antreten zu lassen. Doch wie so oft standen sich die Interessen unserer modernen Welt und die Lebensweise der San im Wege. Die Erfolge im Training blieben trotz der enormen Ausdauerfähigkeiten der San … sagen wir mal … überschaubar. Die San wollten nicht einsehen, warum sie immer nur geradeaus laufen sollten. Beim Lauf entlang einer Bahnstrecke bogen sie etwa immer wieder von dieser ab und liefen in die Wüste hinaus. Auch liefen sie keinen Marathon zu Ende. Sie blieben meist wenige Kilometer vor Ende einfach stehen – aber nicht, weil sie erschöpft gewesen wären. Nein, sie konnten einfach keinen Sinn darin erkennen zu laufen, ohne ein Beutetier zu verfolgen.[8] Dies ist ein weiterer grundlegender Unterschied zwischen unserer Gesellschaft und der Welt der San. Während die einen auf der Jagd nach Geld, Macht und Anerkennung sind, jagen die anderen, um sich selbst und ihre Familien zu ernähren. Selbst die moderne Sportbekleidung war für diese Menschen ein Gräuel, vor allem die modernen Laufschuhe verursachten den leichtfüßigen Barfußläufern Schmerzen.[8]

All diesen Versuchen der Vereinnahmung ist eines gemein: Sie hatten für die San meist keine Verbesserung ihrer Lebenssituation zur Folge. Das Überleben der Buschleute heutzutage scheint nur mit sogenanntem sanften Tourismus möglich, andere Möglichkeiten scheinen aktuell nicht realisierbar (oder erwünscht) zu sein. Die San machen sich zwar gut auf Hochglanzprospekten für Touristen, doch in Wirklichkeit hat kein Staat im südlichen Afrika ein Interesse daran, dass steinzeitliche Jäger und Sammler ohne Kontrolle frei durch ihre Lande streifen. Allerdings besteht hier die nicht unberechtigte Befürchtung, dass man ein „Buschmann-Disneyland“ schafft, welches wieder nur auf die Bedürfnisse der zahlenden Touristen abgestimmt ist. Ob und wie man dieses Problem lösen kann/will, wird sich (diesmal hoffentlich zum Vorteil der San) zeigen.

Für die San war die Jagd nicht nur die Hauptnahrungsquelle, sondern auch ein Ritual, welches tief in ihrer Kultur verankert ist. Diese Hetzjagden, die den Männern vorbehalten sind, nennen die San auch *The Great Dance.* Im gleichnamigen Dokumentarfilm begleiten die Anthropologen Craig und Damon Foster eine Gruppe von San durch die Kalahari. In beeindruckenden Aufnahmen, die aus einer anderen Zeit zu stammen scheinen, kann man diese Menschen in ihrem natürlichen Umfeld beobachten. Vor allem die Aufnahmen des Fährtenlesens und der Ausdauerjagd sind grandiose Zeugnisse menschlicher Anpassungs- und Überlebensfähigkeiten.

Der Anthropologe Louis Liebenberg geht sogar so weit zu sagen, dass unsere Fähigkeit zum Langstreckenlauf es unserem Gehirn erst ermöglichte, sich so zu entwickeln, wie es heute beschaffen ist. Das Spurenlesen auf der Erde ist an und für sich schon eine sehr beeindruckende Fähigkeit. (Versuchen Sie doch einmal in unseren heimischen Wäldern der Spur eines x-beliebigen Tieres so lange zu folgen, bis Sie es erblicken.) Doch die nächsthöhere Stufe ist das Spurenlesen ohne Spuren. Liebenberg nennt das „spekulatives Jagen“. Dabei versetzt sich der Jäger in das Beutetier hinein, versucht somit, dessen zukünftiges Handeln vorwegzunehmen und kommt damit zum Jagderfolg.

Vorausdenken, nicht in der Gegenwart verharren, abstraktes Denken, Visualisieren, Empathie – alles Fähigkeiten, die wir heute als grundlegend voraussetzen. Das Spurenlesen war sozusagen die erste Wissenschaft des Menschen. Der Dreh- und Angelpunkt all dessen war die spekulative Jagd, das Hetzen der Beute bis zur totalen Erschöpfung, das Laufen. Warum Liebenberg das so genau weiß? Er hatte das Privileg, von einigen der letzten noch traditionell lebenden

San lernen zu können bzw. zu dürfen. Liebenbergs zahlreiche Aufenthalte mit den San in der Kalahari machten ihn zu einem Experten im Fährtenlesen, er lernte dort quasi von der Pieke auf das Überleben in der freien Natur.

Die erste Ausdauerjagd, an der Liebenberg teilnahm, versetzte ihn zunächst in ungläubiges Erstaunen. Er kannte mittlerweile die Jagd mit Pfeil und Bogen, bei der sich die San an ihre Beute heranschlichen und aus kurzer Distanz einen meist vergifteten Pfeil abschossen. Dass die San in der sengenden Hitze beim Anblick einiger Kudu-Antilopen plötzlich zu laufen begannen, erschien ihm völlig abwegig. Doch die San belehrten ihn eines Besseren. Über Stunden verfolgten sie die Herde, trieben sie in die Sonne zurück, wenn sie sich im Schatten abkühlen wollten, und ließen den Tieren keine Verschnaufpause. Die San isolierten schließlich ein Tier aus der Herde und hetzten es solange weiter, bis es schließlich kurz vor dem Kollabieren war und nicht mehr weiterlaufen konnte. Derart erschöpft konnten die San das Tier aus kürzester Distanz relativ gefahrlos erlegen.[9]

Warum entwickelte der Mensch die Fähigkeit zum Langstreckenlauf? Was war der Vorteil gegenüber anderen möglichen Entwicklungen, z. B. hin zu größeren Muskeln (= mehr Kraft)? Im Vergleich zu uns Mitteleuropäern sind die San klein, beinahe zart. Dennoch vermögen sie eine große Antilope bis zur Erschöpfung zu jagen. Und eine ausgewachsene Große Kudu-Antilope kann immerhin über 300 kg wiegen.

Was alle Lebewesen in freier Wildbahn praktizieren ist das Energiesparen. Das bedeutet auch, für die Nahrungsbeschaffung so effizient wie möglich vorzugehen. Die Ausdauerjagd war offensichtlich eine Methode, die anderen Arten der Nahrungsbeschaffung (etwa der Jagd mit Pfeil und Bogen) mindestens ebenbürtig, wenn nicht überlegen war. Durchschnittlich dauerte es drei bis fünf Stunden, bis ein Beutetier überhitzte und zusammenbrach. Der im Vergleich zu anderen Säugetieren etwas eigenwillige Körperbau prädestiniert den Menschen zum Laufen. Der aufrechte Gang reduziert die Sonneneinstrahlung auf den Körper. Statt eines Fells hat er viele Schweißdrüsen am ganzen Körper, um ihn effektiv zu kühlen. Genetische Anpassungen zur Optimierung des Energiestoffwechsels sowie stärker durchblutete Beinmuskeln taten ihr Übriges.[10] Selbst der Nachteil, dass der Kopf beim aufrechten Gang ständig der Sonne ausgesetzt ist, wird durch das dichte Kopfhaar abgemildert. Der Langstreckenlauf war offensichtlich eine der Möglichkeiten für den frühen Menschen, mit möglichst wenig Energieaufwand zum gewünschten Ergebnis (Nahrung, Wasser, Flucht, Zurücklegen großer Entfernungen) zu kommen. Kaum zu glauben, wenn man heutzutage die erschöpften Gesichter der meisten Menschen nach längerer körperlicher Betätigung betrachtet.

Wir begehen hier natürlich einen Fehler und gehen von unserer jetzigen Situation aus, in der wir die meiste Zeit sitzen (sei es im Büro, zuhause oder in einem Restaurant, Kino, Theater, etc.) und längere Strecken prinzipiell mit dem Auto zurücklegen. Der Alltag unserer Vorfahren unterschied sich davon grundsätzlich, Bewegung und körperliche Arbeit gehörten zum Alltag. Kilometerlange Märsche und Läufe waren an der Tagesordnung, um sich ausreichend mit Nahrung und Wasser zu versorgen, vor Feinden zu fliehen oder Kontakt zwischen einzelnen Sippen/Stämmen zu halten. Das Laufen/Gehen/Wandern war damals so alltäglich wie unsere heutige Fahrt zum Supermarkt oder ins Büro.

Der richtige Laufstil

Betrachtet man die San in ihrem natürlichen Umfeld, so sieht man die Vorfahren des modernen Menschen vor sich. Drahtige kleine Gestalten, die jederzeit zu einem Marathonlauf starten konnten, wenn die Situation es erforderte. Ohne spezielle Laufbekleidung, ohne Trinkrucksack und ohne spezielle Laufschuhe (die teilweise verwendeten Leder- oder Bastsandalen würde kein moderner Läufer auch nur in Erwägung ziehen). Damals gab es auch noch keine asphaltierten oder geschotterten Straßen. Die wenigen Wege (oder eher Trampelpfade), die es gab, wurden von keiner Straßenmeisterei sauber gehalten. Der Untergrund, auf dem unsere Vorfahren liefen, war nach heutiger Läuferphilosophie ein Alptraum. Ständig wechselndes Gelände, Steine, Äste, hohes Gras, Sand, etc. – neue Bestzeiten wären so schwer zu verwirklichen. Doch unsere Vorfahren mussten ohnehin mit diesen Gegebenheiten zurechtkommen. War da die wechselnde Beschaffenheit des Untergrundes wirklich ein Nachteil? Stimulierte dies nicht eher die verschiedensten Muskelgruppen in den Beinen, stärkte zusätzlich Sehnen und Bänder und war somit ein wirksamer Schutz gegen Verletzungen und einseitige Überbelastungen? Wirksamer als moderne Laufschuhe es je könnten?

Aus diesem Grund raten viele Trainer Athleten aller Sportarten zu Abwechslung im Training, um sie möglichst lange frei von Verletzungen zu halten. Unsere Vorfahren waren keine reinen Läufer, sie waren – wie man heute sagen würde – perfekte Allrounder. Sie mussten nicht nur laufen, sondern z. B. auch springen, klettern, graben oder unterschiedlichste Lasten tragen. Ihr ganzer Körper – und nicht nur einzelne Körperpartien – war durchtrainiert, angepasst an ein Leben in der Natur – oder besser gesagt, von und mit der Natur. Diese Fähigkeiten hatten ausnahmslos alle heute bekannten Naturvölker ebenso. Das war auch das Geheimnis ihres Erfolges – Anpassung und Bewegung.

Der Körper eines modernen Durchschnittsmenschen in der westlichen Welt ist verglichen mit diesen Athleten der Vorzeit nur noch ein Schatten seiner selbst. Langstreckenläufer wie etwa Haile Gebrselassie, Scott Jurek oder Paula Radcliffe legen noch beeindruckend Zeugnis von dieser außergewöhnlichen Lauffähigkeit des Menschen ab. Doch der Großteil der Bevölkerung kann von Laufleistungen jenseits der 10-km-Marke nur träumen (gesund und munter wohlgemerkt). Vor allem die Bewohner größerer Städte können schon froh sein, den Einkauf am Wochenende ohne gröbere Verletzungen zu überstehen, wenn ihr Auto nicht nahe genug am Eingang parkt.

Aber die körperliche Nicht-Leistungsfähigkeit ist nur das eine Problem. Der Geist des modernen Menschen sieht oft überhaupt keine Veranlassung dazu „wie ein Blöder in der Gegend herumzulaufen". Wozu das Ganze? Unserer Nahrung brauchen wir nicht mehr nachzulaufen – ganz im Gegenteil.

Sehr gerne wird das Beispiel von James Fixx, dem amerikanischen Laufguru, der beim Laufen einem Herzinfarkt erlag, als Beweis dafür gebracht, dass Laufen weder sinnvoll noch gesund ist. Was soll man auch von jemandem halten, der angeblich topfit ist, das Laufen als Allheilmittel schlechthin propagiert, und dann selbst im Alter von 52 Jahren beim Joggen auf einer Landstraße stirbt. Nun, einerseits war Fixx familiär vorbelastet (sein Vater erlitt mit nur 35 Jahren einen Herzinfarkt und verstarb mit 43 Jahren an einem weiteren), andererseits hatte er vor seiner Laufkarriere ca. 28 kg Übergewicht und rauchte zu seiner „besten" Zeit zwei Packungen Zigaretten täglich. Obwohl er eine radikale Umstellung seines Lebenswandels vornahm – er hörte mit dem Rauchen auf, nahm ab, achtete auf seine Ernährung und begann zu laufen – waren die bereits angerichteten Schäden an seiner Gesundheit wohl zu groß. Fixx wusste wahrscheinlich um seinen Gesundheitszustand, deshalb lehnte er auch alle medizinischen Tests kategorisch ab. Das Laufen war also vermeintlich der Sargnagel von Fixx.[11/12] Meiner Meinung nach hat es sein Leben jedoch um einige Jahre verlängert. Denn Bewegung ist das Um und Auf, um sowohl körperlich als auch geistig gesund und leistungsfähig zu bleiben (mehr dazu in Kapitel 3).

Sind unsere heutigen Laufschuhe – abgesehen von der nicht zu leugnenden Schutzfunktion für unsere mittlerweile sehr verletzbaren Fußsohlen – einfach die logische Weiterentwicklung für den menschlichen Läufer? Oder kann der moderne Mensch ohne diese gar nicht mehr laufen? Wenn unsere Vorfahren ohne spezielle Schuhe zurechtkamen, können wir – mit entsprechendem Training – das auch wieder?

Vor nicht allzu langer Zeit war es Usus, dass Laufschuhe stark gedämpft waren (meist durch Gel- oder Kunststoffpolster in der Sohle), und der Fuß stabilisiert werden „musste". Heute lässt man den Füßen zum Glück wieder viel mehr Freiheit, indem man den natürlichen Bewegungsablauf nicht zu stark einschränkt. Vor allem das Verhindern der Pronation (das natürliche Nach-innen-Kippen des Fußes)[13/18] war lange Zeit das Lieblingsbetätigungsfeld der Schuhhersteller. Legionen von Läufern wurde eine Fußfehlstellung attestiert, wo gar keine war. Pronationsstützen, Einlagen und Co. malträtierten so unnötigerweise manchen gesunden Läuferfuß. Die heute deutlich weniger „verhindernden“ Laufschuhe ermöglichen mehr Fußfreiheit und dadurch auch einen anderen Laufstil. Dem natürlichen und individuell unterschiedlichen Bewegungsablauf eines jeden Läufers wird so viel besser Rechnung getragen.

Kommt der moderne Läufer in stark gedämpften Laufschuhen meist mit der Ferse zuerst auf und rollt dann über den ganzen Fuß ab, ist beim Barfußlaufen der erste Berührungspunkt mit dem Boden der Mittelfuß oder der Ballen, mit dem man sich auch wieder abstößt.

Ist das ein Anachronismus, oder lohnt es sich doch, diesen Laufstil näher zu betrachten? Sehen wir uns die verschiedenen Laufstile einmal näher an:

Fersen- oder Rückfußlauf[14]

Durch moderne Laufschuhe ist dies der bis dato am weitesten verbreitete Laufstil. Dabei landet der Läufer zuerst auf der Ferse, rollt über den ganzen Fuß ab, und stößt sich mit dem Vorfuß wieder ab.

Vorteil: schont die Wadenmuskulatur, „Landgewinn“ am Boden durch die Abrollbewegung

Nachteil: starke Belastung der Knie- und Fußgelenke

Mittelfußlauf[14]

Dabei landet der Läufer mit der Sohle und stößt sich mit dem Vorfuß wieder ab.

Vorteil: sehr ökonomischer Laufstil, schont die Knie

Nachteil: Überlastung der Fußaußenkante möglich

Vorfußlauf[14]

Dabei landet der Läufer mit dem Ballen zuerst und drückt sich mit diesem auch wieder ab. Die Ferse hat zu keiner Zeit Bodenkontakt.

Vorteil: sehr kräftiger Laufstil, vor allem auf kurzen Laufstrecken und bergauf; hohes Lauftempo möglich

Nachteil: großer Kraftaufwand beim Laufen, hohe Belastung der Wadenmuskulatur und Achillessehne; für Läufer mit Übergewicht nicht zu empfehlen

Manche Läufer verzweifeln fast bei ihrer Suche nach dem richtigen Laufstil und den passenden Schuhen. Wären die heutigen Laufschuhe in Verbindung mit dem dazu propagierten Rückfußlaufstil der Weisheit letzter Schluss, dürfte es eigentlich so gut wie keine läufertypischen Verletzungen mehr geben. Und dennoch sind 30 bis 50 % der Läufer mindestens einmal im Jahr verletzt.[15]

Die häufigsten Verletzungen sind:[15]

- Achillessehnenentzündung
- Läuferknie (seitlicher und/oder vorderer Knieschmerz)
- Fersensporn (eine Entzündung der das Fußgewölbe verspannenden Faszie an ihrem Ansatz am Fersenbein)
- Schienbeinkantensyndrom innen und/oder vorne (Ansatzreizung der Muskulatur durch Überbeanspruchung)
- Spreizfußbeschwerden (Absacken des Quergewölbes im Fuß)
- Rückenschmerzen

Durch die in den letzten Jahren immer größer werdende Gemeinde der Anhänger des natürlichen Laufens (Barfußläufer, Natural Running, ChiRunning – ein Laufstil mit Elementen des Yoga und Tai Chi – etc.) rückte der „richtige" Laufstil und das dazu benötigte Schuhwerk wieder verstärkt in den Fokus. Setzen die einen auf die neueste Laufschuhtechnik mit massig Dämpfung und Unterstützung des Fußes in Verbindung mit dem Rückfußlauf, gibt es für die anderen nur mehr – wenn überhaupt – Barfußlaufschuhe ohne Dämpfung, um mit dem Ballen oder Mittelfuß aufsetzen zu können. Woran soll sich der Durchschnittsläufer orientieren?

Viele Läufer haben die Erfahrung gemacht, dass ein Wechsel ihres Laufstils (vom Rückfuß- zum Mittel- bzw. Vorfußlauf) nicht den gewünschten Erfolg – sprich Verletzungsfreiheit – bringt. Schlimmer noch, die Verletzungsanfälligkeit nimmt oft sogar zu. Wie das, wo doch der neue Laufstil so natürlich sein soll und in unseren Genen verankert ist? Auch der Evolutionsbiologe Daniel Lieberman behauptet, dass der neue Laufstil der natürliche sei, und untermauerte diese Aussage auch mit einer Studie, die er im Jahr 2010 im Wissenschaftsmagazin *Nature* veröffentlichte.[16] Lieberman konnte nachweisen, dass die Gelenksbelastung bei Läufern, die mit dem Vorfuß oder Mittelfuß zuerst aufsetzten, geringer war als bei den Läufern, die mit gedämpften Schuhen auf der Ferse aufkamen. Die Werte waren teilweise um das bis zu Dreifache erhöht. Die bis dato vorherrschende Meinung, dass der menschliche Fuß/Körper durch Dämpfung in den Schuhen unterstützt werden muss, um mit den beim Laufen auftretenden Aufprallkräften zurande zu kommen, war auf einmal nicht mehr sakrosankt. Auch die Studie von Geoffrey Keenan (Universität Virginia, 2009) stützt die Ergebnisse von Lieberman. Keenan und sein Team konnten nachweisen, dass die Verwendung von sogenannten Barfußlaufschuhen Gelenke und Knochen weitaus geringer belastete als gedämpfte Laufschuhe. Diese erfreulichen Nachrichten veranlassten in den Jahren nach Veröffentlichung dieser Studien einen großen Teil von Läufern, ihren Laufstil nebst den dazu passenden Schuhen zu ändern. Wie jedoch bereits erwähnt, hatten viele nach der Umstellung ihres Laufstils vom „bösen Fersenlauf“ auf den „guten Vorfußlauf“ das Problem einer erhöhten Verletzungsanfälligkeit. Diese Verletzungen waren vor allem Überlastungsverletzungen an den Knochen und Gelenken.[16/17] Und das, obwohl die Studien von Lieberman und Keenan doch genau das Gegenteil besagten.

In Folgestudien konnte das, was viele Läufer am eigenen Leib spürten, auch wissenschaftlich belegt werden. In einer 2013 durchgeführten Studie an der Universität Brigham wurde untersucht, wie sich die Umstellung von normalen Laufschuhen auf Barfußlaufschuhe in einem Zeitraum von 10 Wochen auswirkte. Dabei zeigte sich, dass die Gruppe der Barfußläufer eine signifikant höhere Verletzungsrate aufwies als die Kontrollgruppe. Auch eine Studie aus Australien (Michael Ryan, Griffith University 2013) kam zu demselben Ergebnis.[16] Jetzt war guter Rat teuer.

Leider wird bei der Suche und bei der Umstellung auf den perfekten Laufstil sehr oft das Kind mit dem Bade ausgeschüttet. Extreme waren noch nie wirklich gut, nachhaltig oder zielführend. Der rasche Wechsel von einem Laufstil zum nächsten, ohne sich (und seinen Beinen) genügend Akklimatisierungszeit zu geben, prädestiniert für Verletzungen. Wenn ich jahre- oder sogar jahrzehntelang in gedämpften Laufschuhen unterwegs war, wird die Umstellung auf einen anderen Laufstil und andere Laufschuhe mehr Zeit in Anspruch nehmen als 10 Wochen.

Moderne Laufschuhe mit hoher Sprengung und ausgetüftelter Dämpfung beanspruchen die Fußmuskulatur, Sehnen, Gelenke und infolgedessen auch die gesamte Körperhaltung ganz anders als Minimal- bzw. Barfußlaufschuhe. Wenn ich meinen Körper bzw. einzelne Körperpartien neuen Belastungsreizen aussetze, benötigen diese eine gewisse Zeit, um sich anzupassen. Das Problem dabei ist nur, dass wir unserem Körper diese Anpassungsphase offenbar nicht mehr zugestehen wollen. Da unser Körper keine Maschine ist, meldet er uns diese Überlastungen in Form von Schmerzen aller Art, in der Hoffnung, dass dadurch diese Überbeanspruchung unterbrochen wird. Die Antworten und Reaktionen vieler Läufer auf ihr „Verletzungspech" lassen jedoch nicht unbedingt auf große Lernfähigkeit schließen.

Um die Kommunikation mit dem eigenen Körper ein wenig zu erleichtern, ein kleiner Tipp nicht nur für Läufer: Wenn der Körper Schmerzsignale sendet, passt irgendwo etwas nicht. Wenn die Schmerzen sehr groß sind, könnte es sein, dass auch die Ursache nicht unerheblich ist.

Zurückführend auf eine Umstellung des eigenen Laufstils soll das heißen: Trainingsumfang reduzieren, Laufkilometer nur langsam steigern. Wer meint, sich in ein, zwei Monaten vom Rückfußläufer zum perfekten Vorfußläufer wandeln zu können, ist leider auf dem Holzweg. Dies bestätigt sowohl eine Studie der Technischen Universität München (Dr. Martin Daumer, 2013) als auch eine Untersuchung der US-Army aus dem Jahr 2012.[16] Nach einer zugegebenermaßen verletzungsanfälligen Umstellungszeit (lt. Daumer ca. 6 Monate) sinkt das Verletzungsrisiko bei regelmäßigen (Barfuß-)Läufern gegenüber Läufern mit stark gedämpften Laufschuhen wieder stark. Soll heißen: Barfußlaufschuhe sind nicht per se schlechter oder besser. Gibt man dem Körper die notwendige Zeit für eine Anpassung, hat der Vorfuß-Mittelfußlaufstil durchaus Vorteile.[19] Neben der geringeren Verletzungsanfälligkeit war die Kräftigung der Fußmuskulatur ein hervorstechendes Merkmal (Studien von Dr. Gert-Peter Brüggemann, Deutsche Sporthochschule Köln).[16] Je höher die Belastung auf unseren Beinen, desto kräftiger wird das ganze System aus Knochen, Muskeln, Gelenken, Sehnen und Bändern. Lt. Dr. Brüggemann sind die Belastungen beim Laufen „eher biopositiv für Knochen und sogar den Knorpel".[18] Das bedeutet, unsere Beine brauchen diese Art von Belastungen.

Mit dem mir vorliegenden Datenmaterial sowie durch meine eigenen Erfahrungen bin ich zu dem Schluss gekommen, dass es den einen allgemeingültigen, perfekten Laufstil nicht gibt. Wie sollte das auch möglich sein? So unterschiedlich wir als Menschen und Läufer sind, so unterschiedlich sind auch unsere Körper und unsere Laufstile. Es ist nicht sinnvoll, sich nur einen Teil aus einem fein abgestimmten System herauszusuchen und an diesem dann herumzudoktern – in der Hoffnung, dass der Körper dann besser funktioniert. In unserer Detailbesessenheit übersehen wir leider sehr oft das große Ganze. Unsere Beine und damit unser Laufstil sind nur ein Teil des Systems Mensch. So sinnvoll ich das Laufen auf dem Vorfuß/Mittelfuß auch finde, als „perfekter Athlet" sollte man alle drei Laufstile beherrschen. So absolviere ich lange, ebene Strecken mit dem Mittelfuß, kurze Strecken, (Zwischen-) Sprints und Bergaufläufe mit dem Vorfuß und Bergabpassagen mit dem Rückfuß. Die Kombination aller drei Stile mit Betonung auf dem Mittelfußlauf ist für mich die zufriedenstellende Antwort auf die scheinbar ständig aktuelle Frage nach dem „richtigen" Laufstil.

Unsere Füße sind wahre Wunderwerke, die sich den wechselnden Gegebenheiten des Untergrundes ideal anpassen können, – und keine Maschinen, die, einmal richtig eingestellt, immer gleich über den Untergrund trampeln.

Trotz meiner Empfehlung des Mittelfuß-/Vorfußlaufs mit möglichst wenig gedämpften und einengenden Laufschuhen würde ich einem Rückfußläufer, der keine Probleme mit diesem Laufstil hat, nicht raten, diesen zu ändern. Denn offensichtlich passt bei ihm das Gesamtsystem – und darauf kommt es an. Solange ein Läufer schmerz- und verletzungsfrei läuft und sich dabei auch noch gut fühlt, ist dieser Laufstil der für ihn passende. Punkt. Seinen Laufstil sollte man nur ändern, wenn man wirklich Probleme hat. Nur Sie selbst können im Endeffekt sagen, welcher Laufstil der für Sie passende ist.

Fazit

Unsere Beine sind für hohe Belastungen wie den Langstreckenlauf (egal ob in der afrikanischen Savanne unter sengender Sonne oder auf unebenen Waldwegen bei nasskaltem Herbstwetter in unseren Breiten) ausgelegt.

Man könnte auch sagen, unsere Beine lieben und brauchen diese Art der Belastung!

Gesundheitliche Aspekte

„Wer nicht jeden Tag etwas für seine Gesundheit aufbringt, muss eines Tages sehr viel Zeit für seine Krankheit opfern".

Sebastian Kneipp, „Wasserdoktor"

Sind Läufer gesünder als Nichtläufer? Wie wirkt sich das Laufen auf den Gesundheitszustand des Menschen aus? Ist es überhaupt ratsam zu laufen – sprich, hat das Laufen vielleicht sogar nachteilige Auswirkungen?

Vorab gilt es hier eines grundlegend klarzustellen: Laufen (Training) fällt zwar selbstverständlich unter den Begriff Bewegung, doch Bewegung an und für sich ist viel, viel mehr. Training hat einen definierten Anfang und ein absehbares Ende. Im Gegensatz dazu endet Bewegung erst mit unserem Tod. Und das ist ein erheblicher Unterschied. Unsere Gesellschaft hat Bewegung in all ihren Facetten durch Sport ersetzt – oder auch durch die sehr beliebte körperliche Untätigkeit. Viele der Zivilisationskrankheiten, die uns heute peinigen, werden durch Bewegungsmangel ausgelöst und/oder durch diesen verstärkt. Bei Tieren in Gefangenschaft fallen uns physische und psychische Fehlentwicklungen sofort auf; diese Verhaltensstörungen (früher auch Hospitalismus genannt) sind ein Ausdruck von erheblichem Leiden. Denken Sie an die umgeknickten Rückenflossen von Schwertwalen, das ständige

Auf- und Ablaufen von Tigern, oder das oft stundenlange Hin- und Herwiegen des Kopfes von Bären in winzigen Gehegen. Bei uns selbst versagt diese Beobachtungsgabe, da wir es nicht anders gewohnt sind. Ich bin der Meinung, dass unser bewegungsarmes Umfeld, welches wir uns geschaffen haben, von einer artgerechten „Menschenhaltung" – also Lebensführung – weit entfernt ist. Und das bezeugen sowohl unsere Körperformen als auch unsere Krankheitsbilder.

Auf die Frage, warum unser Körper Bewegung braucht, gibt das Öffentliche Gesundheitsportal Österreichs folgende Antwort:[20]

Die körperlichen und geistigen Fähigkeiten des modernen Menschen und seiner Vorfahren haben sich über mehrere Millionen Jahre entwickelt. Die Beschaffung der Nahrungsenergie war von je her bis in die allerjüngste Zeit nur durch körperliche Aktivität möglich. Dies gilt für die Nahrungsbeschaffung der früheren Menschen durch Sammeln oder Jagen, aber auch für die meisten Erwerbstätigkeiten bis in die Mitte des vorigen Jahrhunderts. Erst in den letzten Jahrzehnten änderten sich – vor allem in Industrieländern – die Lebensbedingungen stark. Es gibt einerseits ein großes Nahrungsangebot, andererseits kann das Leben ohne größere körperliche Anstrengung bewältigt werden.

Bewegung liegt in unseren Genen

Unser Erbgut ist aber noch immer auf ein bestimmtes Ausmaß an körperlicher Aktivität ausgelegt. Erst wenn durch Bewegung regelmäßig eine bestimmte Menge an Energie umgesetzt wird, funktionieren die Gene und der Organismus richtig, und die Leistungsfähigkeit unseres Körpers bleibt erhalten. Der natürliche Energieumsatz des Menschen pro Tag entspricht einer Gehstrecke von rund 20 bis 25 Kilometer, die mit vier bis fünf km/h bewältigt wird. Dies entspricht vier bis sechs Stunden moderater Bewegung. Daher: Körperliche Aktivität ist normal, keine Bewegung ist ungesund. (Diesen Satz sollte man sich rot unterstreichen! Anm.) [...]

Bewegung braucht Energie
Schon für die Grundfunktionen wie Herzschlag, Atmung, Kreislauf, Verdauung, Gehirntätigkeit oder Stoffwechsel benötigt der Körper Energie. Im Normalzustand ist der Energiehaushalt im sogenannten „inneren Gleichgewicht". Wir reagieren jedoch ständig – bewusst oder unbewusst – auf Reize aus der Umwelt. Wir sind aktiv. Dies bewirkt einen höheren Energieverbrauch. Der Körper stellt sich auf ein neues „inneres Gleichgewicht" ein.
Erst dieses biologische Programm der Stressreaktion ermöglicht dem Körper, zusätzliche Energie bereitzustellen und – je nach Bedarf – unterschiedlich hohe Leistungen zu erbringen.

Was ist Bewegung eigentlich? Kurz gesagt, jede körperliche Betätigung (= Aktivität der Skelettmuskulatur), die zu einem höheren Energieverbrauch führt als im Ruhezustand. Für Bewegung ist eine Reihe von motorischen Fähigkeiten notwendig. Diese sind angeboren und entwickeln sich einerseits durch das Wachstum des Menschen und andererseits durch – im besten Fall lebenslanges – Lernen und Üben. Die persönliche Leistungsfähigkeit ist abhängig von den Belastungen, denen wir unseren Körper aussetzen; dies gilt für jede Phase unseres Lebens.[21]

Unter motorische Fähigkeiten fallen:

- Ausdauer
- Kraft
- Geschicklichkeit
- Beweglichkeit
- Schnelligkeit

Diese Fähigkeiten sind aber nicht isoliert zu betrachten. Viele Bewegungsabläufe erfordern das Zusammenspiel mehrerer bzw. aller dieser Fähigkeiten. So ist es uns möglich, sowohl alltägliche Bewegungsabläufe als auch hochkomplexe und/oder anstrengende Tätigkeiten auszuführen. Die sogenannten „alltäglichen Basisaktivitäten" sind Bewegungen mit einer geringen Intensität wie z. B. Gehen, Stehen oder das Heben und Tragen leichter Lasten. Menschen, die nur diese alltäglichen Basisaktivitäten ausführen und darüber hinausgehend keine Bewegung machen, werden als inaktiv (!) bezeichnet.[21]

Die Wirkungen von Bewegung auf den Körper sind mannigfaltig. Schon Hippokrates erkannte, dass die richtige Dosis an Bewegung für die Gesundheit unseres Körpers entscheidend ist. („Der sicherste Weg zur Gesundheit ist es, jedem Menschen möglichst genau die erforderliche Dosis an Nahrung und Belastung zu verordnen, nicht zu viel und nicht zu wenig.")

Bewegen wir uns zu wenig, kommt es zu Abbauprozessen. Ist die Belastung aber zu hoch, führt sie infolge von Überlastungen und mangelnden Regenerationsphasen früher oder später zu Verletzungen – dies betrifft vor allem Gelenke, Sehnen und Muskeln. Ist die Bewegung jedoch richtig dosiert, sind die Auswirkungen auf unseren Körper gesundheitsfördernd. Davon profitieren der gesamte Bewegungsapparat (Knochen, Gelenke, Sehnen, Bänder), die Muskulatur, das Herz bzw. das Herz-Kreislauf-System, die Atmung, das Immunsystem, Stoffwechselvorgänge und nicht zuletzt das Gehirn sowie unsere Psyche. Für die Wissenschaftlerin Manuela Macedonia ist „Bewegung Balsam für unser Gehirn"[22]. Sie stuft Bewegung als wichtiger ein als gesunde Ernährung. Das Reinigungssystem des Gehirns wird durch Bewegung angekurbelt, degenerativen Erkrankungen des Gehirns kann so vorgebeugt werden. In Verbindung mit ausreichend Schlaf kann sich das Gehirn erholen und Schadstoffe abbauen, selbst die negativen Auswirkungen von Stress werden ganz ohne Nebenwirkungen abgemildert.

Bewegung (und damit ist *nicht im Speziellen* sportliche Tätigkeit gemeint) ist essenziell für ein gesundes Leben – für das optimale Funktionieren unseres gesamten Körpers. Jede Handbewegung, jedes Aufheben, Tragen usw. eines Gegenstands ist Bewegung und formt unseren Körper. Aber auch Sitzen, Liegen und Untätigkeit in jeder Form sind eine Belastung (Last) für den Körper und formen diesen. Warum das so ist? Die Gravitation (Erdanziehungskraft) wirkt immer und überall auf uns ein, und unser Körper passt sich dieser Last jeden Tag aufs Neue an, jede Stunde, jede Minute, jede Sekunde. Das heißt, alles, was wir unser Leben lang tun, formt unseren Körper. Degenerative körperliche Erkrankungen sind keine Verschleißerscheinungen, die zwangsläufig auftreten, sondern Anpassungen an Reize bzw. Lasten, die wir unserem Körper zumuten. So sind abnormale Verkrümmungen der Wirbelsäule die Antwort auf das vermehrte Sitzen in unserer Gesellschaft. Egal ob im Büro, auswärts oder zuhause, das Sitzen ist mittlerweile ein zentraler Bestandteil unseres Alltags geworden. Die Amerikanerin Katy Bowman hat zu dieser Thematik ein aus meiner Sicht bahnbrechendes Buch geschrieben, das im deutschen Sprachraum völlig zu Unrecht kein Bestseller ist. Ihr Werk *Bewegung liegt in deiner DNA*[23] gehört als Pflichtlektüre an jede Schule, Firma und jedes Altersheim – kurz gesagt, eigentlich in jeden Haushalt. Bowman zeigt in ihrem Buch, dass Bewegung (nicht Sport!) lebenswichtig und ohne Alternative für den menschlichen Körper ist.

Viele Menschen meinen, sie könnten einen eklatanten Bewegungsmangel, verursacht durch unseren bewegungsarmen Alltag, ganz einfach durch vermehrtes Training wieder wettmachen bzw. ausgleichen. Wenn der natürliche Energieumsatz des Menschen einer täglichen (!) Gehstrecke von 20–25 km entspricht (die mit 4–5 km/h zurückgelegt wird)[20], wie groß ist dann die tägliche Differenz in unserer heutigen Lebenswelt? Sehen wir uns folgende Gleichung an: mind. 8 Stunden Sitzen im Büro, 2–3 Stunden vor dem Fernseher/Computer/Handy, 0,5–1 Stunde im Auto/Bus/Bahn, eine Stunde für diverse Mahlzeiten = x Stunden Training, um dies zu kompensieren. Eins zu eins lässt sich das schon mal nicht ausgleichen. Wenn wir täglich 1–2 Stunden trainieren, wie hoch müsste die Intensität dann sein, um bei dieser Gleichung zumindest mit 0 auszusteigen? Interessant ist auch folgende Frage: Lässt sich ein über lange Zeit andauernder Bewegungsmangel überhaupt durch kurze, intensive Trainingseinheiten ausgleichen? Dabei sollte man auch bedenken, ob ein Körper, der Untätigkeit mittlerweile gewohnt ist, ein sehr intensives Training über einen längeren Zeitraum eigentlich aushält. Oder ob dies nicht ein Auslöser für weiteres Ungemach in Form von Verletzungen aller Art sein kann. Von solchen Hauruckaktionen ist generell abzuraten, da der Schaden den Nutzen in den meisten Fällen überwiegt. Muskeln, Sehnen, Gelenke sowie Organe benötigen gewisse Zeiträume, um sich an neue Reize anzupassen. Regelmäßige Bewegung mit langsamen Intensitätssteigerungen ist sinnvoll und gesund. Neben der körperlichen Leistungsfähigkeit profitiert auch die Psyche ausschließlich von dieser Herangehensweise und nicht von sporadischen Gewaltaktionen. Selbst wenn der Körper diese unbeschadet übersteht (woran stark gezweifelt werden darf), wird die Motivation eher früher als später sinken, da ein selten bewegter Körper sehr schnell erschöpft ist und lange Erholungsphasen benötigt. Diese Art von Bewegung ist dann nur ein lästiges Pflichtprogramm, weil man sich eben bewegen soll, aber eigentlich nicht möchte. Freude an Bewegung und somit der Grundstein für körperliche Leistungsfähigkeit sieht jedoch anders aus.

Wodurch wird dieser eklatante Bewegungsmangel eigentlich ausgelöst? Die Antwort darauf ist für uns moderne Menschen zugleich simpel und erschreckend: Bequemlichkeit.

All der technische Fortschritt, der unser Leben schneller, sicherer und komfortabler macht, ist im Endeffekt der Sargnagel für unser natürliches Bewegungspotenzial. Auto, Taxi, Bus, Bahn, Flugzeug, Schiff, Lieferservice, Aufzüge, Rolltreppen, E-Bike … alles bemerkenswerte Ingenieurskunst, ausgefeilt und effektiv – aber auch gesund für uns Nutzer? Sieht man sich die sogenannten Zivilisationskrankheiten an, ist diese Frage eher mit einem Nein zu beantworten. Hier macht uns unser evolutionäres Erbe leider einen Strich durch die Rechnung. So sinnvoll es ist, in einer fordernden Umgebung Energie zu sparen, so verkehrt sich dieser Effekt in unserer heutigen Lebenswelt ins Gegenteil und wird zur Gesundheitsbelastung.

Noch drastischer formulierte es dereinst schon der Apachen-Scout und Schamane Stalking Wolf: „Komfort ist eine Verkleidung des Todes." Uns modernen Menschen ist dies nur sehr selten bewusst. Einige Naturvölker leben jedoch gewollt nach dieser Maxime: Die Hopi aus Arizona kultivieren eine genügsame Lebensweise, die eine enge Verbundenheit mit der Natur und den Respekt vor allen

Dingen einschließt. Sie glauben, dass Bequemlichkeit unweigerlich zur Korruption der Menschen und der Welt führt. Darum siedelten sie sich auch auf dem weiten und trockenen Plateau zwischen den beiden Flüssen Colorado und Rio Grande an – auf einem Gebiet, in dem es kein fließendes Wasser gab und die Bedingungen für Landwirtschaft sehr eingeschränkt waren. So war sichergestellt, dass die Hopi nicht verweichlichten und die Demut vor der Schöpfung sowie die Ausübung ihrer Religion nicht vergaßen.[24/25]

In unserer immer beliebigeren und formloseren Gesellschaft ist dieser Ansatz über gemeinsame Wertvorstellungen nicht (mehr) möglich. Die Antwort auf diese Bequemlichkeitsepidemie führt über das Argument der körperlichen Gesundheit und lautet: Es gilt wieder mehr Bewegung (nicht nur Sport) in unseren Alltag einzubauen. Effektiv eingerichtete Büros sowie von Maschinen vorgegebene Arbeitsabläufe dienen der Arbeitserleichterung, der Zeitersparnis und somit einer Steigerung des Umsatzes. Mit Gesundheit für den einzelnen Angestellten oder Arbeiter hat das allerdings nichts zu tun. Ganz im Gegenteil: Je weniger wir uns in unserem ergonomisch geformten Bürosessel bewegen oder je monotoner die Bewegungsabläufe in der industriellen Fertigung sind, desto nachteiliger wirkt sich das auf unseren Körper aus (und in weiterer Folge auf die Psyche). Menschen sind eben keine Maschinen, die man möglichst effektiv einsetzen kann. So sollten etwa Büroräumlichkeiten meiner Meinung nach möglichst ineffizient gestaltet sein; sprich, man sollte möglichst oft aufstehen müssen, um zumindest einige Schritte zu gehen. Treppe statt Lift, Fahrrad statt Auto, kurze (und auch längere) Strecken zu Fuß gehen, Gartenarbeit, Holz hacken, mit seinen Kindern herumtoben, gemütliche Abendspaziergänge mit dem Partner etc. – alles einfache kleine Bausteine, die in Summe unser mögliches Bewegungspotenzial bilden.

„Wir finden unsere größten Chancen und Gelegenheiten zu wachsen jenseits unserer Bequemlichkeitsbremse."

Neale Donald Walsch

Von sportlichen Menschen wird meist angenommen, dass sie in körperlicher Top-Verfassung sind. Doch Langstreckenläufer sind meist nicht besonders kräftig, und wenn sie einen Gewichtheber einige Kilometer laufen lassen, wird er ziemlich schnell erledigt sein. Und doch sind beides Sportler. Der Läufer ist zu beachtlichen Ausdauerleistungen fähig, der Gewichtheber zu beeindruckenden Kraftakten. Beide sind jedoch Spezialisten auf ihrem Gebiet – d. h. sie sind nur im oft engen Rahmen ihres Bewegungsmusters zu Spitzenleistungen fähig. Alles, was über diesen Rahmen hinausgeht, wird meist sehr mühsam.

Generell ist anzumerken, dass viele Sportarten den Körper sehr einseitig belasten. So entsteht ein muskuläres Ungleichgewicht, da nur jene Muskeln vom Training profitieren, die für die jeweilige Bewegung beansprucht werden. Lang andauernde körperliche Beanspruchung nach einem bestimmten Schema begünstigt die Entstehung von starkem Gewebe neben schwachem. Werden keine gezielten Ausgleichsmaßnahmen gesetzt, können sich für die jeweilige Sportart typische Überlastungssymptome bis hin zu schwerwiegenden Verletzungen entwickeln. Wollen Sie sich vor solcher Art von Verletzungen schützen, sollte Ihr Training möglichst abwechslungsreich gestaltet sein. Laufen trainiert vor allem die Beine, aber selbst da nicht alle Muskelgruppen gleich. Suchen Sie sich eine zusätzliche Bewegungsart (oder auch mehrere), die vor allem den Oberkörper und die Arme fordert. Klettern wäre z. B. eine Option. Sie müssen auch keine ausgedehnten Expeditionen in den West-Alpen oder im

Himalaya unternehmen: eine Kletterhalle gibt es in fast jeder größeren Stadt. Und wenn Sie das nicht möchten, Bäume gibt es bei uns genug. Schwimmen ist ebenso sehr zu empfehlen – ich meine aber das wirkliche Schwimmen, nicht das Herumtümpeln am Beckenrand.

Es ist bezeichnend, dass gerade jene Sportarten immer unbeliebter werden, die für unseren Körper besonders gesund wären. Etwa die Leichtathletik (Laufen, Springen, Werfen) und auch diverse Kampfsportarten (z. B. Karate). Diese Sportarten fördern die Ausdauer, Kraft und Koordination. Leider beanspruchen sie aber auch relativ viel Zeit und sind zudem körperlich sehr fordernd – und das geht nun mal gar nicht. Denn Zeit ist Geld und man will schnell Erfolge sehen. Wir gehen lieber ins Fitnesscenter, um unter sterilen Bedingungen an Maschinen vorgegebene Bewegungsabläufe auszuführen. Nach dem zeitlich begrenzten Training kann man sich dann auch ruhigen Gewissens wieder mit einem kalorienreichen Snack auf das Sofa zurückziehen, denn man war ja schließlich körperlich aktiv.

Unsere Vorfahren waren einen Großteil des Tages in Bewegung. Sie gingen, liefen, kletterten, trugen Lasten, gruben in der Erde. All das können wir heute auch. Umgelegt auf unsere Zeit heißt das, wir können wandern, einen Marathon laufen, eine Kletterhalle aufsuchen, wir können Krafttraining betreiben, Holz hacken, ein Haus bauen, im Garten arbeiten. Die Möglichkeiten sind fast unbegrenzt. Wir müssen es nur tun, denn einseitige Belastung – und dazu gehört auch Untätigkeit – ist auf lange Sicht ungesund.

Der menschliche Körper ist ein wahres Wunderwerk der Natur. Unser Körper befähigt uns, sowohl schier unglaubliche Kraft- und Ausdauerleistungen zu vollbringen (Gewichtheben, Langstreckenläufe) als auch ausgesprochen feine Arbeiten auszuführen (Schreiben, Malen, Nähen, Goldschmiedearbeiten,

Herztransplantationen, etc.). Wir können gehen, laufen, springen, und es ist uns auch möglich, Tätigkeiten und Bewegungsabläufe zu erlernen, die uns nicht in die Wiege gelegt wurden (Rad fahren, Schwimmen, Tanzen, ...).

Für den Biologen Dennis Bramble (University of Utah) ist der Mensch ein ausgewiesener Distanzathlet.[26] Nach eingehenden Untersuchungen kam er zu dem Schluss, dass bestimmte Merkmale des menschlichen Bewegungsapparates sich speziell für den Ausdauerlauf gebildet hatten. Ist schon der aufrechte Gang des Menschen sehr effizient, so kommen die evolutionären Vorteile erst beim Laufen so richtig zur Geltung. Die spezielle Fußwölbung, die Art und Anordnung der Sehnen sowie die Größe unserer Gesäßmuskeln ergeben seiner Meinung nach erst beim Laufen richtig Sinn.

Folgende charakteristische Merkmale machen den Menschen zum Langstreckenläufer:[26/27]

- **Fuß:** durch Quer- und Längsgewölbe sehr anpassungsfähig und elastisch; dämpft und absorbiert die Aufprallkräfte; auch das große Fersenbein mindert die auftretende Belastung beim Aufsetzen des Fußes
- **Zehen:** Der große Zeh dient zur Stabilisierung, die kleinen Zehen bringen eine Gewichtsersparnis und vereinfachen das Abrollen des Fußes.
- **Achillessehne:** Die größte und stärkste Sehne im menschlichen Körper speichert Bewegungsenergie, gibt diese auch (teilweise) wieder ab und dämpft die Aufprallkräfte.
- **Knie:** groß und kräftig, um die Aufprallkräfte beim Gehen und Laufen aufnehmen zu können. Die spezielle Anordnung

nicht direkt unter der Hüfte ermöglicht es dem Menschen auf einem Bein zu stehen. Beim Laufen hat immer nur ein Bein Bodenkontakt.

- **Gesäß:** Der größte Muskel des Menschen (bezogen auf das Volumen) dient u. a. der Stabilisierung des Oberkörpers.
- **Lange Beine** ermöglichen eine große Schrittlänge.
- **Schultern:** Bewegung unabhängig vom Kopf möglich, Ausgleich der Beckenbewegung mit den Armen, um den Rumpf zu stabilisieren.
- **Nackenband:** Stabilisierung des Kopfes.
- **Schweißdrüsen:** Abfuhr der beim Laufen entstehenden Körperwärme durch Schwitzen. Der Mensch ist das einzige Lebewesen, das am ganzen Körper effektiv schwitzen kann.
- **Vestibuläres System:** Das Gleichgewichtsorgan im Innenohr. Jeder Positionswechsel des Kopfes (und sei er noch so minimal) wird über den Hör- und Gleichgewichtsnerv an das Gleichgewichtszentrum und das Kleinhirn weitergeleitet.[28]
- **Stoffwechsel (Metabolismus):** Die hohe Speicherfähigkeit für Fett und Wasser ist ideal für Ausdauerbelastungen.

Sehr zum Bedauern aller Couch-Potatoes ist der Mensch also ein Bewegungstier. Da wir einen Bewegungsapparat besitzen – und keinen Erschlaffungsapparat – ist es sogar notwendig, sich ausreichend zu bewegen, um sich gesund zu halten. Zur Versorgung unserer inneren Organe, der Muskulatur und selbst des Skeletts ist es notwendig, sich ausreichend zu bewegen. Geschieht dies nicht, degeneriert unser Körper – langsam, aber sicher.

Kennt man diese Fakten, wundert es einen auch nicht, dass Zivilisationskrankheiten uns fest im Griff haben. Diese

Wohlstandserkrankungen sind nichtübertragbare chronische Krankheiten, die durch verschiedene Faktoren beeinflusst werden. Diese umfassen Fehlernährung, ungenügende Bewegung, die Wohnsituation, Umweltverschmutzung, ebenso wie technische Einflüsse. Die Haupttodesursachen sowohl in Österreich als auch in der restlichen industrialisierten westlichen Welt gehen auf das Konto dieser Krankheiten. Dies sind in Österreich Herz-Kreislauf-Erkrankungen, Krebs und Erkrankungen der Atmungsorgane. In ärmeren Ländern sind diese Zivilisationskrankheiten zwar auch auf dem Vormarsch, jedoch überwiegen in diesen eher Infektionskrankheiten.

Laut WHO-Statistik waren im Jahr 2018 folgende Todesursachen weltweit am häufigsten:[30]

- **Koronare Herzkrankheit:** Verengung der Herzkranzgefäße durch Verkalkung (Arteriosklerose); Rauchen ist eine der Hauptursachen.
- **Schlaganfall:** als Folge von Durchblutungsstörungen oder Blutungen plötzlich einsetzender Ausfall bestimmter Gehirnfunktionen.
- **COPD:** Chronic Obstructive Pulmonary Disease (Chronische obstruktive Lungenerkrankung; obstruktiv = verengend, verschließend). Auch hier ist Rauchen eine der Hauptursachen.
- **Atemwegserkrankungen:** Erkältungen, Grippe und Lungenentzündungen.
- **Lungenkrebs:** Ursache ist auch hier meistens das Rauchen.
- **Alzheimer und Demenz**

- **Diabetes mellitus:** Zuckerkrankheit, krankhafte Störung des Zuckerstoffwechsels.
- **Verkehrsunfälle**
- **Durchfall:** Durchfallerkrankungen wie Cholera, Ruhr und Typhus treten vor allem in Entwicklungsländern auf.
- **Tuberkulose (TBC):** Infektionskrankheit, die bevorzugt die Lunge befällt, jedoch auch alle anderen Organe befallen kann.

Obwohl das „tödliche Quartett" aus Fehlernährung, Bewegungsmangel, Rauchen und Alkoholmissbrauch absolut vermeidbar wäre, steigen die Zahlen von Jahr zu Jahr.[31]

Viele Tätigkeiten werden heute im Sitzen erledigt. Untersuchungen gehen davon aus, dass wir uns um ca. zwei Drittel weniger bewegen als noch vor etwa 100 Jahren.[29] All die Fähigkeiten, die unsere Vorfahren zum Überleben benötigten, sind heute nur mehr, wenn überhaupt, in sehr geringem Umfang erforderlich. Katy Bowman nennt diese Zivilisationskrankheiten auch „Verhaltenskrankheiten". Verursacht werden diese ihr zufolge durch:[23]

- die schlechte Qualität der aufgenommenen Nahrungsmittel.
- oft oder ständig erhöhten Stresspegel.
- falsche körperliche Beanspruchung: niedrig und abwechslungsarm (Nichtsportler) oder hoch und abwechslungsarm (körperliche Arbeit, sportliche Aktivitäten).

Zumindest in der westlichen Welt muss der Großteil der Bevölkerung nicht mehr körperliche Schwerstarbeit verrichten. Der moderne Mensch übt seinen Job vermehrt bzw. überwiegend im Sitzen aus. Selbst handwerkliche Tätigkeiten sind durch die Technik heutzutage körperlich längst nicht mehr so fordernd. Ohne sportlichen Ausgleich oder wenigstens regelmäßige Bewegung wie etwa Spazierengehen oder Gartenarbeit können mannigfache Probleme auftreten. Das liegt daran, dass der menschliche Körper bewegt werden will, sonst baut er unwillkürlich ab.

Der Ausspruch „Ich bin nicht in Form" ist eigentlich völliger Unsinn. Wir sind immer in Form. Nämlich genau in der Form, die die Kräfte, die zu jeder Tages- und Nachtzeit auf unseren Körper einwirken, und die Belastungen, denen wir unseren Körper aussetzen, uns vorgeben. Bewegen wir uns wenig, sitzen und liegen wir viel, passt sich unser Körper an dieses Muster an. Die Muskeln werden kleiner, die Leistungsfähigkeit der Organe nimmt ab, selbst die Knochenstruktur verändert sich. Denn es wäre Energieverschwendung, einen hochtrainierten, leistungsfähigen Körper zu erhalten, wenn dieser gar nicht benötigt wird. Bewegung hat also immer direkte Auswirkungen auf unseren Körper – im Positiven wie im Negativen.

Dass Bewegung und Sport in der richtigen Dosierung gesund sind, steht mittlerweile außer Frage. Nur neigen wir in unserer Höher-schneller-weiter-Mentalität gerne zu Übertreibungen. Und das auch in sportlichen Belangen. Nicht jeder hat die körperlichen und mentalen Voraussetzungen für das Niveau eines Spitzensportlers.

Aber das ist auch nicht unbedingt erstrebenswert, denn Leistungssport ist durch die oft hohe einseitige Belastung in den wenigsten Fällen gesund. Die Verletzungsanfälligkeit vieler Sportler (etwa Schifahrer und Fußballer) ist schon recht beängstigend. Jetzt aber gleich wieder „No sports" zu rufen hieße, alle positiven Auswirkungen von Bewegung und Sport zu negieren. Diesen Ausspruch soll übrigens der ehemalige britische Premierminister Winston Churchill getätigt haben, als er nach dem Geheimnis seiner guten körperlichen Konstitution gefragt wurde. Das Zitat ist allerdings nicht belegt und soll im englischen Sprachraum unbekannt sein.[32] In seiner Jugend war Churchill sehr wohl sportlich: Boxen, Schwimmen, Fechten und vor allem Reiten und Polo gehörten zu seinem Bewegungsrepertoire. Selbst im Alter von 70 Jahren unternahm er noch Reitausflüge.

Ausreichende körperliche Aktivität ermöglicht es uns, bis ins hohe Alter beweglich zu bleiben. Bewegung steigert die Leistungsfähigkeit des Körpers und hilft, das biologische Alter niedrig zu halten. D. h. Sechzigjährige können durchaus einen Körper wie Vierzigjährige haben.

Ein Pendel schwingt aber bekanntlich nach zwei Seiten und so haben viele an Jahren junge Menschen einen Körper, der über die Leistungsfähigkeit eines alten, unbewegten Menschen verfügt. Die Werte für die Bestimmung des biologischen Alters, die in medizinischen Untersuchungen herangezogen werden, betreffen die Muskelmasse (Kraft), die Sauerstoffaufnahmefähigkeit (Ausdauer), den Körperfettanteil und die Knochendichte.[33] Regelmäßige Bewegung in Verbindung mit einer gesunden Ernährung, wenig bis gar keine schädlichen Substanzen wie Nikotin oder Alkohol sowie ausreichend Erholungsphasen haben einen positiven Einfluss auf das biologische Alter. Die geniale Anpassungsfähigkeit unseres Körpers bewirkt auch, dass regelmäßige Bewegung *immer* einen positiven Aspekt auf unseren Körper hat, selbst dann, wenn erst im fortgeschrittenen Alter damit begonnen wird.

Ein Mangel an Bewegung hat dagegen dramatische Auswirkungen für unseren Körper. Bluthochdruck, Diabetes, Herz- und Kreislauferkrankungen, Allergien sowie Kopf- und Rückenschmerzen haben in unserer Zeit schon epidemische Ausmaße angenommen. Zusammen mit Fehlernährung, Schlafmangel und Suchtmittel aller Art (vor allem Rauchen und Alkohol) ist der Bewegungsmangel die moderne Geißel unseres Körpers. Selbst für das Auftreten der Alzheimererkrankung gilt zu wenig Bewegung als ein entscheidender Risikofaktor.

Laut Angaben der WHO sterben allein in Europa ca. 1 Million Menschen an den Folgen von Bewegungsmangel, pro Jahr wohlgemerkt. Übergewicht und Adipositas (Fettleibigkeit) begünstigen diesen negativen Trend.

Dies zieht sich durch alle Altersschichten, zeigt sich mittlerweile jedoch besonders bei Kindern und Jugendlichen. Bewegen sich in Europa mehr als ein Drittel der Erwachsenen nicht ausreichend, so klettert dieser Wert bei Jugendlichen auf über zwei Drittel. Die in den Leitlinien der WHO geforderte gemäßigte bis intensive Bewegung für Kinder (mindestens eine Stunde täglich) nimmt mit dem Alter leider immer weiter ab.[34] Die zugrunde liegenden Ursachen dafür sind großteils umwelt- und systembedingt. Unsere Kinder wachsen heute in einer grenzenlosen Überflussgesellschaft auf. Auf diese hat die Kombination aus Bewegungsmangel und falscher Ernährung gravierende Auswirkungen. Von jenen auf die kindliche Psyche einmal abgesehen. Wer als Kind schon lernt, dass alles immer verfügbar ist und das ohne Gegenleistung oder Anstrengung, wird dieses Verhalten auch als Erwachsener nicht ändern wollen. Aus den heutigen „Tyrannenkindern" werden wohl keine altruistischen Erwachsenen werden.

Diese Art von zunehmender Wohlstandsdegeneration ist nicht nur für die Einzelperson ein Problem, sondern auch für die Gesellschaft als Ganzes.[35] Unsere Kinder sind vielleicht die erste Generation, die kränker sein und früher sterben wird als ihre Eltern.

Neu ist das alles nicht, die *Deutsche Ärzte Zeitung* schrieb schon in ihrer Ausgabe vom 28.04.2010 zum Sterberisiko durch bestimmte Risikofaktoren folgendes:

„Das Sterberisiko steigt innerhalb von 20 Jahren um 56 %, wenn man sich wenig bewegt, um 52 % durch Rauchen, um 31 % durch schlechte Ernährung und um 26 % durch viel Alkohol."[36]

Ein toller Cocktail, der genau die Ingredienzien enthält, die wir verwöhnten Wohlstandsbürger so lieben: Bewegungsmangel, ungesunde Ernährung und Drogen. Die Binsenweisheit „Was Hänschen nicht lernt, lernt Hans nimmermehr" passt hier wie die Faust aufs Auge. Durch vermehrt sitzende Tätigkeit im Kindergarten- und Schulalter sowie in der Freizeitgestaltung wird bereits in jungen Jahren die Grundlage für den späteren Bewegungsmangel gelegt. Dicke Kinder werden sich meist auch im Erwachsenenalter nicht genug bewegen. Gelernt ist eben gelernt. Den Verlust an Lebensqualität, der damit einhergeht, bemerkt man leider erst sehr spät. Wenn man im Alter normale Aktivitäten wie Treppensteigen oder das Heben von alltäglichen Lasten nicht mehr ausführen kann, ist das nicht der natürliche Lauf der Dinge, sondern die Antwort (Anpassung) des Körpers auf einen chronischen Bewegungsmangel. Der damit einhergehende Verfall des Körpers ist die logische Konsequenz dieser Lebensweise. Dabei profitieren selbst chronisch Kranke von moderater aber regelmäßiger Bewegung. Wurde beispielsweise Menschen mit Herzerkrankungen früher absolute Ruhe verordnet, so tendiert man heute dazu, diese Menschen zu regelmäßiger Bewegung anzuhalten. Die Genesung erfolgt rascher, die Leistungsfähigkeit und die Belastbarkeit erhöhen sich im Allgemeinen und auch die psychische Verfassung verbessert sich merklich.

Auch die sozialen Folgen von Übergewicht sind nicht zu unterschätzen. So können übergewichtige Kinder und Jugendliche oft nicht an sportlichen oder anderen altersgemäßen Aktivitäten teilnehmen.[38] Die Diskriminierung übergewichtiger Menschen ist allgegenwärtig und umfasst alle gesellschaftlichen Bereiche. Die Folgen zeigen sich oft in Angststörungen, Depressionen und Minderwertigkeitsgefühlen.[37] Weiters können sich durch soziale Isolation zusätzlich belastende Einsamkeit und Essstörungen entwickeln, auch das vollständige Vermeiden jedweder Bewegung und das Verweigern medizinischer

Versorgung sind möglich. Bei Kindern und Jugendlichen ist die Hemmschwelle, andere wegen ihres Übergewichtes zu verspotten, sehr niedrig. Dies kann das Selbstbewusstsein massiv schwächen, Scham und Depressionen auslösen und im schlimmsten Fall bis hin zum versuchten und vollendeten Selbstmord führen. Doch auch Erwachsene sind übergewichtigen Kindern und Jugendlichen gegenüber oft negativ eingestellt. So werten Lehrer mit Vorurteilen übergewichtige Kinder nicht nur im Turnunterricht ab, sondern trauen ihnen auch in anderen Fächern nicht so viel zu wie ihren Mitschülern. Dies kann dazu führen, dass deren Bildung leidet und auch die Chancen für den weiteren Lebensweg gemindert werden. Solcherart gedemütigte Kinder verfallen häufig in das Schema, sich mit Essen (vor allem Fastfood und Süßigkeiten) zu trösten und geraten dadurch erst recht in einen schwer zu durchbrechenden Teufelskreis. Die Standardfloskel „Iss weniger und bewege dich mehr" stimmt zwar im Grunde, reduziert das Problem jedoch auf das individuelle Verhalten und zielt oft darauf ab, diesen Menschen Willensschwäche und mangelnde Bereitschaft zu einer Verhaltensänderung zu unterstellen. Damit verstärken sich in vielen Fällen die Probleme übergewichtiger Menschen weiter. Sehr gerne wird dabei das gesellschaftliche Umfeld (sozial- und milieubedingte Faktoren) übersehen, das einen wesentlichen Anteil an der Misere trägt. Hier sind sowohl der Staat als auch die Gesellschaft gefordert, um einerseits mit gesetzlichen Regelungen und andererseits mit Verständnis und Vorbildwirkung eine lebenswerte Zukunft für unsere Kinder zu ermöglichen.[37/38]

Es könnte so einfach sein. Mehr Bewegung, gesunde Ernährung und Minimierung von schädlichen Substanzen. Aber irgendwie scheinen wir dies nicht umsetzen zu können – oder zu wollen. Wir wissen als Einzelner und als Gesellschaft zwar um diese Tatsachen, doch kommen wir oft über Lippenbekenntnisse nicht hinaus.

Um diesen Bewegungsmangel auszumerzen, ist Laufen das Mittel der Wahl. Nicht nur, weil es gesund ist, es ist auch ohne großen Aufwand fast überall möglich. Laufen bewegt den ganzen Körper, entsprechendes Equipment, Geräte oder Partner sind nicht notwendig. Zudem sind wir dabei draußen an der frischen Luft, was sich zusätzlich positiv auf unsere Psyche auswirkt.

Apropos Psyche: Beim Laufen, vor allem dem Langstreckenlaufen, empfinden viele Läufer auch wieder eine Verbindung zu ihrem Körper und können diese terminlose Zeit richtig genießen. Dies wirkt ausgleichend und beruhigend und fördert das Wohlbefinden erheblich.

James Fixx schreibt in seinem Buch *Das komplette Buch vom Laufen* dazu folgendes:

„Wir erfahren, was wir empfunden hätten, wenn wir vor 10.000 Jahren gelebt und Herz, Lunge und Muskeln durch ständige Bewegung gesund gehalten hätten. Wir vergewissern uns, was dem modernen Menschen selten gelingt, unserer Verwandtschaft mit dem frühzeitlichen Menschen."[39]

Da wir aber heutzutage sofort alles panisch infrage stellen, wenn es heißt, Eigenverantwortung zu übernehmen und unsere kuschelige Komfortzone zu verlassen, möchte ich hier gleich die fünf großen Motivationskiller (Wer, Wie, Was, Wo, Warum?) entzaubern, bevor sie sich in Ihrem Geist einnisten und wieder einmal alle gut gemeinten Vorsätze im Keim ersticken.

- **Wer:** Alle einigermaßen gesunden Menschen können laufen. Unabhängig von Alter, Religion, Hautfarbe, Bildung oder sozialer Stellung.

- **Wie:** Die Fähigkeit zu laufen müssen wir in keinen kostspieligen Kursen oder Laufcamps erlernen. Es wurde uns in die Wiege gelegt und ist quasi unser Geburtsrecht.
- **Was:** Im Unterschied zu anderen Sportarten ist Laufen sehr günstig – wenn Sie den Verlockungen der Laufsportindustrie widerstehen können. Eine umfangreiche, modische und teure Ausrüstung ist nicht notwendig.
- **Wo:** Eigentlich überall. Laufen Sie einfach los!
- **Warum:** Weil es gesund ist und Spaß macht!

Man kann leicht ins Schwärmen geraten, ruft man sich die positiven Aspekte des Laufens ins Gedächtnis:[40/41/42]

- Laufen senkt das biologische Alter.
- Laufen senkt den Bluthochdruck.
- Laufen beugt Demenzerkrankungen vor.
- Laufen regt die Verdauung an.
- Laufen stärkt das Herz sowie das Herz-Kreislauf-System.
- Laufen stärkt das Immunsystem.
- Laufen fördert die Durchblutung der Lunge, dadurch wird eine bessere Sauerstoffversorgung gewährleistet.
- Laufen stärkt Knochen und Gelenke (Zunahme der Knochendichte).
- Laufen verringert die Ausschüttung von Stresshormonen.
- Laufen ist aktive Krebsvorsorge.
- Laufen verbessert die Gehirnfunktionen (z. B. höhere Gedächtnisleistung, Verzögerung bzw. Verringerung des allgemeinen geistigen Abbaus).

- Laufen bewirkt eine Abnahme des Körperfettanteils und fördert dafür das Muskelwachstum.
- Laufen trägt zur Diabetes-Vorbeugung bei und lindert Beschwerden bei bereits bestehenden Diabeteserkrankungen.
- Laufen wirkt sich positiv auf die Psyche aus, wirkt stimmungsaufhellend und stresslösend.

Zwei Punkte möchte ich besonders hervorheben: die positive Wirkung des Laufens auf Krebs- und Demenzerkrankungen. Da diese kontinuierlich zunehmen, ist die Angst, im Laufe des Lebens an einer Form von Krebs oder Demenz zu erkranken, nicht unbegründet.

Demenzerkrankungen[43]

Demenzerkrankungen, vor allem die Alzheimer-Demenz, sind ein Schreckgespenst unserer Zeit. Während des Verlaufs einer Alzheimer-Demenz bilden sich in den Gehirnregionen, die für unsere Lernprozesse, Gedächtnisleistungen, Orientierung sowie unser Verhalten und emotionale Reaktionen verantwortlich sind, Eiweißablagerungen, die die Reizübertragung zwischen den Nervenzellen mehr und mehr beeinträchtigen. Der drohende Kontrollverlust über seine geistigen Fähigkeiten lässt wohl niemanden kalt.

Jedoch sind Demenzerkrankungen kein generell unabwendbares Übel, das sich mit zunehmendem Alter einfach einstellt. Wie bei jeder anderen Erkrankung gibt es auch hier unterschiedliche Risikofaktoren. Diese werden als krankheitsbegünstigende, risikoerhöhende und entwicklungshemmende Determinanten (bestimmende Faktoren) bezeichnet. Sie können unterteilt werden in vermeidbare und nicht vermeidbare Risikofaktoren.

Die nicht vermeidbaren Risikofaktoren sind, wie schon der Name aussagt, nicht beeinflussbar. Dazu zählen z. B. ein hohes Alter oder auch eine genetische Veranlagung (erblich bedingte Empfänglichkeit).

Weitaus interessanter für die Prophylaxe sind jedoch die vermeidbaren Risikofaktoren. Wenn man weiß, dass in Untersuchungen davon ausgegangen wird, dass bei einem Drittel bis zur Hälfte aller Alzheimer-Erkrankungen vermeidbare Risikofaktoren als Ursache angenommen werden, steht man dieser Erkrankungsform nicht mehr ganz so ohnmächtig gegenüber.

Lt. dem österreichischen Demenzbericht 2014 werden die potenziellen Risikofaktoren in die nachfolgenden Bereiche unterteilt.

Vaskuläre Risikofaktoren und Erkrankungen (vaskulär = die Blutgefäße betreffend)[43]

- Hypertonie (Bluthochdruck)
- Diabetes mellitus (ugs. Zuckerkrankheit)
- Hyperlipidämie (erhöhte Blutfettwerte)
- Adipositas (Fettleibigkeit)

Lebensstil-assoziierte Risiko- und Schutzfaktoren[43]

- **Bewegung:** Erschreckend ist, dass mangelnde Bewegung jener Risikofaktor ist, der in Europa und den USA den meisten vermeidbaren Alzheimer-Erkrankungen zugrunde liegt. Zum Erhebungszeitpunkt 2010 ging man davon aus, dass ca. ein Drittel der Erwachsenen in Europa und den USA sich nicht ausreichend bewegten. Dabei wäre es so einfach, denn schon moderate Bewegung im Alltag senkt das Risiko einer späteren Demenzerkrankung.

- **Ernährung:** Studien zum Zusammenhang zwischen Ernährung und Demenz liefern unterschiedliche Ergebnisse. Es gibt Studien, die bestimmte Ernährungsformen als Risiko- bzw. Schutzfaktoren bezeichnen und solche, die zwischen Ernährung und Demenz keine oder nur eingeschränkte Zusammenhänge feststellen konnten. *(Mehr zum Thema Ernährung in Kapitel 5)*
- **Alkohol:** Es wurden sowohl positive als auch negative Effekte festgestellt, d. h. kein eindeutiger Beleg, ob dieser als Risiko- oder Schutzfaktor in Bezug auf eine Demenzerkrankung zählen kann. Jedoch schädigt Alkohol das Gehirn auch schon bei mäßigem Konsum. *(Mehr zum Thema Alkohol in Kapitel 5)*
- **Rauchen:** Einer von zehn Alzheimer-Fällen in Europa geht auf das Konto des Risikofaktors Rauchen. *(Mehr zum Thema Rauchen in Kapitel 5)*

Soziodemografische Risiko- und Schutzfaktoren (soziodemografisch = die Zugehörigkeit zu einer bestimmten Gruppe – z. B. Alter, Einkommen, Geschlecht – betreffend)[43]

- **(Aus-)Bildung:** Einer von zehn Alzheimer-Fällen in Europa ist einer geringen (Aus-)Bildung zuzurechnen. Schätzungen gehen davon aus, dass weltweit jeder fünfte Alzheimer-Fall darauf zurückzuführen ist.
- **Intellektuell herausfordernde Aktivitäten:** Erhöhte kognitive Beschäftigungen während des Lebens reduzieren das Risiko einer Demenzerkrankung.

- **Mehrsprachigkeit:** Das Beherrschen mehrerer Sprachen verbessert die kognitiven Funktionen.

Auch schwere Depressionen stellen einen Risikofaktor dar, bei ca. 10 % der Alzheimer-Fälle in Europa spielen diese in der Krankengeschichte eine Rolle.

Es ist immer wieder erschreckend und ernüchternd, dass selbst in jenen Bereichen (vermeidbare Risikofaktoren), in denen wir selbst aktiv etwas tun könnten, die Bereitschaft und der Wille dazu oft nicht vorhanden sind. Wie sonst ist es zu erklären, dass mangelnde Bewegung genau jener Risikofaktor ist, der in Europa und den USA den meisten vermeidbaren Alzheimer-Erkrankungen zugrunde liegt?

Krebserkrankungen

Trotz aller Fortschritte in der Behandlung von Krebserkrankungen (lt. dem deutschen Krebsforschungszentrum kann heutzutage mehr als die Hälfte aller Krebspatienten auf dauerhafte Heilung hoffen)[44] ist die Diagnose Krebs wohl immer noch ein schwerer Schlag für alle Betroffenen.

Durch die eigene Lebensführung kann man einen nicht unwesentlichen Beitrag im Kampf dagegen leisten.[45/46] D. h. in puncto Krebsvorbeugung ist jeder im Rahmen seiner Möglichkeiten selbst gefordert. Neben Umweltfaktoren wie elektromagnetische Strahlen, gewissen Chemikalien (u. a. solche, die im Zigarettenrauch enthalten sind) und chronischen Infektionen, die nachgewiesenermaßen Krebs auslösen können, erhöhen folgende Faktoren das Risiko an Krebs zu erkranken wesentlich.[46]

- **Rauchen:** Tabakrauch enthält eine Vielzahl von krebserregenden Substanzen, die im ganzen Körper ihre zellschädigenden Wirkungen entfalten. Rauchen ist die Hauptursache für Lungenkrebs. Ca. 30 % aller Todesfälle durch Krebserkrankungen weltweit sind auf Tabakkonsum zurückzuführen. In Österreich sterben jährlich ca. 10.000 Menschen an den Folgen des Rauchens. Was nicht nur rauchende Läufer besonders beunruhigen sollte, ist die Tatsache, dass Rauchen die Lunge massiv schädigt und wesentlich an der Entstehung von Herz- und Gefäßerkrankungen beteiligt ist.
- **Alkohol:** Ein hoher Alkoholkonsum geht mit einem erhöhten Krebsrisiko einher. Vor allem hochprozentiger Alkohol schädigt die Schleimhaut von Mund- und Rachenraum, Kehlkopf und Speiseröhre. Dadurch können Entzündungsherde entstehen, die die Empfänglichkeit gegenüber anderen krebserregenden Stoffen (z. B. im Tabakrauch) erhöhen. Alkoholmissbrauch ist ein hoher Risikofaktor für Mundkrebs, Rachenkrebs, Kehlkopfkrebs, Speiseröhrenkrebs sowie Leberkrebs.
- **Sonnenlicht:** Natürliche (und künstliche) UV-Strahlung wirkt vor allem auf die Haut und die Augen. Starke und lang andauernde Sonnenbestrahlung erhöht das Hautkrebsrisiko. UV-Strahlen können die Erbsubstanz (DNA) in den Hautzellen so massiv schädigen, dass es zur Entstehung von Hautkrebs kommen kann. Besonders Personen mit heller Haut und blonden/rotblonden Haaren sind gefährdet. Als Beispiel seien hier die weißen Bewohner Australiens angeführt, die die höchste Melanom-Inzidenzrate (schwarzer Hautkrebs: bösartigste Form von Hautkrebs) weltweit aufweisen.

- **Übergewicht und Adipositas:**[47] Durch den gestörten Hormonhaushalt mit u. a. erhöhtem Insulinspiegel im Blut können zellwachstumsfördernde Prozesse gefördert werden. Bei Adipositas wird u. a. das Tumorwachstum durch entzündungsfördernde Botenstoffe begünstigt.[58]

Das bedeutet also, dass unsere Lebensführung einen erheblichen Einfluss auf unsere Gesundheit hat, auch bei Krankheitsbildern wie Demenz und Krebs.[48/49/50] Die deutsche Krebsgesellschaft empfiehlt körperliche Aktivität explizit als Schutzmaßnahme vor Krebs. Regelmäßige Bewegung sorgt u. a. dafür, dass der Blutdruck sinkt und der Stoffwechsel aktiviert wird. Zudem sinkt der Insulinbedarf, Fett wird ab- und Muskeln werden aufgebaut. Neben Schwimmen, Radfahren und Tanzen ist Laufen jene Bewegungsart, die ausdrücklich empfohlen wird.[48] Regelmäßigkeit zahlt sich hier aus, denn der Schutz vor Krebs steigt mit den Jahren, in denen man regelmäßig körperlich aktiv ist. Warum das so ist? Sogenannte Tumorsuppressorgene (bzw. deren Produkte) unterdrücken das Wachstum sowie die unkontrollierte Teilung von Krebszellen – und körperliche Aktivität/Bewegung unterstützt sie.

Nicht umsonst hat das Bayerische Staatsministerium für Umwelt und Gesundheit im Jahr 2013 eine Initiative durchgeführt, die folgendes Leitthema hatte: *Dem Krebs davonlaufen*.[51]

Ernährung ist ein weiterer Bereich in der Krebsvorsorge, der bis zu einem gewissen Grad unserem Einfluss unterliegt. Mit der Nahrung können verschiedenste krebsverursachende Schadstoffe aufgenommen werden. Dazu zählen Schadstoffe natürlichen Ursprungs wie z. B. Schimmelpilzgifte und Bakteriengifte und solche, die sich durch Zubereitungsformen wie Grillen oder Pökeln bilden.[52] Zusätzlich sind wir heutzutage mannigfachen Umweltgiften ausgesetzt. Diese werden in Europa im Vergleich zum Lebensstil und/oder persönlichen Risiken als eher gering für die Krebsentstehung angesehen. Im Gegensatz zu Entwicklungsländern, in denen die Umweltbelastung oft verheerend ist, ist die Gesamtbelastung in West-Europa im Vergleich dazu eher moderat. Ausnahmen sind gewisse Berufsgruppen und Industriestandorte, außerdem ist die Belastung in Großstädten deutlich höher. Die Belastung durch Umweltgifte ist unabhängig von der Art und Konzentration allgegenwärtig. Feinstaub, Industrie- und Autoabgase, Müll- und Sondermülldeponien, Pflanzenschutzmittel, Dünger, Lebensmittelzusatzstoffe, Weichmacher im Plastik, hormonell wirksame Chemikalien (z. B. Bisphenol A), Nanopartikel … die Liste der Schadstoffe in Luft, Wasser und Böden ist heutzutage schier endlos. Dazu kommt die Belastung durch Strahlung aus natürlichen (z. B. das Edelgas Radon) und künstlichen Quellen (z. B. Kernkraftwerke und Endlagerstätten).[53]

Neben der Qualität sind auch die Art und Menge der aufgenommenen Nahrung ausschlaggebend. Hin und wieder ist zu lesen, dass es mit einem bestimmten Nahrungsmittel oder mit einer bestimmten Ernährungsform möglich sei, Krebs zu besiegen. Dazu wird sehr oft eine fleischlose Diät propagiert.[54/57] Solch pauschale Aussagen sind wie alle Heilsversprechen jedoch mit Vorsicht zu genießen. Es stimmt zwar, dass eine rein pflanzliche Ernährung eine Veränderung des Stoffwechsels im Körper und in den Tumorzellen bewirkt. Jedoch kann ein veränderter Metabolismus eine bestehende Krebserkrankung auch verschlimmern. Denn einerseits fallen die Wechselwirkungen zwischen einem Nahrungsmittel oder einer speziellen Ernährungsform und verschiedenen Krebserkrankungen oft unterschiedlich aus; andererseits beeinflussen Faktoren wie die unterschiedlichen körperlichen Voraussetzungen, Lebensphasen und auch die Umwelt maßgeblich deren Wirkung.

Darum ist eine generelle Aussage oder Empfehlung schwierig. In Untersuchungen und Studien in den letzten Jahren zeigt sich jedoch ein Trend, der den Ernährungsempfehlungen der letzten Jahrzehnte zuwiderläuft. Denn eine fettarme Ernährung mit einem hohen Kohlenhydratanteil scheint der Gesundheit weit weniger zuträglich zu sein als bisher angenommen. Eine zu zucker- und kohlenhydratreiche Ernährung ist nicht nur verantwortlich für die stetige Zunahme von Gewicht und Körperfett mit all den daraus resultierenden negativen Begleiterscheinungen, sondern allgemein auch für eine verringerte Lebenserwartung.

In einer groß angelegten Studie des Instituts für Populationsgesundheit (Hamilton, Kanada)[55] mit ca. 135.000 Personen im Alter von 35–70 Jahren aus 18 Ländern über einen Zeitraum von ca. 10 Jahren kristallisierte sich heraus, dass ein hoher Kohlenhydratanteil (mehr als 77 % der zugeführten Kalorien) das Risiko, im Untersuchungszeitraum zu sterben, um 28 % erhöhte. Ein Fettkonsum von mehr als 35 % (sowohl gesättigte als auch ungesättigte Fettsäuren) hatte dagegen eine deutlich positive Wirkung. Das Risiko, im Untersuchungszeitraum zu sterben, sank um ca. 20 %. Auch in einem Versuch an Mäusen konnte die lebensverlängernde Wirkung einer fettreichen Ernährung gezeigt werden. Aber nicht nur das: In nachfolgenden Tests zu Körperfunktionen und Gedächtnisleistung der Tiere konnte nachgewiesen werden, dass sich die fettreiche Ernährung auch körperlich und geistig als Vorteil gegenüber der Kontrollgruppe erwies.[56]

Ernährung ist somit durchaus ein Baustein für Gesundheit und Leistungsfähigkeit, jedoch nicht der einzige. Sie ist immer individuell auf die eigene Person und die jeweiligen Lebensumstände abzustimmen. Nur so kann gewährleistet werden, dass sich

Ernährung positiv auf die Lebensführung und/oder einen Krankheitsverlauf auswirkt – und sich nicht als Risikofaktor erweist.

Runner's High

Die positiven gesundheitlichen Aspekte regelmäßiger Bewegung und insbesondere des Laufens sind mannigfaltig. Das Tüpfelchen auf dem i ist für viele Läufer jedoch der geradezu sagenumwobene *Runner's High*. Jeder Läufer hat, wenn nicht selbst schon erlebt, zumindest schon mal davon gehört.

Meist ist in diesen Geschichten von unmenschlichen Laufleistungen bei absonderlichen Laufveranstaltungen in abgelegenen Gegenden unseres Planeten die Rede. Laufanfänger bekommen bei der Frage danach meist einen mitleidigen Blick geschenkt, garniert mit der Aussage, dass unterhalb von zumindest der Marathondistanz diesbezüglich sowieso nichts läuft.

Vergessen Sie solche Äußerungen gleich wieder. Viel mehr lohnt es sich, wie bei so vielen Dingen, seinen Verstand zu gebrauchen und ein paar intelligente Fragen zu stellen, um zu ergründen, was es mit diesem schwer zu fassenden Phänomen auf sich hat.

Es gibt mittlerweile einige wissenschaftliche Erklärungsversuche, einwandfrei erläutert ist dieses Phänomen jedoch bis heute nicht. Denn so individuell jeder Mensch ist, so unterschiedlich werden seine Reaktionen – sowohl physisch als auch psychisch – auf das Laufen sein. Und so einzigartig ist auch das Erleben dieses speziellen Hochgefühls. Zudem gibt es den Begriff *Runner's High* in der Sportpsychologie eigentlich nicht, hier spricht man von einem *Flow*.[59] Bezeichnet wird damit nach dem Psychologen Werner Stangl „der Zustand des reflexionsfreien gänzlichen Aufgehens in einer glatt laufenden Tätigkeit, die als angenehm erlebt wird und zu Zufriedenheit und freudvollem Erleben führt".[61]

Die landläufige Erklärung, was dieser *Runner's High* genau ist, lautet in etwa so: Ein meist bei langen und anstrengenden Läufen auftretendes Hochgefühl, welches den Läufer in einen schmerzfreien und euphorischen Zustand versetzt. Der Läufer fühlt keine Anstrengung und hat das Gefühl, „ewig" weiterlaufen zu können.

Hört sich in der Tat gut an und wenn man genau wüsste, wie dieser Zustand exakt herbeizuführen ist, könnte man ihn je nach Bedarf aktivieren. Ideal wäre dann eine detaillierte Gebrauchsanweisung – oder noch besser, eine Tablette, wahlweise ein Riegel. Dann wären alle anderen Dopingmittel im Ausdauerbereich obsolet. Vielleicht (hoffentlich) ist das der Grund, warum dieser Zustand sich so hartnäckig seiner Kategorisierung entzieht.

Wie sehen die wissenschaftlichen Erklärungsversuche zu diesem Phänomen aus?

Die wohl am weitesten verbreitete Ansicht war und ist die der Ausschüttung von chemischen Substanzen als Reaktion des Gehirns auf intensive Stresssituationen. Lange Zeit galten Endorphine mit ihrer schmerzstillenden Wirkung als dafür verantwortlich. Doch Endorphine wirken nicht euphorisierend, zudem können sie die Blut-Hirn-Schranke (Grenze zwischen Blut und Zentralnervensystem) nicht überwinden.[59] [60] Da Emotionen im Gehirn entstehen und nicht im Körper, ist mittlerweile die Vorgehensweise, von der Konzentration chemischer Stoffe im Blut auf Vorgänge im Gehirn zu schließen, stark umstritten. Wie bei fast allen Vorgängen im menschlichen Körper ist es wahrscheinlich nicht nur eine einzige Ursache, die für das Wohlbefinden beim Laufen sorgt, sondern das Zusammenspiel mehrerer Faktoren. Die Ausschüttung von Hormonen und Botenstoffen in Verbindung mit der rhythmischen

Laufbewegung und Anpassungen bzw. Reaktionen im Gehirn erzeugen wahrscheinlich dieses spezielle Wohlbefinden bis hin zum Flow.

Die manchmal geäußerte Befürchtung, während des Flows so schmerzunempfindlich zu sein, dass man seinen Körper nachhaltig schädigt, ist wohl unbegründet. Denn treten wirklich starke Schmerzen auf, reaktiviert sich umgehend der präfrontale Cortex. Dieser Schutzmechanismus bewahrt den Körper vor schweren Verletzungen infolge von Überlastung.

Was die Wissenschaft darüber hinaus noch herausfinden und welche Theorie sich letztlich als die wahre herausstellen wird, ist im Grunde unerheblich für das Laufen an sich. Laufen Sie, sooft und wie Sie wollen. Wenn Sie ein Hochgefühl dabei empfinden – schön. Wie Sie dieses dann nennen wollen, bleibt Ihnen überlassen. Wenn Sie einfach nur Spaß und Freude empfinden ohne das Gefühl, über den Untergrund zu fliegen, auch gut. Es sind Ihre Gefühle, Ihre Empfindungen. Und diese lassen sich glücklicherweise weder messen, noch in Tabellen vergleichen oder durch die neueste App bewerten.

Es gibt keinen Masterplan für das Erreichen des *Runner's High*. Die auf manchen Internetseiten angegebenen Tipps sind meiner Meinung nach meist sinnlos. Es ist auch kein Ritterschlag für einen Läufer und es fehlt Ihnen nichts, sollten Sie in Ihrer Läuferkarriere niemals einen *Runner's High* erleben. Jagen Sie diesem Mythos nicht verbissen hinterher.

Sie sollten bedenken, dass die glücklichen Momente im Leben eher kurz sind, so, wie das Gefühl auf einem Berggipfel. Zufriedenheit hingegen ist ein länger andauernder Zustand, dieser trägt uns auf den Gipfel und erleichtert auch den Abstieg.

Müsste ich versuchen, jemanden mit wenigen Worten von den gesundheitlichen Vorteilen von Bewegung im Allgemeinen und im Besonderen des Laufens zu überzeugen, würde ich sagen:

„Wer rastet, der rostet."

Deutsches Sprichwort

„Komfort ist eine Verkleidung des Todes."

Stalking Wolf

„Um gesund zu bleiben, muss sich der Mensch bewegen."

Sebastian Kneipp

„Krankheiten befallen uns nicht aus heiterem Himmel, sondern entwickeln sich aus täglichen Sünden wider die Natur. Wenn sich diese gehäuft haben, brechen sie unversehens hervor."

Hippokrates

Motivation und Training

„Wenn du laufen willst, dann lauf eine Meile. Willst du aber ein neues Leben, dann lauf Marathon."

Emil Zátopek

Wie motiviert man sich nach bzw. vor einem langen Arbeitstag zum Laufen? Oder am Wochenende, wenn man endlich frei hat und die Beine hochlegen könnte?

Wie motivieren sich Kinder? Wenn sie sich überhaupt motivieren müssen; in den meisten Fällen werden vor allem kleine Kinder in ihrem Bewegungsdrang eher massiv eingebremst. Und das ist schade, steigt der Bewegungsmangel doch mittlerweile mit dem Alter in besorgniserregendem Ausmaß. War in meiner Kindheit noch der Hausarrest eine gefürchtete Erziehungsmaßnahme, so ist heute genau das Gegenteil der Fall. Man bestraft Kinder damit, dass sie (weg von Fernseher, Computer und Handy) nach draußen gehen müssen.

An vernünftigen, logischen Gründen kann man so manches anführen, warum man regelmäßig laufen sollte. Da wären, wie bereits erwähnt, vor allem einmal gesundheitliche Aspekte, wie die Verbesserung der allgemeinen Leistungsfähigkeit, die Stärkung des Immunsystems, Verbesserung der Koordination, Stärkung des Herz-Kreislaufsystems, Steigerung der Ausdauerfähigkeit oder

Verminderung der Verletzungsanfälligkeit durch stärkere Sehnen, Muskeln und Gelenke. Wem diese Argumente nicht genügen, dem kann ich mit weiteren positiven Auswirkungen des Laufens dienen: erhöhter Kalorienverbrauch/Fettverbrennung (Abnehmen), gute Laune (durch Ausschüttung von Glückshormonen), soziale Anerkennung („Du läufst Marathon …?! Wow, Respekt!"), besserer Schlaf und Stimulierung des Sexualzentrums im Gehirn. Und wer möchte nicht gesund, schlank, leistungsfähig, gut gelaunt, bewundert, ausgeschlafen und sexuell aktiv sein? Das alles kostet Sie fast nichts. Die Preise für Bekleidung und Schuhe sind moderat, es ist nicht notwendig, sich jedes Jahr komplett neu einzukleiden bzw. sich die teuersten Schuhe zu kaufen. Für die Zeit, die Sie für das Laufen aufwenden (müssen?), kürzen Sie z. B. Ihren Fernsehkonsum.

Laufen kann auch als Katalysator bei Problemlösungen dienen. Da man nicht eingesperrt in einem Raum bei künstlichem Licht über einem Problem brütet, sondern sich von vielen Zwängen befreit in der Natur bewegt, ist der Erholungsfaktor für unsere Psyche enorm. Ohne Druck und Ablenkungen lässt es sich viel leichter an einer Lösung arbeiten – oder aber die Pause durch das Laufen verschafft den nötigen Abstand, um sich danach wieder mit neuer Frische der Fragestellung widmen zu können. Wir sind uns dessen nicht immer bewusst, doch viele der Merkmale unseres heutigen Arbeitsalltags (Verrichtung immer gleicher Tätigkeiten, enge Büros, keine Möglichkeit zur Bewegung, hektisches Essen in der Mittagspause …) sind Gift für unsere Psyche und unsere geistige und körperliche Leistungsfähigkeit – ganz zu schweigen von unserem Wohlbefinden.

Laufen wirkt sowohl einer Reizarmut als auch einer Reizüberflutung – beides ist in unserer Wohlstandsgesellschaft paradoxerweise im Übermaß vorhanden – entgegen. Man bewegt sich in der freien Natur, hat Zeit für sich selbst, ohne Termine, ohne ein striktes

Regelwerk oder einen Partner/ein Team, auf das man Rücksicht nehmen müsste. Es ist wie eine Auszeit bzw. ein Kurzurlaub vom oft unter- oder überfordernden Alltag. All der negative Stress kann beim Laufen abgebaut oder zumindest gemildert werden. Entweder kommen die Gedanken zur Ruhe (man denkt an „nichts“) oder aber es stellen sich oft die besten Ideen ein.

Motivationsfaktor: KEIN Wettkampf

Wenn Sie so wie ich eines jener Kinder waren, die während ihrer Schulzeit beim Sport immer als eines der letzten in die Mannschaft gewählt wurden, dann muss ich Ihnen nicht erzählen, dass sich meine Motivation im Turnunterricht in relativ engen Grenzen bewegt hat. Dabei war ich außerhalb der Schule ständig in Bewegung. Ich lief, sprang, kletterte auf Bäume und über Zäune. Der ausschlaggebende Unterschied war, dass ich in der Schule unter ständiger Beobachtung der Lehrer und Mitschüler stand und es eigentlich immer um die Verbesserung des jeweiligen Leistungsniveaus ging, sehr selten um Spaß oder Freude an der Bewegung. Ständig schneller laufen, höher springen, weiter werfen. Und dies alles in Konkurrenz zu den Mitschülern. Der Wettkampf um die besseren Noten, verbunden mit der sozialen Anerkennung und dem daraus resultierenden Status in der Klasse, zog sich nahtlos bis in den Turnunterricht. Für die Sportskanonen eine feine Sache. Für diejenigen, die wie ich eher in den theoretischen Fächern erfolgreich waren, war die Turnhalle oft ein Ort, an dem man Stress, Beleidigungen und Spott ausgesetzt war. Nur weil man in diesen beiden Wochenstunden nicht zu den Besten gehörte. Dabei war ich wie gesagt kein faules oder unsportliches Kind. Was mir und Legionen von Kindern die Freude an der

Bewegung vergällte, war der ständige, meist völlig unnötige Wettkampf. Als Trainer/Turnlehrer sollte man kein System aufbauen, von dem nur die Besten profitieren, sondern den Wettkampf durch Ansporn und Hilfestellung (sowohl vom Trainer zum Schüler als auch unter den Schülern) ersetzen, damit der Turnunterricht zu einem freudebringenden Erlebnis für alle Kinder wird. Dies kann die Grundlage für eine im besten Fall lebenslange Begeisterung für Bewegung in all ihren Facetten sein.

Dieses Konkurrenzdenken, das uns schon in frühester Kindheit eingepflanzt wird, treibt auch im Erwachsenenalter noch die seltsamsten Blüten. Erwachsene Menschen werden wieder zu kleinen Kindern, die nächtelang nicht schlafen können, weil etwa der Nachbar oder der Arbeitskollege den Marathon um ein paar Minuten schneller gelaufen ist. Da uns eingebläut wird, dass der Zweite schon der erste Verlierer ist, ist es nicht verwunderlich, dass es auch unter Läufern viele unglückliche Exemplare gibt. Und genau diese sind sehr anfällig für alle möglichen Versprechen, die eine Leistungssteigerung in Aussicht stellen. Die Zuwachsraten bei immer stärker spezialisierter Ausrüstung, durchgeplanter Ernährung, Nahrungsergänzungsmitteln, aber auch bei Dopingmitteln sprechen eine deutliche Sprache.

Vor allem am Beginn einer Läuferkarriere macht es nicht immer nur Spaß zu laufen. Für den Körper ist die ungewohnte Belastung (negativer) Stress pur und er reagiert entsprechend. Statt Freude, Stolz und Hochgefühl stellen sich eher Schmerz, Erschöpfung und Ernüchterung ein. Doch lassen Sie sich davon nicht abschrecken! Wenn Sie sich vom Status „akuter Bewegungsmangel“ zum leichtfüßigen Läufer wandeln möchten, geht das in den meisten Fällen nicht schmerzfrei vonstatten. Alles an Ihrem Körper muss sich erst an die neuen Bewegungsmuster anpassen. In dieser Phase ist es sinnvoll, sich überschaubare Zwischenziele zu setzen und nicht nur das eine große Endziel (z. B. einen Marathon). Für die meisten türmt sich dieses sonst sehr leicht zu einer unüberwindlichen Mauer auf und ein Aufgeben erscheint sehr viel verlockender.

Beispiele für positive Zwischenziele:

- 30 Minuten zügig gehen
- einen Kilometer durchlaufen
- 30 Minuten am Stück laufen
- 5 Kilometer ohne Gehpausen laufen
- So fit sein, um jederzeit 10 km laufen zu können.
- …

Was Sie als Motivationsfaktor unbedingt unterlassen sollten, sind, wie schon erwähnt, der Wettkampfgedanke und ein ständiges Vergleichen mit anderen Läufern. Wenn Sie andauernd mit jemandem konkurrieren oder jedes Jahr eine neue Marathonbestzeit aufstellen wollen, ist die Gefahr einer Enttäuschung sehr hoch. Sie werden rasch feststellen, dass es immer jemanden gibt, dessen Leistungsniveau höher ist als Ihres. Wenn es nicht nach Wunsch und Plan läuft, bekommen Sie die Kehrseite der Medaille zu spüren, die die Abhängigkeit vom Dogma der ständigen Leistungssteigerung und des Siegens um jeden Preis mit sich bringt. Denn wenn Ihre Motivation nicht aus Ihrem Innersten kommt (intrinsische Motivation), sondern von anderen abhängt, ist es gut möglich, dass Sie über kurz oder lang keine Freude mehr für das Laufen aufbringen werden. Wenn die äußeren Erfolge ausbleiben, ist das Laufen auch keine erfüllende Betätigung mehr.

Was der Wettkampfgedanke so alles anrichtet, konnte man 2016 bei einem sogenannten Juniormarathon in Linz sehen. Dabei sollten die jüngsten Teilnehmer im Kindergartenalter eine kurze Strecke (etwa 40 m) laufen. Bei einigen Eltern war der Ehrgeiz gar zu groß und so wurden die anscheinend zu langsamen Kinder tatkräftig „unterstützt“. Die Eltern zerrten ihre teils weinenden Kinder ins Ziel.[62] So wird die Freude an Bewegung ganz sicher nicht geweckt. Hier wird den Kindern nur vermittelt, dass Siegen das Einzige ist, was zählt.

Traurige Beispiele von ehemals erfolgreichen Sportlern, die sich nach ihrer aktiven Karriere nicht ins „normale“ Leben einfügen konnten, gibt es leider nicht wenige. George Best (Alkoholiker), Paul Gascoigne (Alkoholiker, gewalttätig), Gustav „Bubi“ Scholz (Alkoholiker, erschoss im Rausch seine Ehefrau), Matti Nykänen (Alkoholiker, gewalttätig), Dennis Rodmann (Alkohol- und Drogenexzesse), Jan Ulrich (Alkohol, Drogen, gewalttätig) und Oscar Pistorius (erschoss im Jahr 2013 seine damalige Freundin) sind nur einige Vertreter jener Siegermentalität, die ohne Siege, Medaillen und den damit einhergehenden Ruhm ihres Lebensinhaltes beraubt sind.[63] Der Weg dorthin ist meist sehr ähnlich. In seinen Glanzzeiten lebt der Sportler in einer Scheinwelt aus Geld, medialer Aufmerksamkeit und Heldenstatus. Mit schwindendem oder ausbleibendem Erfolg beginnt dann die Abwärtsspirale. Der medial überhöhte Auserwähltenstatus, an den der Sportler oft schon selbst glaubt, lässt sich meist nicht auf das normale Leben übertragen. Hier gelten andere Regeln. Sieg und Niederlage sind nicht so eindeutig abgesteckt wie im Sport. Dies führt zu Enttäuschungen und Frustration. Mögliche Folgen sind Depressionen, finanzieller Ruin, Alkohol- und Drogensucht bis hin zur Begehung schwerster Straftaten. Weniger Glorifizierung des siegreichen Sportlers und das Bewusstsein, dass Sport nur ein Teilbereich des Lebens ist, könnte für ein reibungsloseres Leben nach der aktiven Sportkarriere sorgen. Zudem wäre die Vorbildwirkung allgemein und für Nachwuchs- und Freizeitsportler insbesondere eine gänzlich andere.

Zwei abschreckende Beispiele, die ich persönlich erleben „durfte" und die wohl auf jene Siegermentalität gepaart mit völliger Selbstüberschätzung zurückzuführen waren, möchte ich hier anführen. Beide trugen sich 2017 beim Athen-Marathon zu. Die erste Begebenheit ereignete sich kurz vor Kilometer 16. Auf einer langen Geraden hörte ich schon von weitem jemanden in einer mir unbekannten Sprache geradezu hysterisch schreien. Beim Näherkommen sah ich einen ca. 25–30 Jahre alten Läufer, der für alle ersichtlich (nur nicht für sich selbst) am Ende seiner Kräfte war, und völlig unkontrolliert auf der Straße umhertaumelte. Dies hielt ihn jedoch nicht davon ab, zwei Polizisten, die ihm helfen wollten, wegzustoßen und zu beschimpfen (angesichts der Lautstärke, seiner Gesten und der Mimik nehme ich an, dass es keine Freundlichkeiten waren, die er den Beamten an den Kopf warf). Mehrmals riss er sich los und deutete mit der Hand in Laufrichtung, wohl um seiner Forderung Nachdruck zu verleihen, ihn doch laufen zu lassen. Ich dachte mir nur: „Junge, wenn du nach 16 Kilometern schon so fertig bist, dass du dich kaum noch auf den Beinen halten kannst, solltest du es gut sein lassen." Die beiden Polizisten ließen den Schreienden schließlich entnervt weiterlaufen. Allerdings kam er nicht besonders weit, nach ca. 25 bis 30 Metern brach er neben der Leitplanke endgültig zusammen. Die inzwischen herbeigeeilten Sanitäter haben ihn dann eingesammelt und abtransportiert.

Das zweite Erlebnis hatte ich kurz nach Kilometer 30. Auf dem Boden wälzte sich ein ca. 30- bis 35-jähriger Mann, von der Statur her eher ein Kraftsportler als ein Läufer, und heulte wie ein kleines Kind. Neben ihm standen zwei Sanitäter und redeten auf ihn ein. Jedes Mal, wenn sie sich ihm näherten, fing er an, nach ihnen zu treten und zu boxen (während er auf dem Boden lag, wohlgemerkt, stehen konnte er anscheinend nicht mehr). Auch dieser „Läufer“ deutete mit dem Arm mehrmals und eindringlich in Richtung Athen. Offensichtlich war er der Einzige, der noch nicht wusste, dass er an diesem Tag das Panathinaiko-Stadion nicht mehr auf eigenen Beinen erreichen würde. Anstatt froh zu sein, dass ihm jemand in seiner misslichen Lage zu Hilfe kam, versuchte er sinnloserweise die Sanitäter zu verletzen.

Ich kann nur vermuten, was die Beweggründe waren, warum diese beiden Herren das Abenteuer Marathon in Angriff nehmen wollten. Es wird wohl eine Mischung aus Stolz (man wollte beweisen, was für ein harter Kerl man war), Überheblichkeit (das wird doch zu schaffen sein, außerdem ist das Zeitlimit mit 8 Stunden in Athen sehr großzügig bemessen, das gehe ich doch durch) und mangelnder Vorbereitung gewesen sein. Bei einem (Marathon-) Lauf einmal aufgeben zu müssen ist wahrlich keine Schande. Wenn man allerdings meint, vom eigenen Unvermögen mit Beschimpfungen und Tätlichkeiten gegen medizinisches Personal und Polizisten ablenken zu müssen, sollte man vielleicht doch eher zu Hause bleiben.

Laufen in der Gruppe

Anfangs werden Sie meist allein und nur für sich laufen. Das ist auch sinnvoll, kann man doch sein Leistungsvermögen noch nicht wirklich einschätzen, das Finden des eigenen Rhythmus benötigt Aufmerksamkeit sowie Zeit, und ein oder mehrere andere Personen können hierbei störend wirken. Außerdem wollen viele Laufanfänger kein Publikum, das die Laufleistung kommentiert. Manche bevorzugen allerdings die Gesellschaft anderer Läufer.

Mit einem/mehreren Leidensgenossen lassen sich diverse Anlaufschwierigkeiten und Motivationstäler oft leichter überwinden. Sogenannte Lauftreffs sind meist ein-bis zweimal wöchentlich stattfindende Laufeinheiten, bei denen Freizeitläufer in lockerer Atmosphäre ihrem Hobby frönen können. Man lernt neue Leute kennen, fachsimpelt ein wenig, holt sich Motivation, Bestätigung und Anerkennung und nimmt oft zusammen an der einen oder anderen Laufveranstaltung teil. Allerdings sollten Leistungsniveau und Zielsetzungen in der Gruppe einigermaßen kompatibel sein. Laufen in einer größeren Gruppe kann sehr motivierend sein, jedoch besteht auch das Risiko, dass bei einer sehr inhomogenen Gruppe ein Teil der Läufer bereits überfordert ist, während andere Läufer noch unterfordert sind.

Mit der zunehmenden Akklimatisierung Ihres Körpers an die regelmäßige Bewegung locken zusehends organisierte Läufe. Nicht mehr allein über Stock und Stein bzw. Asphalt traben zu müssen, sondern in einer (je nach Veranstaltung mehr oder weniger großen) Gruppe dem Ziel entgegenzulaufen, kann eine wunderbare Erfahrung sein.

Daher ist es oft sehr motivierend, sich Monate vorher bei einer Laufveranstaltung anzumelden. So ist man quasi „sich selbst verpflichtet" und hat ein Ziel, auf das man hintrainieren kann. Vor allem für Laufanfänger ist solch eine Fokussierung recht hilfreich, da die Ausrichtung auf ein Ziel das Training strukturiert und damit auch vereinfacht.

Auf der anderen Seite sollten Sie sich davon wiederum nicht unnötig stressen lassen, auch dann nicht, wenn Sie – aus welchen Gründen auch immer – an dieser einen Veranstaltung nicht teilnehmen können. Hadern Sie nicht mit verpassten Wettkämpfen oder nicht erreichten Bestzeiten. Alles und jedes – und das gilt auch für das Laufen – immer nur unter dem Leistungsaspekt zu sehen, macht auf Dauer nicht glücklich und zufrieden.

Betreiben Sie das Laufen (oder jede andere Form der Bewegung) in erster Linie für sich selbst: Nicht um anderen etwas zu beweisen oder für Bestzeiten, Preise oder Ansehen. Nur für sich selbst. Es kommt auch nicht darauf an, der oder die Beste zu sein, wichtig ist, *sein Bestes zu geben.* Dann wird das Laufen zu einer Tätigkeit, die sowohl gesund ist als auch etwas, wobei Sie sich gut fühlen. Orientieren Sie sich dabei an Emil Zátopeks Erfolgsrezept: „*Hören Sie nur auf sich selbst.*"

Motivationsbremse Wetter

Für viele Menschen ist schlechtes Wetter eine echte Motivationsbremse. Bei Sonnenschein und angenehmen Temperaturen zu laufen ist kein Thema. Die Probleme beginnen dann, wenn Wolken und Nebel nicht nur den Himmel verdunkeln, sondern auch unser Gemüt. Doch Regen, Nebel und Temperaturen unterhalb des Wohlfühlbereichs sollten kein Grund sein, auf Bewegung im Freien zu verzichten. Einerseits gibt es mittlerweile für jede Wetterlage ausreichend Sport- und Outdoorbekleidung nebst aller möglichen Zusatzausrüstung. Andererseits ist schlechtes Wetter nicht ganz so schlecht. Laufen im Regen, bei stürmischem Herbstwetter oder winterlichen Minusgraden schult den Einsatzwillen enorm. Damit einhergehend steigt die Hemmschwelle für das Ausbrechen des „Schlechtes Wetter – ich bleibe zu Hause"-Syndroms. Darüber hinaus profitiert auch unsere Gesundheit davon. Widrige Witterungsverhältnisse fordern und stärken unser Immunsystem, man erkrankt nicht mehr so leicht an Erkältungen, die in der nasskalten Zeit gehäuft auftreten.

Außerdem erfreut man sich wieder an den kleinen Dingen, die einem sonst selbstverständlich erscheinen. Die heiße Tasse Tee und eine warme Dusche nach einer Laufeinheit an einem ungemütlichen Herbst- oder einem eiskalten Wintertag sind eine wahre Wohltat und Balsam für Körper und Seele.

Besonders herausfordernd ist in diesem Zusammenhang das Laufen im Winter. Es gilt, sich auf Kälte, Schnee, Lichtverhältnisse und die spezielle Beschaffenheit des Untergrundes einzustellen. In unseren Breitengraden den Winter durchzulaufen und keine Pause einzulegen ist nicht so angenehm wie in Spanien, Griechenland oder Kenia. Aber die Absolvierung seiner Laufeinheiten in den Wintermonaten in Mitteleuropa hat auch seine Vorteile und Reize.

Die erste Lektion für den Winterläufer ist, dass das Sonnenlicht meist durch Abwesenheit glänzt. Da die Läufe unter der Woche im Regelfall frühmorgens oder am Abend absolviert werden, sind die Dunkelheit und eine gute Stirnlampe ständige Begleiter. Damit vermeidet man, Bodenunebenheiten aus der Nähe zu betrachten, und sie dient als Leuchtsignal für andere Verkehrsteilnehmer.

Lektion zwei: Mit einem Trainingspartner (Danke Andi!) lassen sich auch nebelverhangene Motivationstäler überwinden. Der morgendliche Lauf, der durch „wirklich“ schlechtes Wetter (mindestens mittelschwerer arktischer Schneesturm) verhindert wurde, wird noch am selben Abend reumütig nachgeholt, da sich das schlechte Gewissen nach der E-Mail des Trainingspartners meldet („Genialer Lauf heute Morgen bei leichtem Schneefall! Wie läuft es bei dir?“).

Auch die Kleidung ist ein zentraler Punkt für Winterläufe. Wider Erwarten ist es in den meisten Fällen nicht notwendig, sich wie ein Polarforscher einzukleiden. Unser Körper hat kein Problem mit den tiefen Temperaturen und gewöhnt sich relativ rasch auch an zweistellige Minusgrade. Nur unsere Konditionierung „Winter ist gleich kalt ist gleich warme Kleidung“ führt manchmal zu etwas überschießenden Reaktionen. Beim Laufen produziert der Körper mehr Wärme als z. B. bei einem Winterspaziergang oder einem Schaufensterbummel. Zu dicke Kleidung kann den Läufer in seinem Bewegungsablauf beeinträchtigen und fördert die Schweißbildung. Zudem ist feuchte bzw. nasse Kleidung auf der Haut in Verbindung mit kaltem Wetter die ideale Voraussetzung für eine Verkühlung. Nach dem Lauf ist es – abhängig vom Gewöhnungs- bzw. Abhärtungsgrad – empfehlenswert, sich nicht zu lange im Freien aufzuhalten. Dehnungsübungen kann man auch im Warmen durchführen.

Sinnvoll bei den ersten Winterläufen ist es auf jeden Fall, bis auf das Gesicht keine Hautpartien der Kälte auszusetzen. Abhängig von den Temperaturen und der Gewöhnung daran benötigt man stufenweise weniger Kleidung. Wenn die Temperaturen nicht zu tief sind, kann man ruhig auch mal den Versuch wagen, mit kurzen Hosen zu laufen. Sie werden erstaunt sein, was der menschliche Körper aushält, und unter welchen Bedingungen er immer noch einwandfrei funktioniert.

Der Empfehlung, dass lange Hosen, Handschuhe, Haube und Thermounterwäsche ein absolutes Muss sind, kann ich nur bedingt zustimmen. Wie so oft sind hier die persönlichen Vorlieben und Voraussetzungen maßgeblich. So ist es durchaus möglich, bei Temperaturen um den Nullpunkt ohne Handschuhe und Haube mit kurzen Hosen zu laufen. Ihr Körper signalisiert Ihnen im Normalfall rasch und unmissverständlich, was für ihn in Ordnung ist und was nicht. Auch hier gilt, den Organismus langsam an die ungewohnte Belastung durch die Kälte heranzuführen.

Mittlerweile gibt es eine Reihe spezieller Winterlaufschuhe, diese sind nach meiner Erfahrung aber nicht unbedingt notwendig. Ein Laufschuh mit griffiger Sohle ist in den meisten Fällen ausreichend.

Man findet auch Spikes und sogenannte Laufschuh-Schneeketten, die man über die Schuhe zieht. Auch das ist eine Möglichkeit zu laufen, jedoch gewöhnungsbedürftig. Wenn es mal ein paar Tage so kalt und eisig ist, dass man schon für den Weg rund ums Haus Steigeisen braucht, dann bleibe ich eben zu Hause und laufe erst wieder, wenn sich das Polarwetter verzogen hat. In unseren Breiten kommt das nicht wirklich oft vor. Außerdem gibt es genügend Alternativen, sich anderweitig zu bewegen oder die Zeit zur Regeneration zu nutzen.

Die kalte Jahreszeit ist bei den meisten Läufern jener Zeitraum, in dem langsame, wenig intensive Läufe für die Grundlagenausdauer auf dem Programm stehen. Dies ist gleich aus mehreren Gründen angebracht. Durch den gefrorenen, oft eisigen und/oder schneebedeckten Untergrund steigt die Sturz- und somit auch die Verletzungsgefahr. Ein reduziertes Tempo ist unter diesen Bedingungen nur sinnvoll. Bei tiefen Temperaturen trocknen die Schleimhäute der Atemwege durch die kalte, trockene Luft schneller aus. Sind sie gesund, stellt dies bei entsprechender Gewöhnung im Regelfall kein Problem dar. Vorsicht ist bei Menschen geboten, die eine Herzerkrankung, Herz-Kreislauf-Probleme oder Asthma haben.[64] Diese sollten Bewegung im Freien nach Rücksprache mit ihrem Arzt an die Schwere ihrer Erkrankung anpassen oder sich Bewegungsalternativen im Innenbereich suchen. Winter-Laufanfänger haben oft mit dem Umstand zu kämpfen, dass durch die ungewohnte kalte Luft Schmerzen im Hals- und Ohrenbereich und in der Lunge auftreten. Diese Effekte lassen sich durch ein langsames Lauftempo und das Einatmen durch die Nase abmindern. Durch die Nasenatmung wird die Luft vorgewärmt, angefeuchtet und gefiltert. Bei regelmäßigen Läufen in der Kälte tritt ein Gewöhnungseffekt ein und die Beschwerden verschwinden in der Regel. Zu guter Letzt ist eine

Phase mit reduzierter Intensität sowohl für Körper als auch Geist sinnvoll (Stichwort Regeneration).

Für Läufer, die wirklich alles probieren wollen, gibt es auch die Möglichkeit des Barfußlaufens im Winter. Dabei sollte man allerdings mit sehr kurzen Einheiten anfangen. Und mit „sehr kurz" meine ich **s e h r** kurz. Wenn Ihre bloßen Füße noch nie Kontakt mit Schnee hatten, wird dieses Gefühl beim ersten Mal ein ziemlicher Schock sein. Da kann die 400-m-Runde um den Sportplatz schon zu einem Ding der Unmöglichkeit werden. Grundsätzlich ist es auch im Winter möglich, barfuß zu laufen. Jedoch gibt es einige limitierende Faktoren dabei. Als erstes wäre hier der Zeitraum anzuführen. Je kälter es ist, desto kürzer sollte man unterwegs sein. Durch den ständigen Kontakt mit dem kalten Boden sowie Schnee und gelegentlich Eis kühlen die Füße sehr rasch aus. Mangelnde Anpassung in Kombination mit falschem Ehrgeiz kann hier Verletzungen und im schlimmsten Fall auch Erfrierungen zur Folge haben. Das Laufen in Städten bzw. auf Straßen und Gehsteigen ist generell mit Vorsicht zu genießen. Streusalz und Splitt greifen die Füße an und können zu langwierigen und äußerst schmerzhaften Verletzungen führen. Empfehlenswerte Laufstrecken sind meiner Erfahrung nach Waldwege, denn diese sind oft schneefrei (d. h. die Füße kühlen nicht so schnell aus). Auch Sportplätze eignen sich sehr gut, hier gibt es den zusätzlichen Vorteil, dass Sie die Laufeinheit jederzeit beenden können. Schuhe sollten Sie auf jeden Fall immer mitführen. Falls Sie sich verletzen oder andere Probleme bekommen, wäre es fahrlässig, wenn Sie sich nicht selbst helfen könnten.

Falls Sie im Winter nicht barfuß laufen wollen, Ihren Körper aber dennoch ein wenig abhärten möchten, empfehle ich Ihnen folgendes: Gehen Sie nach Ihrer Laufeinheit barfuß einige Meter im Schnee. Bei entsprechender Gewöhnung (oder Leidensfähigkeit) können Sie sich zusätzlich auch mit Schnee einreiben, entweder nur die Beine oder auch den Oberkörper und die Arme. Das geht auch unabhängig vom Laufen. Versuchen Sie doch, auch andere Personen dafür zu begeistern – als Spaß für die ganze Familie. Drehen Sie gemeinsam mit Ihrem Partner und/oder Ihren Kindern eine langsame Runde ums Haus – Gehen im Schnee ist für die meisten Menschen angenehmer als still zu stehen. Bei dieser Art von „Rennen" gewinnt der Langsamste. Nach anfänglicher Skepsis werden Sie feststellen, dass vor allem Kinder dies unglaublich aufregend finden.

Die positiven Effekte des Laufens im Winter

- Das Immunsystem wird angeregt. Typische Winter-Erkrankungen wie Verkühlung, Grippe und dergleichen treten viel seltener bis gar nicht auf.
- Man muss auf die beruhigende und ausgleichende Wirkung des Laufens nicht verzichten. Eine verschneite Winterlandschaft hat zudem ihren ganz eigenen Reiz.
- Kein Einbruch der Leistungsfähigkeit. Im Frühjahr müssen Sie nicht wieder bei null beginnen.
- Schnee, Eis und Kälte fordern und fördern ihren Einsatzwillen enorm.
- Theoretisch wäre auch eine Ersparnis bei den Heizkosten möglich, da sich durch die Bewegung an der frischen Winterluft das Wärme-Kälteempfinden deutlich verändert. Dafür müssten aber alle Mitglieder Ihres Haushaltes laufen – ob Sie solch eine Entscheidung familienintern durchbringen, ist jedoch fraglich.

Ob und wie Sie im Winter laufen, bleibt Ihnen überlassen. Auch hier gilt, einfach ausprobieren. Wenn für Sie geeignet, dabeibleiben; wenn nicht, dann lassen Sie's. Es gibt genug andere Möglichkeiten, auch im Winter seinen Bewegungsdrang fernab vom Laufen auszuleben.

Doping, die pervertierte Sonderform der Motivation

Ich könnte schreiben, dass Doping bei Läufern, die sich aus Liebe zum Laufen bewegen, ein absolutes No-Go ist und somit weiter keiner Erwähnung wert. Aber da dieses Thema recht tief in unserer Gesellschaftsstruktur verwurzelt ist, muss ich ein wenig weiter ausholen, um diesen Irrsinn zumindest ansatzweise darlegen zu können.

Doping ist in meinen Augen die logische Folge unserer auf Leistung getrimmten Gesellschaft. Dies ist auch der Grund, dass heute auch Freizeitsportler und selbst Kinder und Jugendliche zu Dopingmitteln greifen. Der Erste wird bejubelt und auf ein Podest gehoben, der Zweite ist schon der erste Verlierer. Wie diese Leistungen zustande kommen, hinterfragen nur die Wenigsten. Vor diesem Hintergrund ist es nicht verwunderlich, wenn Menschen alles Mögliche versuchen, um in allen Lebensbereichen (nicht nur im Sport) erfolgreich zu sein.

Sind die sportlichen Höchstleistungen und Rekorde, die wir im Fernsehen live mitverfolgen können, errungen von den umjubelten Sportsuperstars unserer Tage, ohne Doping überhaupt möglich? Was ist Doping eigentlich?

Lt. der NADA (Nationale Anti-Doping Agentur Austria) ist der Begriff Doping wie folgt definiert:[65]

Doping wird definiert als das Vorliegen eines oder mehrerer der nachfolgend in Artikel 2.1 bis 2.10 festgelegten Verstöße gegen Anti-Doping-Bestimmungen.

1. *Vorhandensein einer verbotenen Substanz im Körper eines Sportlers.*
2. *(Versuchte) Anwendung einer verbotenen Substanz oder einer verbotenen Methode.*
3. *Umgehung der Probenahme bzw. Weigerung oder Versäumnis, eine Probe abzugeben.*
4. *Meldepflichtverstöße.*
5. *(Versuchte) unzulässige Einflussnahme auf einen Teil des Dopingkontroll-Verfahrens.*
6. *Besitz einer verbotenen Substanz oder verbotener Methoden.*
7. *Das (versuchte) Inverkehrbringen von verbotenen Substanzen oder verbotenen Methoden.*
8. *Die (versuchte) Verabreichung von verbotenen Substanzen oder verbotenen Methoden bei Sportlern.*
9. *Beihilfe (z.B. Anleitung, Verschleierung).*
10. *Verbotener Umgang mit einer gesperrten Betreuungsperson.*

(zur leichteren Lesbarkeit vereinfachte Darstellung)

Allein die Liste der dokumentierten und zweifelsfrei nachgewiesenen Dopingfälle ist erschreckend lang und wird von mir hier nicht vollständig wiedergegeben. Wer Lust und Laune hat, kann sich die Liste dieser Verfehlungen auf der offiziellen Seite der NADA durchlesen. Aber Vorsicht, Sie könnten Ihren Glauben an einen sauberen Leistungssport verlieren.

Doping ist keine Erfindung unserer Zeit, sondern war bereits in der Antike bekannt. Im Gegensatz zum heutigen Arsenal an Dopingsubstanzen nahmen sich die damaligen Mittel wie Alkohol, Atropin (gewonnen aus einigen Nachtschattengewächsen wie etwa Alraune, Stechapfel oder Tollkirsche) sowie Stierhoden und Stierblut recht harmlos aus. Die Droge Bufotenin (gewonnen aus dem Knollenblätterpilz oder dem Hautsekret von manchen Kröten) bewirkte bei den Berserkern (wilde Krieger, kampfwütige Menschen) der nordischen Völker einen Rauschzustand bis hin zur Raserei, der eine Steigerung der Kampfkraft sowie eine gewisse Schmerzunempfindlichkeit auslöste. Ägypter, Griechen und Römer verwendeten bevorzugt Opium, Chinesen vertrauten auf Cannabis. Die Inka verwendeten traditionell Mate-Tee und Kaffee, um länger laufen zu können. Und selbst die Tarahumara (Eigenbezeichnung Rarámuri), der Inbegriff des Läufers, nahmen eine strychninähnliche Substanz, hergestellt aus dem Peyote-Kaktus, ein.[65/66]

Die Mittel und Methoden mögen zwar verschieden gewesen sein, das Ziel blieb jedoch das gleiche: künstliche Steigerung der Leistungen für den (Wett-) Kampf. Im Sport unter Umgehung der Regeln, im Krieg ohne Rücksicht auf das natürliche Schmerz- und Angstempfinden der eigenen Soldaten. So bekamen z. B. amerikanische, japanische und deutsche Soldaten im zweiten Weltkrieg gezielt Amphetamine verabreicht. In der deutschen Wehrmacht war die „Panzerschokolade" sehr beliebt. Diese Schokolade war mit der Substanz Methamphetamin versetzt, heute besser bekannt unter dem Namen Crystal Meth.[67]

Der erste Dopingfall wurde 1865 bei Schwimmern beim Amsterdamer Kanalevent registriert.[68] Der erste Todesfall durch Doping datiert auf das Jahr 1896. Der englische Radrennfahrer Arthur Linton starb zwei Monate nach dem 600-km-Radrennen Bordeaux-Paris unter ungeklärten Umständen an einer Erkältung. Lintons Körper war durch die Mixturen (wahrscheinlich Trimethyl-Alkohol) seines Betreuers Choppy Warburton so sehr geschwächt, dass er der Erkrankung erlag. Die Gemische von Warburton dürften es generell in sich gehabt haben. Er betreute auch den Steher-Weltmeister Jimmy Michael, dieser starb 1904 im Alter von nur 28 Jahren an einem Delirium-tremens-Anfall (auch bekannt als „Säuferwahnsinn"), wohl ausgelöst durch eine von Warburtons Mixturen.[69]

1904 wurde der erste Olympia-Dopingfall öffentlich. Der Sieger des Marathonlaufes Tom Hicks kollabierte im Ziel aufgrund der Einnahme von Strychnin und Cognac.[68]

Ab den 1950er-Jahren begann schließlich der massive Ge-/Missbrauch von Dopingmitteln. Waren es zunächst meist Amphetamine (aufputschende Wirkung), folgten alsbald anabole Steroide, Blutdoping, die Einnahme von Wachstumshormonen und als aktuell neuester „heißer Scheiß" das Gendoping. Der Fokus verlagerte sich dabei immer mehr vom reinen Wettkampfdoping in den Bereich des Trainings.

Trotz der sich immer wieder ereignenden Todesfälle erfreut sich Doping in all seinen Ausprägungen wachsender Beliebtheit. Unkenntnis, Leichtsinn und die Hoffnung, dass einem schon nichts passieren wird, beschert den Herstellern diverser Mittel enorme Umsätze. Ein besonders tragischer Todesfall war 1987 der Tod der deutschen Leichtathletin Birgit Dressel. Todesursache war ein Multi-Organ-Versagen infolge eines allergischen Schocks durch die Einnahme eines Medikamentencocktails aus insgesamt 101 verschiedenen Medikamenten. Dressel, selbst Diplom-Sportlehrerin, soll einmal folgendes gesagt haben: „Heutzutage kann man alles injizieren und einnehmen, weil alles reversibel ist." Leider ein fataler Irrglaube, der sie das Leben kostete. Birgit Dressel wurde nur 26 Jahre alt. Ihr gestählter und topfit wirkender Körper war nach jahrelangem Raubbau durch Leistungssport und Doping in Wirklichkeit ein hochgetuntes Wrack und versagte schließlich seinen Dienst.[70]

Ende der 90er-Jahre untersuchte der amerikanische Sportarzt Randy Eichner die Todesfälle von 18 relativ jungen belgischen und holländischen Profi-Radrennfahrern. Seine Schlussfolgerung nach Beendigung der Untersuchung lautete: langjähriger Missbrauch von EPO (Erythropoetin).[69] Die Anzahl der aktiven Sportler, die an Herzrhythmusstörungen laborieren oder in jungem Alter einen Herzinfarkt erleiden, ist seit der Verwendung von EPO auffallend hoch. Auch die Tatsache, dass ein überraschend großer Teil von Spitzensportlern an Asthma leidet und so Ausnahmegenehmigungen für gewisse Medikamente mit leistungssteigernden Nebenwirkungen besitzt, lässt tief blicken. Asthma-Medikamente erhöhen künstlich das Lungenvolumen, dadurch kann mehr Sauerstoff transportiert werden. Für Menschen, die an Asthma leiden, lebenswichtig; für Sportler, die ihre Leistungsgrenze immer weiter verschieben wollen, sehr nützlich. Der ehemalige Präsident des ÖOC (Österreichisches Olympisches Comité) Heinz Jungwirth, meinte dazu einmal: „[D]as mit dem Asthma ist so eine Sache. Mehr als die Hälfte der Sportler hat Asthma. Diese Asthma-Sache müsste man anders reglementieren."[71] Man gewinnt leicht den Eindruck, dass Leistungssport sehr oft mit Krankheit verbunden ist und nicht mit Gesundheit.

Die Namen der überführten Doping-Sünder Ben Johnson, Johann Mühlegg, Marion Jones, Tim Montgomery, Jan Ullrich, Lance Armstrong, Marco Pantani oder Justin Gatlin sind wohl jedem einigermaßen sportaffinen Menschen ein Begriff. Doch auch österreichische Sportler mischen hier mit: Bernhard Kohl, Lisa Hütthaler, Hannes Hempel, Dominik Baldauf, Max Hauke, … die Liste der Sportler (national wie international), die des Dopings überführt wurden oder im Verdacht standen, unlautere Methoden angewandt zu haben, ließe sich schier endlos fortsetzen. Doch nicht nur Einzelsportler dopen. Sehr oft gibt es ein gut funktionierendes und eingespieltes Netzwerk aus Ärzten, Betreuern und Funktionären, die den Sportlern mit Rat und Tat zur Seite stehen.

Gibt es Disziplinen, die besonders anfällig sind für Doping? Einerseits trifft es zu, dass Sportarten mit sogenannten eindimensionalen Leistungsgrundlagen wie Ausdauer-, Kraft- und Schnellkraftsportarten besonders gefährdet sind, andererseits ist es eine traurige Tatsache, dass es keinen Sport gibt, bei dem keine Leistungssteigerung durch Doping möglich wäre.

Auch im Läuferwunderland Kenia ist es leider so, dass Spitzenleistungen nicht nur durch die Höhenlage, das Training und die spezielle Ernährung zustande kommen. In den Jahren 2013–2015 wurden 40 kenianische Leichtathleten des Dopings überführt. Darunter die zweimalige Crosslauf-Weltmeisterin Emily Chebet Muge (Nachweis von Furosemid – dient der Maskierung von Dopingsubstanzen; 4 Jahre Sperre).[72] Die letzten aufsehenerregenden Dopingfälle waren der mehrfache Weltmeister und Olympiasieger im 1.500-m-Lauf von 2008 Asbel Kiprop (positiv getestet auf EPO; 4 Jahre Sperre), der Marathonläufer Sammy Kirop Kitwara (positiv getestet auf Terbutalin – dient zur Akutbehandlung von Atemnot; Sperre für 16 Monate) sowie der ehemalige Weltrekordhalter im Marathon Wilson Kipsang (vorläufige Sperre wegen Meldeverstößen und versuchter Manipulation).[74] In Kenia steht, gleich wie in Russland, der Verdacht im Raum, dass systematisch Doping betrieben wird.

Von einer „Kultur des Dopings“ spricht Hajo Seppelt, Dopingexperte der ARD. Seppelt hat bei seinen Recherchen in Kenia umfangreiches Material zusammengetragen. In seiner Dokumentation *Geheimsache Doping – Im Schattenreich der Leichtathletik* weist er zahlreiche Verfehlungen des kenianischen Leichtathletikverbandes *Athletics Kenya* nach, darunter die Ankündigung von Kontrollen, Vertuschung positiver Dopingtests gegen Zahlung von Schmiergeld und Veruntreuung von Sponsorengeldern. Die unabhängige Doping-Ermittlungsbehörde des Leichtathletik-Weltverbandes, die *Athletics Integrity Unit* (AIU), hat seit Jahresbeginn 2019 zwanzig kenianische Leichtathleten gesperrt oder suspendiert. Angesichts dieses Ausmaßes glauben nur noch die wenigsten an Einzelfälle, auch wird so manche „überragende Laufleistung oder Fabelzeit“ kenianischer Läufer der letzten Jahre infrage zu stellen sein.[73]

Die AIU gibt jedes Jahr eine Bewertung aller Leichtathletik-Nationen und dem damit verbundenen Risiko für Doping heraus. Die Kategorisierung umfasst drei Gruppen: Gruppe C mit dem geringsten Doping-Risiko (u. a. Österreich, insgesamt 154 Länder), Gruppe B mit erhöhtem Doping-Risiko (u. a. USA, Deutschland, Frankreich, China – insgesamt 51 Länder) und die Gruppe A, die „Hochrisiko-Nationen“ (Kenia, Äthiopien, Bahrain, Ukraine, Weißrussland, Marokko und Nigeria). Da der russische Verband suspendiert ist, scheint er in dieser Aufstellung nicht auf.[75]

„Es heißt, dass 99 Prozent sauber sind und nur ein Prozent dopt. Ich behaupte: Es ist genau umgekehrt.“

Andreas Berger, ehemaliger österreichischer Leichtathlet in einem Zeitungsinterview 2006.

Doping im Breiten- und Freizeitsport

Dass im Spitzensport gedopt wird, ist noch einigermaßen nachvollziehbar, denn schließlich geht es hier um Platzierungen, Medieninteresse, Medaillen und Geld, oft richtig viel Geld. Doch wie sieht es bei den Hobbysportlern aus? Hier fallen die eben angeführten Gründe zu 99,9 % weg. Als logische Folge müsste der Breiten- und Freizeitsport also völlig sauber sein. Dem ist leider nicht so. Die menschliche Dummheit kennt leider keine Grenzen und der Leistungsgedanke unserer Gesellschaft ist auch hier allgegenwärtig. Um dem Nachbarn, einem Vereinsmitglied oder den Arbeitskollegen zu beweisen, dass man besser ist als der andere, nimmt man schon mal das eine oder andere Wundermittel ein. Anzumerken ist, dass im nicht organisierten Breiten- und Freizeitsport die Anti-Doping Bestimmungen nicht gelten.[76] Hier wird von Medikamentenmissbrauch gesprochen, obwohl Motive und Zielsetzung die gleichen sind wie im Spitzensport. Der gedopte Körper und die damit erreichten Leistungen sind ein Statussymbol.[77]

So ist z. B. ein Marathon für viele wohlstandsverwöhnte Menschen eine nur schwer zu absolvierende Strecke. Kürzere Distanzen wären für sie sinnvoller, weil gesünder. Nicht jeder Mensch hat heutzutage die notwendigen mentalen und vor allem körperlichen Voraussetzungen für derart lange Distanzen. Aber der Zeitgeist weist in eine andere Richtung. Wenn schon laufen, dann gleich richtig, denn die soziale Anerkennung für einen Halbmarathon ist weitaus geringer als für einen ganzen. Statt Zeit in eine sinnvolle Vorbereitung zu investieren, greifen einige lieber zu Substanzen, die den eigenen Aufwand reduzieren und die trügerische Sicherheit vermitteln, solche Strecken doch zu bewältigen.

Im Jahr 1998 wurde beim Jungfrauen-Marathon in der Schweiz der Urin von einem Teil der 3000 Läufer getestet: 34,6 Prozent der Proben zeigten die Einnahme von Schmerzmitteln wie Aspirin, Voltaren oder dem Wirkstoff Ibuprofen, die nicht auf der Dopingliste stehen.

(Website der Nada, 19.06.07)[76]

Dieser Bericht stammt zwar aus der Zeit kurz vor der Jahrtausendwende, durch die relativ leichte Verfügbarkeit von Schmerzmitteln und Medikamenten über das Internet kann man jedoch davon ausgehen, dass die Situation sich weiter zum Schlechten entwickelt hat. Zusätzlich ist noch zu bedenken, dass sich Personen, die bewusst und regelmäßig zu Dopingmitteln und/oder Schmerzmitteln greifen, in den meisten Fällen nicht freiwillig testen lassen. Die Dunkelziffer muss demnach entsprechend höher sein.

Vor diesem Hintergrund und bei all diesen Vorbildern ist es nicht verwunderlich, dass Jugendliche ein großes Interesse an Doping und Drogen allgemein haben. Zur Veranschaulichung eine Studie der Sporthochschule Köln aus dem Jahr 2006 mit 1000 Teilnehmern:[78]

- *7 % haben in den letzten 12 Monaten Anabolika eingenommen.*
- *30 % haben im gleichen Zeitraum Marihuana konsumiert.*
- *Fast die Hälfte der Jugendlichen zeigte großes Interesse für Doping und Drogen.*

Auch aus den USA und Kanada gibt es diesbezüglich einige Studien. Die Gemeinsamkeiten können wie folgt wiedergegeben werden:[78]

- *Etwa 6 bis 8 % der Jugendlichen haben einschlägige Erfahrungen mit dem Konsum von Anabolika und anderen Dopingsubstanzen.*

- *Die Einnahme bei männlichen Jugendlichen ist mehr als doppelt so häufig wie bei Mädchen.*
- *Ein Teil der Jugendlichen injiziert die Anabolika.*
- *Jugendliche, die andere Drogen nehmen, nehmen vermehrt auch Anabolika.*

Das mag erschrecken, und doch meinen wir vielleicht, dass das den eigenen Kindern nicht passieren kann. Doch die „Dopingmentalität" ist tiefer in unserer Gesellschaft verwurzelt als wir glauben möchten:

Schon bei kleinen Kindern ist es gängige Praxis, dass ihnen bei leichten Krankheitssymptomen, Prüfungsängsten oder auch allgemeinem Unwohlsein nur das richtige Mittel verabreicht werden muss, damit sie die erforderliche Leistung dennoch erbringen und so ihr Funktionieren und der damit verbundene soziale Status (und der der Eltern) in der Gesellschaft sichergestellt wird.[79/80] So beginnt von Kindesbeinen an die Konditionierung zur Verwendung und Wirksamkeit von Medikamenten, Nahrungsergänzungsmitteln und Co. Im Gegenzug dazu sinkt permanent das Vertrauen in die Leistungsfähigkeit des eigenen Körpers. Für gesunde Kinder und Jugendliche ein folgenschweres Problem, wird ihnen doch so beigebracht, dass sie unvollkommen sind und sowohl physischer als auch psychischer Optimierung bedürfen. Eine Studie im Auftrag des deutschen Apothekerverbandes bestätigt dies eindrucksvoll:[79] *(Studie: Brand & Follmer, 2009)*

- *Drei von fünf Eltern verabreichen ihrem Kind pro Monat mindestens ein Medikament.*
- *19 % der Kinder erhalten vorbeugende Präparate (Vitamine, Nahrungsergänzungsmittel, etc.).*

- *43 % der Eltern verabreichen Arzneimittel an ihre Kinder, ohne vorher einen Arzt konsultiert zu haben.*

Mittlerweile glauben wir offensichtlich blind allen Versprechungen der Pharmaindustrie und nutzen Medikamente aller Art, um fit für den Alltag zu sein. Die Auswahl an Aufputschmitteln, Antidepressiva, Schlafmitteln, Schlankheitspillen und Erektionshilfen ist unüberschaubar geworden. Oft werden diese Mittel ohne Diagnose eines Arztes nach eigenem Gutdünken bedenkenlos eingenommen – dem Internet sei Dank. Die eigene Lebensführung infrage zu stellen und eventuell zu ändern ist eben weitaus schwieriger und aufwändiger. Über die möglichen Nebenwirkungen will man gar nicht so genau Bescheid wissen. Beschränkt ist dies jedoch nicht auf einige wenige Gesellschafts- oder Altersschichten. Überall sind die getriebenen Selbstoptimierer anzutreffen, die nur ein Minimum an Zeit haben, aber trotzdem das Maximum an Leistung erbringen wollen. Egal ob beim Sport, im Beruf oder im Bett. Dass sogenannte Lifestyle-Medikamente weit verbreitet sind, beweisen die Milliardenumsätze, die jährlich damit gemacht werden.[76/79]

Aber wir dopen nicht nur, um unseren Körper leistungsfähiger zu machen. Nein, selbst unser Gehirn gehört schon zu den menschlichen Schwachstellen, die eine Leistungssteigerung benötigen. So wartet der deutsche Gesundheitsreport 2009 mit einer alarmierenden Zahl auf. Für etwa 25 % der verordneten Psychopharmaka lag keine adäquate Diagnose vor.[79]

Auch die oft hochgelobten und empfohlenen Nahrungsergänzungsmittel tragen ihren Teil zu unserer Dopingmentalität bei. So manche Dopingkarriere beginnt mit der Einnahme von legalen Nahrungsergänzungsmitteln wie etwa Kreatin.[79] Kreatin ist eine organische Säure, welche u. a. zur Energieversorgung der Muskeln beiträgt.[81] Sinn macht die Einnahme nur bei Menschen mit starken sportlichen Aktivitäten. Die von den Herstellern beworbenen Leistungssteigerungen sind im Regelfall jedoch nicht zu erwarten. Dennoch ist dieses Nahrungsergänzungsmittel sehr beliebt. Der Leiter des Instituts für Biochemie an der Deutschen Sporthochschule Köln, Professor Wilhelm Schänzer, nimmt an, dass zwischen 70 und 80 % der Athleten in Schnellkraftsportarten (wie etwa Kurzstreckendisziplinen in der Leichtathletik, Radsport, Eisschnelllauf, Weitsprung, Gewichtheben, etc.) Kreatin nehmen.[79]

Die vorbeugende Einnahme von Schmerzmitteln vor diversen Wettbewerben ist ebenfalls weiter verbreitet als gedacht.[77] Diese Medikamente werden in erster Linie konsumiert, um gegen eventuell auftretende Schmerzen gefeit zu sein. Ein kleiner Teil hingegen hat noch Schmerzen oder Verletzungen aus dem Training und sollte gar nicht erst am Start stehen. Das Unterdrücken von Schmerzen ist in diesen Fällen hoch riskant, da die Körperwahrnehmung verändert wird. So werden Verletzungen und Schädigungen durch Überanstrengung erst recht begünstigt. Zudem wird durch die regelmäßige Einnahme von Schmerzmitteln das natürliche Schmerzempfinden unterdrückt und abhängig von Dauer, Art und Dosierung kann die Körperwahrnehmung massiv beeinträchtigt werden. So unangenehm Schmerzen auch sein mögen, so sinnvoll sind sie als Warnsignale des Körpers zum Schutz vor schweren Verletzungen und Schädigungen.

Da Dopingpraktiken so weit verbreitet sind, wird manchmal gleich die völlige Freigabe des Dopings gefordert (weil es „eh schon egal ist"). Nun, zum einen ist das Faszinierende am Sport ja eigentlich das, was Menschen aus eigenem Antrieb und eigener Kraft zu leisten imstande sind.

Weitaus schwerer würde bei einer generellen oder teilweisen Freigabe von Doping jedoch die Tatsache wiegen, dass Sportler zu reinen Versuchskaninchen mutieren. Das wäre ein hochriskantes Hasardspiel mit der Gesundheit, von der verheerenden Vorbildwirkung für Kinder, Jugendliche, Freizeit- und Nachwuchssportler ganz zu schweigen. Eine mögliche Freigabe unter medizinischer Aufsicht negiert völlig die Tatsache, dass Doping äußerst gesundheitsschädlich ist und auch tödlich sein kann. Maßgeblich für den Erfolg wären nicht mehr Talent, Trainingseifer und Einsatzwille, sondern der finanzielle Einsatz für Ärzte und Dopingmittel sowie die größere Rücksichtslosigkeit gegenüber der Gesundheit des Sportlers.[82]

Was viele nicht wahrhaben wollen ist, dass jedes Medikament Risiken und Nebenwirkungen hat. Zudem werden beim Doping im Spitzensport meist so hohe Dosen verabreicht, wie sie normalerweise kein Arzt verschreiben würde. Dabei sind die dopenden Spitzensportler für das Gesundheitssystem gar nicht so sehr das Problem, der Bereich des Medikamentenmissbrauchs in der Gesellschaft verursacht den weitaus größeren volkswirtschaftlichen Schaden. Freizeitsportler haben oft nicht den Zugang zu (sport-)medizinischer Betreuung oder das Geld für hochwertige Präparate. Informationen und Medikamente werden meist aus dem Internet oder anderen zweifelhaften Quellen bezogen. Die solcherart erworbenen Mittel sind oft genug geschickte Fälschungen, bei deren Herstellung in sogenannten „Hinterhof-Laboren" weder auf Hygiene noch Qualität geachtet wird. Die Risiken für die eigene Gesundheit sind gegenüber Original-Medikamenten noch einmal um ein Vielfaches erhöht und nicht ansatzweise abzuschätzen. Die Kosten der dadurch auftretenden gesundheitlichen Schäden und Beeinträchtigungen trägt die Allgemeinheit.[83/84]

Trotz der immensen Gesundheitsrisiken ist der Handel mit Dopingmitteln ein äußerst lukrativer Markt. Pharmafirmen und Dopinghändler verdienen große Summen am Schwarzmarkt, auch weil die gesetzlichen Grundlagen in vielen Staaten fehlen, um dies strafrechtlich zu ahnden. So verwundert es nicht, dass durch das geringere Risiko einer Festnahme und Verurteilung der Handel mit Dopingmitteln profitabler ist als der Drogenhandel. Neben den Sportlern als größter Gruppe zählen auch Polizei, Militär, Gefängniswärter, Schauspieler, Manager und Patienten (Stichwort Selbstmedikation) zu den Abnehmern.[85]

Pharmafirmen können durch die „Überproduktion" gewisser Medikamente beachtliche Gewinne einstreichen. Die Umsätze und Absatzzahlen der Hersteller von EPO und Wachstumshormonen im Jahr 2004 beliefen sich für EPO auf 11,8 Billionen US-Dollar (Amgen, Johnson & Johnson, Roche, Kirin, Sankyo), für Wachstumshormone auf 1,8 Billionen US-Dollar (Serono, Biogen Idec, Roche, Novo Nordisk, Akzo Nobel, Lilly).[84]

Stellt man diese Zahlen jedoch dem tatsächlichen medizinischen Bedarf gegenüber, ergibt sich folgendes Bild:[84]

- EPO: Auf einen Patienten kommen 6,8 „andere Benutzer".
- Wachstumshormon: Auf einen Patienten kommen 4,6 „andere Benutzer".

Dies sind jedoch nur die Zahlen ohne Einbeziehung illegaler Produzenten von Dopingmitteln, die Dunkelziffer dürfte weit höher liegen. In einer Studie des belgischen Senats wird davon ausgegangen, dass weltweit ca. 80 % der jährlichen Produktion von EPO und ca. 84 % der Wachstumshormone illegal im Sport zum Einsatz kommen.[84]

Langzeitstudien über die Anwendung von Dopingmitteln an gesunden Menschen gibt es aus nachvollziehbaren Gründen nicht. Anhaltspunkte können jedoch die Untersuchungen zur Sterblichkeit von Leistungssportlern geben.

Eine Studie von Prof. Dr. Lutz Thieme von der Hochschule Koblenz zu den Langzeitfolgen des Leistungssports unter dem Titel *Jung stirbt, wen die Götter lieben?* kommt zu dem Schluss, dass sportlicher Erfolg bei olympischen Spielen mit dem „Einsatz von Lebenszeit“ bezahlt wird. Dabei wurde die Sterblichkeitsrate von 6066 deutschen Olympiateilnehmern (West- und Ostdeutschland) in den Jahren 1956–2016 untersucht und mit der Normalbevölkerung verglichen. Ab dem Jahr 1995 ist ein deutlicher Anstieg des Sterberisikos zu verzeichnen. Eine mögliche Erklärung dafür ist systematisches Doping, dessen Langzeitfolgen ab diesem Zeitraum deutlich zutage traten.[86]

Todesfälle als direkt nachweisbare Folge von Doping gibt es nur wenige, da der Zusammenhang zwischen Doping und Krankheiten bzw. Todesursachen schwierig nachzuweisen ist. Auffallend ist aber wiederum die Häufung von Herzstillständen, Herzinfarkten und Herzmuskelerkrankungen auch bei jungen Sportlern. Die Kombination aus übertriebenem Ehrgeiz und mangelndem Risikobewusstsein führt sowohl bei Leistungs- als auch Freizeitsportlern oft zu einem verhängnisvollen Raubbau am Körper.

Erkältungen, grippale Infekte, Entzündungen und kleinere Verletzungen werden häufig nur als lästig empfunden und mit Schmerzmitteln betäubt, um wie gewohnt weiter trainieren zu können. Dass alle auftretenden Verletzungen und Erkrankungen auch eine Ursache haben, nämlich eine Schwächung des Körpers, und somit eine Behebung dieser durch Schonung angesagt wäre, sollten vor allem Sportler, die ihren Körper doch so gut kennen, eigentlich wissen. Erkrankungen wie Verkühlungen und grippale Infekte können, wenn nicht vollständig auskuriert, u. a. zu einer Entzündung des Herzmuskels führen – eine der häufigsten Ursachen für den plötzlichen Herztod.

In Verbindung mit Doping steigt das Risiko weiter an. Unter anderem können Dopingmittel wie anabole Steroide zu krankhaften Veränderungen des Herzens und der Arterien führen. So sind größere Herzen („Sportlerherz“) eine normale und auch gewünschte Anpassung an regelmäßige und hohe Ausdauerbelastungen, um den Körper bei erhöhtem Energie- und Sauerstoffbedarf ausreichend versorgen zu können. Die Herzhypertrophie (Vergrößerung des Herzens), die z. B. durch das Doping mit Testosteron bei Sportlern erfolgen kann, erfüllt diesen Zweck jedoch nicht. Durch die Vergrößerung des Herzens werden nicht mehr Blutgefäße gebildet, was einen Sauerstoffmangel zur Folge haben kann. Starke Belastungen können dann zu Nekrosen (eine Schädigung der Zellstruktur führt zum Zelltod und somit zum Zerfall von Gewebe in einem lebenden Organismus) und Herzinsuffizienz (Schwächung des Herzmuskels) führen. Darüber hinaus bewirkt Testosteron eine Zunahme der Arteriosklerose durch die Änderung des Verhältnisses von HDL- zu LDL-Cholesterin. Zusammen mit der blutdrucksteigernden Wirkung von Testosteron steigt sowohl das Risiko für Herzinfarkte als auch für Schlaganfälle wesentlich.[87]

Grundsätzlich ist festzuhalten, dass die Ausrichtung des gegenwärtigen Systems im Leistungs- und Spitzensport Doping begünstigt (dies betrifft auch den Bereich des Nachwuchssports). Alles was zählt sind Titel, Medaillen und Rekorde, dem wird alles untergeordnet. Sponsorengelder und Förderungen gibt es nur bei entsprechenden Leistungen, dasselbe gilt für wohlwollende Medienberichte und gute Sendezeiten. Wie diese Leistungen zustande kommen, interessiert die wenigsten. Es reicht, wenn der Schein des sauberen Sports gewahrt wird.

Doch auch Zuseher und Fans dürfen sich ruhig an der eigenen Nase nehmen, lassen sie sich doch nur zu gerne blenden. Erfolge werden nicht nur wohlwollend goutiert, sondern geradezu hysterisch gefordert. Leistungstäler, die jeder Mensch erlebt, sind bei Sportlern verpönt. Das Publikum bleibt lieber in dem naiven Glauben, dass jedes Jahr ein neuer Weltrekord, neue Bestzeiten, noch mehr Titel und noch mehr Medaillen möglich sind. Und diese werden von Sportlern erreicht, deren Muskelberge, Ausdauervermögen und Regenerationsfähigkeit allein auf das brave Training, gesunde Ernährung und Talent zurückzuführen sind. Ohne entsprechende Spitzenleistungen und Sensationen bleiben die Plätze sowohl in den Stadien als auch vor den Fernsehgeräten leer.[88]

Auch für Freizeitsportler gilt: Wer mit dem Wettkampfvirus infiziert ist, gerät sehr leicht in Versuchung, seinen natürlich begrenzten körperlichen Anlagen mit allerlei Wundermitteln auf die Sprünge zu helfen. Wenn Sie das Laufen um seiner selbst willen betreiben und Freude allein aus der Bewegung ziehen, stellt sich die Frage nach leistungssteigernden Mitteln gar nicht. Hier ist jeder selbst gefordert, als positives Vorbild für seine Mitmenschen zu dienen. Insbesondere Eltern sollten sich genau überlegen, welche Werte sie ihren Kindern in Bezug auf Bewegung und Sport vermitteln wollen.

„Es ist kein Anzeichen von seelischer Gesundheit sich an eine zutiefst gestörte Gesellschaft anpassen zu können."

Jiddu Krishnamurti, indischer Philosoph und Erkenntnistheoretiker

Training

„Wenn ein Mensch einmal trainiert, passiert nichts. Aber wenn dieser Mensch sich überwindet, ein und dieselbe Sache hundert- oder tausendmal zu machen, wird er sich nicht nur körperlich weiterentwickeln."

Emil Zátopek

Viele Läufer kennen das Dilemma. In den ersten Monaten (meist im Frühjahr, wenn es wieder wärmer wird) wird mit großem Enthusiasmus das Lauftraining begonnen. Aber nach einiger Zeit kann sich ein Gefühl von Langeweile einschleichen. Das liegt meist an der mangelnden Abwechslung bei der Planung der Laufeinheiten. Oft wird einfach dieselbe Strecke gelaufen, die Intensität ist in etwa immer gleich. Änderungen oder neue Reize zu setzen ist nicht so bequem wie seine Standard-Hausrunde abzuspulen. Man muss Bewegung und besonders das Laufen schon sehr lieben, wenn solch eine Trainingsgestaltung früher oder später nicht langweilig wird. Die Verlockung, die eine oder andere Laufeinheit ausfallen zu lassen, ist dann mitunter sehr groß. Spätestens wenn der Herbst mit Nebel und Kälte kommt, wird die Trainingsintensität nur zu gerne zurückgefahren, um im Winter meist ganz einzuschlafen. Dies gilt für Laufanfänger ebenso wie für erfahrene Läufer. Im nächsten Frühjahr startet man wieder bei null – wenn nicht ein alternatives Wintertraining am Programm steht.

Um diesen läuferischen Jo-Jo-Effekt abzuschwächen oder ganz auszuschalten, reichen einige kleine Anpassungen in Ihrer Trainingsgestaltung. Der grundlegende Fehler, den viele Läufer machen, ist dass sie ihre Laufeinheiten als isolierte Tätigkeit, losgelöst vom Alltag sehen. Wichtig ist jedoch das Gegenteil: Integrieren Sie, wo immer möglich, das Laufen in Ihren Alltag. Dadurch wird es sehr viel schwieriger, Ausreden zu finden, warum man nicht laufen gehen kann. Zudem begeben sich Läufer gerne auf die Suche nach Schuldigen, wenn es mal wieder „nicht läuft". Schuld ist dann der Veranstalter, das Wetter, die Ausrüstung, … Ausreden gibt es zuhauf. Dabei ist gerade das Laufen eine überaus eigenverantwortliche Tätigkeit. Man ist selbst verantwortlich für seinen Trainingsumfang, seine Ausrüstung, die Ernährung, genug Schlaf bis hin zur Auswahl seiner Laufveranstaltungen.

Bei der ständigen Suche nach dem Haar in der Suppe bleiben meist weder Zeit noch Energie, um das eigentliche Problem zu lösen. Oft fehlen einfach auch der Wille und die Weitsicht, um konstruktiv an ein Problem heranzugehen. Die Rolle des Kritikers ist eben immer einfacher und bequemer als die des Schaffenden. Kreativität und Gestaltungswille, zwei Erfolgsrezepte der Menschheit, werden so im Keim erstickt.

Bewegung ist ein natürlicher Bestandteil eines gesunden Lebensstils. Genau nach diesem Punkt gilt es, sein Training auszurichten. Betrachten wir Kinder, so fällt uns auf, dass sich diese auf ein Spiel nicht ansatzweise vorbereiten müssen. Und Tiere sind praktisch immer am Sprung – entweder als Jäger oder Gejagte. Im Klartext soll das Ziel folgendermaßen lauten: immer und überall bereit sein, zu einem – kleineren oder größeren – Lauf starten zu können. Die Stoßrichtung sieht folgendermaßen aus: Vom Unbewegten (Couch-Potato) zum regelmäßigen Training (Läufer) und weiter zum natürlichen Zustand (Bewegungstier Mensch). Warum ich dies so betone, hat folgenden Grund: Wir modernen Menschen sehen uns schon lange nicht mehr als ein Teil der Natur. Wir sind wie

Touristen, die ungläubig und staunend über den Planeten stolpern und überall unseren Müll hinterlassen. Natur im Film und auf Fotos ist gerne gesehen, aber sonst sperren wir uns lieber in unseren vollklimatisierten Passiv- und Null-Energie-Häusern (in diesem Zusammenhang wirklich passende Namen!) ein und die Natur aus. Dies zu verstehen, würde es uns enorm erleichtern, nicht nur unser Lauftraining zu gestalten.

Unser natürlicher Zustand sollte es uns erlauben, nach Erledigung unseres Tagewerks und der Zeit für Partner/Kinder/Familie/Freunde noch Lust und Energie zu haben, um ein, zwei oder auch mehr Stunden laufen zu können – ohne danach völlig erschöpft zu sein. Das geht natürlich nicht von heute auf morgen und erfordert ein wenig Disziplin und Einsatzwillen. Aber es lohnt sich, denn alle Tätigkeiten, die wir im Laufe eines Tages/einer Woche/eines Monats/eines Jahres ausführen, beeinflussen und formen unseren Körper. Ob positiv oder negativ hängt von uns selbst ab. Ein ehrlicher Blick in den Spiegel bestätigt Ihnen das.

Das beginnt bereits mit der Sprache. Sage ich: „Ich laufe" oder „Ich bin Läufer"? Wenn ich meine, dass ich eben nur laufe, dann laufe ich nur. Und nichts weiter. Wenn ich aber sage, „Ich bin Läufer", dann schließt das ein, dass ich das Leben eines Läufers führe. Und das nicht nur für ein paar Stunden die Woche, sondern jede Sekunde, mit jeder einzelnen Faser meines Körpers. Ein Leben lang.

Wenn Ihnen das übertrieben vorkommt, dann wohl nur deswegen, weil Ihnen die Perspektive und das Verständnis für die Sache noch fehlen. Wir sind die geborenen Läufer, es ist für uns Menschen eine der natürlichsten Sachen der Welt. Indem wir diese Veranlagung, dieses Geburtsrecht nutzen, werden wir wieder ein Teil dieser Welt. Wir nehmen unseren angestammten Platz ein. Nicht als trampelige Touristen, sondern als harmonischer Teil dieser Welt.

Ein Blick zurück auf unsere laufenden Ahnen ist hier wiederum sehr hilfreich. Dies soll jedoch kein romantisches oder wehmütiges Gejammer darüber werden, dass früher alles besser war (auch die Zukunft – wie Karl Valentin zu sagen pflegte). Damit wir auch heute artgerecht leben können, ist es notwendig, sich die menschliche Entwicklung anzusehen. Darauf können wir aufbauen. Es gilt das zu übernehmen, was sich als erfolgreich und gesund herausgestellt hat. Auch wenn das heißt, eingefahrene Gewohnheiten überdenken zu müssen. Das was sich nicht bewährt hat, sollten wir nach unserem heutigen Wissensstand adaptieren und, wenn das nicht möglich ist, so rasch wie möglich eliminieren.

Das klingt jetzt ein wenig so, als würde Ihr Arzt Ihnen (evtl. wieder einmal) raten, gesünder zu leben. Weniger Stress, Zeit mit Familie und Freunden verbringen, Mäßigung beim Essen, mehr Sport. Bauen Sie Bewegung in Ihren Alltag ein (mehr zu Fuß gehen, Treppen steigen, etc.), hetzen Sie nicht Geld, Besitz und Macht hinterher (Karriere ist nicht alles), sondern legen Sie mehr Wert auf Ihre Beziehungen (Familie, Freunde), Ihr Wohlbefinden (nur wer mit sich selbst im Reinen ist, kann andere positiv beeinflussen) und ehrliche, tiefgreifende Erfahrungen und Erlebnisse.

Warum kennen Naturvölker so gut wie keine Zivilisationskrankheiten? Aus genau den vorhin genannten Gründen. Wir betrachten die heute noch lebenden Nachfahren dieser Kulturen als rückständig und belächeln oft die in unseren Augen naiven Vorstellungen vom Menschen und seinem Platz im Universum. Bevor wir zu hochnäsig werden, sollten wir bedenken, dass diese Kulturen ohne Polizei, ohne Gefängnisse, ohne Zivilisationskrankheiten, ohne Steuerberater und ohne organisiertes Gesundheitswesen überleben konnten. Zumindest so lange, bis Sie mit unserer Zivilisation in Berührung kamen. Aber anstatt von ihnen zu lernen, entziehen wir ihnen die

Lebensgrundlagen und stellen sie vor die Wahl, sich an uns anzupassen oder unterzugehen.

In unserer Gesellschaft ist mittlerweile die Form meist schon wichtiger als der Inhalt. Eine gute Show muss geboten werden, Sinn und Zweck einer Sache sucht man oft vergebens. Nicht der Klügste und Besonnenste wird gehört, sondern der Lauteste und Rücksichtsloseste. In solch einer Gesellschaft haben die Werte der alten Stammeskulturen keinen Platz mehr. Ihre Lehren geraten mehr und mehr in Vergessenheit und drohen trotz Google, Wikipedia und Co. dem Vergessen anheimzufallen. Aber es lohnt sich, hier genauer hinzusehen. Für einen selbst und für die Menschheit als Ganzes. Wir können heute nur noch von wenigen Überlebenden, aus spärlichen Aufzeichnungen und mündlichen Erzählungen von diesen alten Kulturen lernen, denn intakte Strukturen gibt es kaum mehr. Umso wichtiger ist es, die noch vorhandenen Quellen zu nutzen, aber vor allem zu schützen und zu bewahren.

Wir sind grundsätzlich mit allem ausgestattet, was wir zum Überleben benötigen. Auch wenn uns viele Errungenschaften und Erfindungen das Leben erleichtern, im Grunde genommen brauchen wir diese nicht. Wir benötigen weder Ernährungscoaches noch Fitnesscenter, organisierte Religionsgemeinschaften oder Lebensberater. Mutter Natur hat uns mit allem Notwendigen ausgestattet. Es liegt an uns, dies auch zu nutzen. In Bezug auf das Laufen heißt das: Alles formt den Körper, jede körperliche Tätigkeit, die ich ausführe – oder auch nicht. Denn ich bin immer ich. Ich bin beim Laufen kein anderer, als wenn ich in einem Büro sitze. Jede Tätigkeit, jeder Gedanke beeinflusst Körper und Geist. Wir Menschen sind die geborenen Bewegungstiere, vernunftbegabt, kräftig, geschickt und ausdauernd. Diese Art der Betrachtungsweise sollte uns wieder in Fleisch und Blut übergehen.

Läufer vs. Athlet

Das Training von Läufern stellt nicht nur hohe Anforderungen an den Körper, sondern auch ganz spezielle an die Motivation. Denn reines Lauftraining ist vor allem oft eines: einseitig und eintönig. Darum lassen viele Läufer nach einer anfänglich euphorischen Phase das Lauftraining schleifen und hören früher oder später ganz damit auf. Die wenigsten können sich – vor allem in der Jugend – für diese gleichförmige Bewegungsform über einen längeren Zeitraum begeistern.

Nehmen wir als Beispiel das Wandern. Gesund für Körper, Geist und Seele. Aber vom Bewegungsmuster her eher gleichförmig. Wenn Sie Kinder haben, wissen Sie wahrscheinlich aus Erfahrung, dass stundenlanges Gehen in den Bergen für Kinder nach ca. ein, zwei Stunden seinen Reiz verloren hat. Hunger, Durst, „Wie weit ist es noch?“, Nörgeln, Jammern. Ein erholsamer Familienausflug sieht anders aus. Was machen findige Eltern? Sie bauen ein paar Extras ein. Balancieren auf umgestürzten Baumstämmen, Klettern über Felsen oder auf kindgerechten Klettersteigen, Bachüberquerungen, Naturbeobachtungen. Merken Sie etwas? Unsere Vorfahren bewegten sich auch so ähnlich durch ihren Lebensraum, sie waren keine reinen Läufer, sondern perfekte Allround-Athleten. Laufen, Springen, Balancieren, Klettern, Schwimmen. Auch uns liegt das in den Genen. Und unsere Kinder leben das aus – wenn man sie lässt. Von den ständig wechselnden Herausforderungen profitiert sowohl unser Körper als auch unser Geist. Man nennt das auch Vorbeugung vor Verletzungen durch abwechslungsreiche Gestaltung des Trainings.

Selbst die Veranstalter von Läufen tragen diesem Umstand (gewollt oder ungewollt) mittlerweile Rechnung. Neben den reinen

Laufveranstaltungen wie dem Klassiker Marathon boomen seit einigen Jahren sowohl Trailläufe als auch sogenannte moderne Hindernisläufe. Abgehalten nicht nur in der freien Natur, sondern vermehrt auch im urbanen Bereich. Namen wie *StrongmanRun*, *Wildsaulauf*, *Spartan Race* oder *Grazathlon* lassen schon erahnen, was die Teilnehmer erwartet. Auf jeden Fall viel Schweiß, allerlei kräfteraubende Hindernisse, eine ordentliche Portion Schlamm und vor allem jede Menge Spaß. Die ständig steigenden Teilnehmerzahlen bei diesen Veranstaltungen zeigen, dass diese Art der Fortbewegung wohl eine archaische Seite in uns zum Klingen bringt.

Für unsere Vorfahren war das Laufen überlebensnotwendig – Nahrungssuche, Jagd, Flucht, Angriff, Sozialkontakte. Dies beantwortet wohl auch die Frage, ob Laufen eine angeborene Fähigkeit ist. Ich kann dies mit einem eindeutigen Ja beantworten.

Und heutzutage? Was könnte der Sinn und Zweck des Laufens sein? Heute laufen wir freiwillig und zum Vergnügen, ganz vereinzelt auch, um Geld zu verdienen. Wir müssen nicht mehr flüchten oder angreifen, die wenigsten von uns gehen auf die Jagd (und wenn, dann nicht so wie unsere Vorfahren), die Nahrungssuche erfolgt großteils im Supermarkt oder dem eigenen Garten, und Besuche bei Freunden und Verwandten werden – wie so viele andere Wege auch – mit dem Auto zurückgelegt. Unser Überleben ist heutzutage auch ohne Laufen gesichert. Also wozu das ganze Gerenne?

Wir Menschen sind Bewegungstiere, geborene Läufer. Deswegen liegen der Sinn und Zweck von Bewegung allgemein und des Laufens im Speziellen für uns darin, sowohl unseren Körper als auch Geist durch Bewegung gesund und leistungsfähig zu halten. Bewegung erfüllt in dieser Hinsicht keinen Selbstzweck, sondern ist Basis und Garant für die menschliche Gesundheit und das Wohlbefinden. Zu wenig oder keine Bewegung ist für uns Menschen gesundheitsschädlich.

Trainingsgestaltung

Wie sollen wir unser Training nun gestalten? Sie werden es schon ahnen: Den universellen, immer und überall gültigen Trainingsplan kann ich Ihnen leider nicht präsentieren. Aus dem einzigen Grund, weil es diesen nicht gibt. Jeder ist selbst gefordert. In unserer bewegungsarmen Gesellschaft sollten wir jede Möglichkeit nutzen, um Bewegung in unser Leben zu integrieren. Einfach gesagt, so viel Bewegung wie irgendwie möglich. Das Ziel sollte ein (einigermaßen) permanent fitter Zustand sein.

Die Angst, sich einer erhöhten Lebensgefahr durch zu viel und zu langes Laufen auszusetzen, ist wohl unbegründet. Laut Dr. Josef Niebauer, Kardiologe und Primar der Sportmedizin an der Universitätsklinik Salzburg, ist das Risiko, bei einem Marathon zu sterben, nicht höher als im Alltag. Hauptursachen für den plötzlichen Herztod bei Läufern sind zum einen angeborene Herzerkrankungen (vor allem bei Sportlern unter 35 Jahren) sowie koronare Herzkrankheiten bei älteren Sportlern.[89]

Auch wenn in schöner Regelmäßigkeit Nachrichten von Herzinfarkten bei Marathonveranstaltungen durch die Presse geistern, liegt das Risiko doch weit unter dem, was die Berichterstattung vermuten lässt. Laut einer Statistik aus den USA kommt ein Fall von plötzlichem Herztod unter 110.000 Marathonläufern vor.[90]

Selbst die Tatsache, dass in Blutproben von Marathonläufern stark erhöhte Werte gemessen wurden, die normalerweise auf einen Herzinfarkt oder eine Lungenembolie hindeuten, stellt keinen Grund zur Beunruhigung dar. Die erhöhte Ausschüttung dieser Substanzen ist eine normale Reaktion des Körpers auf diese Art von Anstrengung. Nach längstens drei Tagen waren die Werte wieder im

Normalbereich. Selbst nach langjähriger starker Belastung ist in der Regel keine Schädigung oder eingeschränkte Funktion des Herzens feststellbar.[90] Weitaus gefährlicher ist es, gänzlich auf Bewegung und Sport zu verzichten. Unser moderner Lebensstil fordert weitaus mehr Tote als alle auch noch so extremen Laufveranstaltungen zusammen. Interessant ist auch ein origineller Vergleich, der in einer Studie der Universität Toronto gezogen wurde. In dieser Studie wurden 26 Marathons mit mindestens 1.000 Teilnehmern in einem Zeitraum von 30 Jahren untersucht. In diesen 30 Jahren starben 26 Läufer. Im Gegenzug habe es allerdings statistisch gesehen 46 Verkehrstote weniger gegeben, weil für die Marathonläufe viele Straßen gesperrt wurden und so das Verkehrsaufkommen deutlich reduziert war.[89]

Der Trainingsgestaltung widme ich absichtlich nicht viel Raum. Erstens gibt es dazu Unmengen von Literatur, im Internet können Sie sich für jedes Leistungsniveau und jede Distanz Trainingspläne beschaffen. Oder Sie suchen einen fähigen Sportarzt oder Lauftrainer auf, der Sie gegen Bezahlung mit genau auf Ihren Bedarf zugeschnittenen Trainingsplänen versorgt. Zweitens finde ich es nicht besonders sinnvoll, Ihnen einen vorgekauten Trainingsplan zu empfehlen, wenn ich Sie gar nicht kenne. Und drittens sollten Sie als mündiger erwachsener Mensch in der Lage sein, auf Grundlage Ihrer körperlichen Verfassung, Ihrer aktuellen Lebensumstände, Ihres angepeilten Zieles und einiger Erfahrung den für Sie perfekt abgestimmten Trainingsplan selbst zu erstellen.

Ort und Zeit

Für die Frage, wo und wann Sie laufen sollen, sind nachfolgende Faktoren ausschlaggebend:

- **Familiäre Situation**
  Sind Sie Single, haben Sie einen Partner (mit oder ohne Laufambitionen), haben Sie Kinder, Haustiere, ...?
- **Berufliche Situation**
  Sind Sie Angestellter/Arbeiter oder selbständig, arbeiten Sie nachts oder tagsüber, müssen Sie rasch verfügbar sein? Hohe psychische und/oder physische Belastung?
- **Wo leben Sie?**
  Leben Sie in einer Stadt oder auf dem Land? In den Bergen oder am Meer? Läufer in Norwegen und in Italien werden unterschiedliche Ansichten und Erfahrungen zum Laufen (vor allem im Winter) haben.
- **Persönliche Vorlieben**
  Laufen Sie lieber morgens oder am Abend, allein, zu zweit oder in einer Gruppe? Haben Sie fixe Trainingszeiten oder laufen Sie nach Lust und Laune?

Ob Sie sich einen genauen Trainingsplan mit fixen Trainingszeiten erstellen oder auf gut Glück laufen, wenn gerade Zeit ist, haben Sie selbst zu entscheiden. Für viele Läufer (vor allem Laufanfänger) ist es hilfreich, sich feststehende Termine im Kalender für das Laufen zu reservieren. So können Sie leichter planen und Termine koordinieren. Betrachten Sie diese Lauftermine als genauso wichtig wie einen Arzttermin oder eine Besprechung im Büro. Sonst werden die Läufe oft am leichtesten gestrichen.

Wenn Sie für eine Laufveranstaltung trainieren, vereinfacht eine gewisse Struktur Ihr Training und Sie behalten leichter den Überblick über angepeilte Zwischenziele und Trainingsfortschritte. Laufneulinge aber auch gar nicht wenige erfahrene Läufer schätzen einen Trainingsplan, den sie „abarbeiten“ können, wenn sie auf ein Ziel wie etwa einen Marathon hintrainieren. Ein Trainingsplan gibt Ihnen eine Richtung vor und strukturiert Ihren Alltag – Sie müssen ihn nur zum Großteil einhalten. Auch Familie und Freunde können sich besser arrangieren, wenn sie Ihre fixen Lauftermine kennen.

Wenn Sie so wie ich beim Laufen nicht unbedingt ein Freund von vorgegebenen Trainingsplänen sind, ist es dennoch möglich, sich effektiv auf eine Laufveranstaltung vorzubereiten. Ist Ihr angeborener Bewegungsdrang groß genug und liegt es Ihnen, ohne Vorgaben von außen (Trainingsplan, Laufpartner, Zwischenziele) auch ein länger andauerndes Training ohne größere Pausen durchzuziehen, ist genau das Ihre Vorbereitung. Auch herausfordernde Langstreckenläufe können ohne durchgetakteten Trainingsplan erfolgreich absolviert werden. Die eine Art der Vorbereitung ist per se nicht besser als die andere. Es kommt darauf an, welche Form des Trainings besser zu Ihnen passt.

Was Ihr Training aber unbedingt beinhalten sollte, sind die nachfolgenden Punkte:

Lauftraining

Das beste Training für das Laufen ist wenig überraschend – das Laufen. Dabei sollten Sie großes Augenmerk auf Abwechslung legen. Sprints, Mittelstrecken, Fahrtenspiele, Geländeläufe und Langstreckenläufe schützen vor einseitigen Belastungen, Langeweile und reduzieren somit auch die Verletzungsanfälligkeit.

Krafttraining

Krafttraining ist auch für Ausdauerathleten absolut sinnvoll und notwendig. Es bietet dem Körper andere Reize als das Laufen und stärkt ihn. Ein sinnvolles Krafttraining minimiert die Verletzungsanfälligkeit, erhöht allgemein das Leistungsniveau, fördert den Einsatzwillen und ermöglicht es auch, schneller zu laufen.

Hüten Sie sich jedoch vor allzu großen Gewaltakten gegen Ihren Körper. Heutzutage werden Bücher sowie Magazine verkauft und Work-outs im Internet angeboten, die Übungen enthalten, die Ärzte nicht einmal Profisportlern uneingeschränkt empfehlen. Die nachbearbeiteten Hochglanzfotos von muskelbepackten Männern und Frauen mit Waschbrettbauch in solchen Publikationen und auf diversen Internetseiten dienen nur dem Zweck, Sie zum Kaufen zu animieren. Egal ob Bücher, Magazine, Kleidung, Nahrungsergänzungsmittel oder die Mitgliedschaft in einem Verein – es geht oft darum, Ihnen etwas zu verkaufen, mit Gesundheit hat das meist gar nichts zu tun. Um so auszusehen wie auf diesen Fotos, benötigen Sie mehr als zwei Stunden Krafttraining die Woche und ein paar Proteinshakes. Solche hochgetunten Körper sind für den Normalbürger in der Regel nicht erreichbar – und auch nicht sinnvoll. Lösen Sie sich von der Vorstellung, dass ein kräftiger, durchtrainierter Körper so auszusehen hat. Ganzen Legionen von vor allem jungen Menschen wurde jahrzehntelang ein völlig falsches Körperbild vermittelt. Einen Körper à la Herkules aufzubauen und über die Jahre zu erhalten, verschlingt einiges an Zeit und Ressourcen. Die extreme Betonung des Muskelwachstums und der Kraft geht meist zu Lasten anderer Fähigkeiten wie etwa Geschicklichkeit, Schnelligkeit oder Beweglichkeit. Zudem ist die Gefahr sehr hoch, dass durch exzessives Krafttraining in Verbindung mit übertriebenem Ehrgeiz, falscher Technik und Dopingmitteln der Körper auf Dauer massiv geschädigt wird. Um einen kräftigen Körper zu erhalten, müssen Sie nicht unbedingt in ein Fitnesscenter gehen. Sie können auch mit dem eigenen Körpergewicht arbeiten – etwa die guten alten Kniebeugen, Liegestütze, Klimmzüge, Sit-ups, … Auch Kampfsportarten wie etwa Karate kräftigen den Körper ungemein. Dabei decken Sie auch gleich den nächsten Punkt mit ab.

Dehnen

Nicht nur Läufer sollten regelmäßig dehnen, sondern alle Menschen in unserer sitzenden und bewegungsarmen Gesellschaft. Über das Für und Wider wird viel diskutiert, ob vor oder nach dem Lauf, statisch oder dynamisch.

Fakt ist, dass viele Menschen extrem unbeweglich sind. Was für den Durchschnittsmenschen westlicher Prägung in der Regel nicht so sehr ins Gewicht fällt, kann für Läufer (und andere Sportler) ein ernstes Problem werden. Vor allem mit zunehmendem Alter erhöht sich das Verletzungsrisiko infolge mangelnder oder einseitiger Belastung (starke neben schwachen Muskeln) und es kommt zu einer Verminderung der Beweglichkeit der Muskeln, Sehnen und Gelenke (landläufig als verkürzte Muskeln und Sehnen bezeichnet). Eine ungewohnte Bewegung oder ein Sturz kann eine Verletzung nach sich ziehen, die einen für Wochen außer Gefecht setzt. Ein Klassiker diesbezüglich ist das Umknicken des Knöchels am Gehsteigrand. Hier reicht die Palette dieses Missgeschicks von einem flüchtigen Ärger über die eigene Unaufmerksamkeit bis zum Abtransport mit dem Krankenwagen infolge extremer Unbeweglichkeit. Auch wenn das Dehnen bei vielen Läufern eher unbeliebt ist und – wenn überhaupt – mehr schlecht als recht durchgeführt wird, sollten Sie dies regelmäßig tun. Beschränken Sie sich nicht auf die Beine, sondern beziehen Sie den ganzen Körper mit ein. Als Faustregel kann hier gelten: Je unangenehmer das Dehnen einer Körperpartie ist, desto größer ist der Bedarf in diesem Bereich.

Regeneration

Ausreichende Pausen und Erholungsphasen sind ein unverzichtbarer Teil des Trainings! Viele Läufer vergessen das sehr gerne, besonders in jungen Jahren, wenn man nicht weiß, wohin mit seiner Energie. Erholung sowie die Anpassung an Belastungen, denen man seinen Körper aussetzt, erfolgen nur in Ruhephasen. Dabei gilt, je höher die Belastung war, desto länger muss die Ruhephase sein. Ein durchdacht auf die persönlichen Bedürfnisse und Lebensumstände zusammengestellter Mix aus Anspannung (Training) und Entspannung (Regeneration) ist ein Garant für Gesundheit und Leistungssteigerung. Vernachlässigt man die Erholung des Körpers, verkehren sich die positiven Auswirkungen der sportlichen Betätigung ins Gegenteil. Früher oder später gelangt man in den Bereich des Übertrainings, wo das Leistungsniveau des Körpers sinkt und die Verletzungsanfälligkeit steigt. Zudem hat das Übertraining auch psychische Auswirkungen, man ist vermehrt unausgeglichen, launisch und reizbar. Zu einer gelungenen Regenerationsphase gehört allerdings nicht nur das „Beine-Hochlegen“. Gesunde Ernährung, Verzicht auf Drogen aller Art, Körperpflege (dazu zählen auch Massagen und Saunagänge), allgemein wenig Stress und ein soziales Umfeld, das den Läufer unterstützt oder ihm zumindest keine Steine in den Weg legt, sind die einzelnen Bausteine dafür.

Wie merken Sie nun, dass Ihre Regenerationsphase erfolgreich war? – Sie sind ausgeruht, gut gelaunt und können die nächste Laufeinheit (die Sie schmerzfrei und voller Energie absolvieren) gar nicht mehr erwarten.

Suchen Sie sich, wenn möglich, direkt in Ihrer näheren Umgebung mehrere verschiedene Laufstrecken, die Sie rasch und einfach erreichen können. Am besten ist es natürlich, Sie starten direkt von Ihrer Haustüre weg. Die Strecken sollten unterschiedlichste Anforderungen an Sie stellen, um Verletzungen aufgrund einseitiger Belastung vorzubeugen und Langeweile (absoluter Motivationskiller) zu verhindern.

Ändern Sie von Zeit zu Zeit die Belastung im Training. Am einfachsten funktioniert das über die Geschwindigkeit und/oder die Distanz. Laufen Sie Ihre „Langsamlaufrunde" einfach einmal schneller. Oder wechseln Sie alle 10 Minuten Ihr Tempo, egal ob Sie auf der Ebene laufen oder einen Berg bezwingen wollen. Absolvieren Sie Ihre Laufrunde zweimal oder dehnen Sie Ihre Laufstrecken auf das Dreifache oder sogar noch weiter aus. Laufen Sie Ihre gewohnte Runde einmal in die entgegengesetzte Richtung. Packen Sie sich einen schweren Rucksack auf den Rücken. Laufen Sie mit Bergschuhen oder lassen Sie Ihre Schuhe gleich zu Hause.

Laufen Sie allein, zu zweit oder in einer Gruppe. Sie werden sehen, dass die Anforderungen gänzlich verschieden sind – nicht nur die läuferischen. Gruppendynamische Prozesse können oft überraschen.

Jede Jahreszeit hat ihren eigenen Reiz. Dieselbe Laufstrecke stellt im Winter andere Herausforderungen an Sie als im Sommer. Laufen im Winter ist trotz anders lautender Meinungen eine feine Sache. Hier schulen Sie Ihren Einsatzwillen, denn Schnee, Eis und Kälte können Ihre Geduld, Ihr Durchhaltevermögen und manchmal auch Ihre Leidensfähigkeit ganz gehörig auf die Probe stellen. Andererseits sind es gerade die Ruhe und die Einsamkeit bei winterlichen Läufen, die sich wohltuend auf die Psyche auswirken.

Wechseln Sie des Öfteren Ihre Kleidung (nicht nur aus hygienischen Gründen), Sie könnten auch mal im Sommer mit langer Hose und im Winter mit kurzer Hose laufen. Mal sehen, was passiert. Testen Sie verschiedene Arten und Mengen von Ernährungsweisen – vor, während und nach dem Laufen. Seien Sie kreativ und neugierig. Beim München-Marathon habe ich zwei junge Männer gesehen, die die Halbmarathondistanz in ihrer gesamten Bundeswehrausrüstung (Tarnanzug, Stiefel, Rucksack) gelaufen sind. Lediglich der Helm saß nicht auf dem Kopf.

Sie können auch mit Ihrem Hund oder Pferd laufen, statt einem Wandertag einen „laufenden" Familienausflug machen. Die meisten Kinder lieben Schnitzeljagden, Hindernisläufe oder sich zusammen mit den Eltern einfach nur dreckig zu machen. Strengen Sie Ihre kleinen grauen Zellen an.

Bei all der Planung und Trainingsgestaltung vergessen Sie – wie schon mehrfach erwähnt – den Wettkampfgedanken. Sie nehmen sich und den Menschen in Ihrer Umgebung – vor allem Kindern – damit in den allermeisten Fällen die Freude an der Bewegung.

Wie sich die Trainingsgestaltung sowie das persönliche Empfinden im Lauf der Zeit verändern können, möchte ich an zwei Beispielen darlegen. Ich vergleiche hierzu meinen ersten Marathon im Jahr 2006 mit meiner aktuellen Laufpraxis.

Die Idee, einmal einen Marathon zu laufen, kam mir nicht über Nacht, sondern ist langsam gereift. Da ich immer gerne gelaufen bin und mit der Zeit die Strecken immer länger wurden, stellte ich mir eines Tages die Frage, ob ich die berühmt-berüchtigten 42,195 km auch laufen könnte. Mit dem Ziel vor Augen und einer

Vorbereitungszeit von 12 Monaten begann mein persönliches Abenteuer „erster Marathon". Trotz Vorfreude, Unsicherheiten, Motivationstälern, Selbstzweifeln und manch bissigem Kommentar einiger Zeitgenossen stand ich Mitte Oktober 2006 an einem kühlen Herbstmorgen mit hunderten anderen Unerschrockenen im Startbereich des Graz-Marathons. Die Nervosität war riesengroß, die Zeit bis zum Startschuss, in der man gedrängt mit den anderen Teilnehmern warten muss, erschien ewig. Die Nacht davor hatte ich kaum geschlafen – aus Angst, ich könnte den Start verschlafen. Denn dann wäre die ganze akribische Vorbereitung des vorangegangenen Jahres „umsonst" gewesen: Sportmedizinische Untersuchung, Pulskontrolle mittels neu erworbener Pulsmessuhr, strenge kohlenhydratlastige Läuferernährung, ausgefeilter Trainingsplan mit Laufeinheiten für Grundlagenausdauer (GA 1 = niedrige Intensität, Basistraining für lange Läufe; GA 2 = höhere Pulsfrequenz, kürzere Trainingseinheiten, dafür raschere Leistungssteigerung), Kraftausdauer, Entwicklungsbereich und Regenerationseinheiten, um mein selbstgestecktes Zeitlimit zu erreichen. Dazu neue Schuhe und Laufbekleidung. Viele Laufbücher. Mein gesamter Lebenswandel war in dieser Zeit auf das Ziel Marathon ausgerichtet. Ich war ziemlich konsequent bei der Einhaltung meines Trainingsplanes, manchmal zum Leidwesen von Familie und Freunden. All der Aufwand war an der Startlinie vergessen, es sollte einfach nur losgehen. Nach dem Start lief ich unruhig wie ein junges Pferd, das erstmals Gras unter den Hufen spürt. Sollte ich mit der Masse mittraben oder doch lieber gleich überholen, wenn ja, links oder rechts, oder doch lieber langsamer? Sollte ich mehr in der Mitte laufen oder am Rand? Dazu der bange Blick auf die Pulsuhr – ist das Teil defekt oder warum zeigt es so astronomisch hohe Pulswerte an? Egal, hoffentlich kann ich meine angepeilten Kilometerzeiten einhalten. Nach ein paar Kilometern habe ich dann wider Erwarten doch noch meinen Laufrhythmus gefunden. Bei all den Fragen, die mir durch den Kopf gingen und der Konzentration auf meine Beine und die der Mitläufer habe ich die erste Labestelle einfach ausgelassen. Der Andrang dort hat mich doch ein wenig abgeschreckt und es sollten ja noch ein paar kommen. Mit Fortdauer des Marathons wurde ich zusehends ruhiger und konnte so auch die Atmosphäre am Streckenrand ein wenig auf mich wirken lassen. Bei der Halbmarathonmarke wusste ich nicht so recht, ob ich mich freuen (Die Hälfte ist schon geschafft!) oder besorgt sein sollte (Noch einmal so weit laufen!). Der Knackpunkt war für mich bei Kilometer 32 gekommen, weiter war ich bisher im Training nicht gelaufen. Alles was danach kam, war absolutes Lauf-Neuland für mich. Bis etwa Kilometer 38 lief ich mit einer Mischung aus Freude und Stolz – darüber, dass ich immer noch recht locker unterwegs war und mein angepeiltes Tempo halten konnte. Auf diesen 6 Kilometern überholte ich einige Läufer, die nur mehr sehr langsam liefen bzw. nur mehr gehen konnten oder aber am Streckenrand dehnten, um einen Krampf loszuwerden. Kurz nach Kilometer 38 holte mich dann doch noch der „Mann mit dem Hammer" ein. Fast wie auf Knopfdruck wurden die Beine unglaublich schwer (die Schuhe schienen förmlich am Asphalt zu kleben), ein flaues Gefühl in der Magengegend breitete sich aus und zusätzlich quälte mich ein leichter Kopfschmerz. Die Zuversicht, „das Ding" laufend doch noch zu Ende zu bringen, schwand zusehends. Die 2 Kilometer bis zur letzten Labestation bei Kilometer 40 waren dann unglaublich zäh, ich hätte nie gedacht, dass 2000 Meter so lang sein können. Hier motivierte ich mich, indem ich mir selbst sagte, bis zur nächsten Kurve laufe ich noch, bis zum Ende des Häuserblocks laufe ich noch, den einen Läufer überhole ich noch … Nach einer schier endlos erscheinenden Zeit erreichte ich dann doch noch die letzte Labestation. Und dort hatte ich ein unglaublich motivierendes Erlebnis. Schon von weitem sah ich einen Mann, der um die zumeist erschöpften Läufer herumsprang und ihnen ein Schild vor die Nase hielt. Als ich dort ankam und mir ein Bananenstück und ein Glas Wasser gönnte, stürmte der Mann auf mich zu und sagte mit einer überwältigenden Freundlichkeit und Zuversicht: „Du bist spitze, du schaffst das!" Dann fiel mein Blick auf sein selbst gemaltes Schild, auf dem folgender Spruch stand: *Jetzt umdrehen wäre auch blöd!* Einerseits war ich richtig ergriffen von so viel Anteilnahme und Begeisterung, andererseits konnte ich von ganzem Herzen lachen über diesen Spruch. Es gelang mir so, die letzten zwei Kilometer trotz bleierner Beine mit einem ganz anderen Gefühl anzugehen. Obwohl Erschöpfung und Müdigkeit zweifellos vorhanden waren, spulte ich die restliche Strecke bis zur Zielgeraden brav herunter. Als ich die Kilometermarke 42 sah, konnte ich es gar nicht glauben, die letzten 195 Meter flog ich (zumindest gefühlt) bis ins Ziel.

Und dort erlebte ich dann etwas, was ich auch bei meinen noch kommenden Zieleinläufen (egal ob bei organisierten Laufveranstaltungen oder bei privaten Unternehmungen) immer wieder erleben sollte: Einerseits die riesige Freude und den Stolz, im Ziel zu sein, etwas alleine und aus eigenem Antrieb geschafft zu haben, und andererseits auch eine Art von Traurigkeit, dass dieses außergewöhnliche Erlebnis nun vorbei war und der Alltag wieder in mein Leben Einzug halten würde. Mit jener eigentümlichen Mischung aus Glück und Melancholie verbrachte ich noch einige Zeit im Zielbereich, bediente mich ausgiebig an der bereitgestellten Verpflegung, ließ mir im Massagezelt die Beine durchkneten und fachsimpelte ein wenig mit anderen Läufern. Und irgendwann wurde mir dann auch bewusst, dass ich nun offiziell den Titel „Marathoni" tragen durfte.

„Er war ein bestiegener Berg, der Weg war zu Ende.
Der Drache tot. Schade um das schöne Tier."

Thomas Bubendorfer im Buch *Senkrecht gegen die Zeit,* Seite 264.

Mein aktuelles Lauftraining unterscheidet sich mittlerweile wesentlich von jenem zu meinen Anfangszeiten. Meinen Arzt grüße ich freundlich auf der Straße, die Pulsmessuhr verstaubt mittlerweile im Schrank, die Kohlenhydratmast wechselte zugunsten einer eher fettreichen und zuckerreduzierten Ernährungsweise und meine Laufeinheiten absolviere ich meist dann, wenn ich Zeit und Lust habe. Ich verwende, solange es geht, meine (ur-)alten, gut eingelaufenen Schuhe. Eine Zielzeit setze ich mir auch keine mehr, das meist großzügig bemessene Zeitlimit des Veranstalters ist Rahmen genug. Ich kann alle Aspekte des Laufens mittlerweile richtig genießen, egal ob bei einer organisierten Veranstaltung oder nur für mich. Selbst dann, wenn bei Berg- oder Trailläufen sehr fordernde Streckenabschnitte zu bewältigen sind. Zu Beginn meiner Langstreckenläufe habe ich hier oft von harter Arbeit gesprochen, mittlerweile sind es Herausforderungen, die einfach dazugehören. Und gerade diese schwierigen Passagen während eines Laufes sind diejenigen, die einem im Gedächtnis bleiben, einen fordern und formen – sozusagen das Salz in der Suppe. Es heißt ja auch, man wächst mit bzw. an der Aufgabe.

Was ich nach wie vor an mir beobachte, ist die Angst vor dem Verschlafen. So ist die Nachtruhe vor dem Tag X immer recht kurz. Deshalb stelle ich mir meist einen Wecker, den Alarm bei meinem Handy und, wenn ich in einem Hotel übernachte, nutze ich den hauseigenen Weckdienst. Sicher ist sicher.

Fazit

- **Vergessen Sie den Wettkampfgedanken!**
- **Hören Sie auf sich selbst!**
- **Doping – Natürlich nicht!**
- **So viel Bewegung wie möglich!**
- **So viel Abwechslung wie möglich!**
- **Regeneration ist ein unverzichtbarer Teil des Trainings!**

Ernährung

Ernährung – ein ganz heißes Eisen. Was darüber nicht schon alles gesagt und geschrieben wurde! Oft fast unversöhnlich stehen sich hier Karnivoren (Fleischfresser), Omnivoren (Allesfresser) und Herbivoren (Pflanzenfresser) gegenüber. Man überzieht sich gegenseitig mit Anschuldigungen, Vorwürfen, mitunter sogar Beleidigungen, zitiert Studien noch und nöcher und äußert sich abfällig über die anderen, die „natürlich keine Ahnung von gesunder Ernährung haben".

In Läuferkreisen ist es weithin akzeptiert, dass Kohlenhydrate das erste Mittel der Wahl sind. Es gibt unzählige Läufer, die sich mit Nudeln und Reis vollstopfen, um die gewünschte Laufleistung zu erzielen. Auch die sogenannten Pastapartys am Vorabend diverser Laufveranstaltungen sind meist gut besucht. So ist es oft gängige Praxis und wird großteils auch so in der Sportliteratur kommuniziert. Aber stimmt die Gleichung „Kohlenhydrate = Ausdauerleistung", die in Läuferkreisen auch heute noch oft als Naturgesetz gilt?

Bei all dem Kult um die vielgepriesenen Kohlenhydrate dürfen wir eines nicht vergessen: Unsere Vorfahren, die uns körperlich weit überlegen waren, nahmen im Vergleich zum modernen Menschen weniger Kohlenhydrate zu sich, vor allem solche aus Getreide. Der Hauptbestandteil ihrer Nahrung waren Wurzeln, Nüsse und Früchte, evtl. Wild-Gemüse sowie Fleisch und in der Nähe von

Gewässern auch Fisch und Meeresfrüchte. Getreide und Hülsenfrüchte standen erst spät auf dem Speiseplan der Menschheit. Aus heutiger sportwissenschaftlicher Sicht eher eine nicht optimale Ernährung – dennoch waren unsere Vorfahren zu beeindruckenden Kraft- und Ausdauerleistungen fähig.

Die kohlenhydrat- und zuckerreiche Kost, von der wir tagtäglich umzingelt sind, ist ein Zeichen unseres materiellen Wohlstandes und nicht zwangsläufig die Ernährungsform, die am besten zu uns passt. Der menschliche Körper benötigt zur optimalen Funktion die Grundbaustoffe Proteine (Eiweiß), Kohlenhydrate und Fette. Daraus bezieht er seine Energie, entweder aerob (unter Verbrauch von Sauerstoff; Normalfall) oder anaerob (ohne Verbrauch von Sauerstoff; Ausnahme für kurze intensive Belastungen). Damit die Muskeln ihre Arbeit verrichten können, brauchen sie einen speziellen Energieträger – ATP. Dieses energiereiche Phosphat ATP (Adenosintriphosphat) ist jedoch nur in geringen Mengen in den Muskelzellen gespeichert. Damit die Muskeln auch bei langandauernden Belastungen Arbeit verrichten können, ist entsprechender Nachschub für die ATP-Produktion notwendig. Dies sind Kohlenhydrate und Fette – die eigentlichen Energieträger. Je nach Intensität und Dauer der Belastung ändert sich die Form der Energiebereitstellung. Die einzelnen Mechanismen der Energiebereitstellung arbeiten prinzipiell „parallel“, nicht nacheinander oder ausschließlich. Der menschliche Körper versucht bei der Energieversorgung die jeweils günstigste Mischung aus den Grundbaustoffen für die aktuelle Belastungssituation zu verwenden. Um nicht ständig Nahrung zuführen zu müssen, verfügt der menschliche Körper über verschiedene Energiespeicher:[91/92/93]

Fettspeicher[93]

Der Fettspeicher stellt den größten Energiespeicher dar, bei normalgewichtigen Menschen sind ca. 80.000 bis 100.000 kcal (Kilokalorien) in Form von Fett gespeichert. In Ruhe und bei Alltagsbelastungen bezieht der Körper seine Energie vor allem aus dem Fettspeicher.

Kohlenhydratspeicher[93]

Speichermöglichkeit in der Leber und in den Muskeln, die Kapazität beläuft sich auf ca. 1.500 bis 2.000 kcal. Damit sind intensive Ausdauerbelastungen bis ca. 90 Minuten möglich.

Eiweißspeicher[93]

Dieser ist kein eigener Eiweißspeicher, der Körper greift bei einer unzureichenden Zufuhr über die Nahrung auf das Muskeleiweiß zurück. Lediglich ca. 10 % des Gesamtenergieumsatzes des Menschen werden über Proteine bestritten.

Dabei wird immer vorausgesetzt, dass der Stoffwechsel dazu auch in der Lage ist und nicht durch Krankheiten oder Mangel- bzw. Fehlernährung beeinträchtigt wird. Durch eine sehr zucker- und kohlenhydratreiche Ernährung in Verbindung mit Alkohol ist bei vielen Menschen der Fettstoffwechsel gestört. Was im Alltag nicht so sehr ins Gewicht fällt, kann bei längeren Ausdauerbelastungen zu einem Problem werden. Die Glykogenreserven (Glykogen = Speicherform von Kohlenhydraten in der Muskulatur und der Leber) im Körper reichen in etwa für eine intensive Belastung von 90 Minuten.[91] Je länger die Belastung andauert, desto mehr verschiebt sich die Energiebereitstellung von den Kohlenhydraten (Glykogenverbrennung) zum Fett. Damit sind zwar stunden- und tagelange Ausdauerleistungen möglich, jedoch mit geringerer Intensität. Ist ein Körper die ständige Zufuhr von Kohlenhydraten gewohnt, kann er auf die reichlich vorhandenen Fettreserven nur unzureichend oder schlimmstenfalls gar nicht zugreifen. Deswegen ist ein funktionierender Fettstoffwechsel für Langstreckenläufer unglaublich wichtig. Im Regelfall laufen auch unter lang andauernder Belastung der Kohlenhydrat- und der Fettstoffwechsel nebeneinander ab, denn um Fett abbauen zu können, benötigt der Körper Kohlenhydrate. Selbst bei sogenannten „Fettverbrennungstrainings“ ist der Kohlenhydratstoffwechsel beteiligt, ein absolutes „Entweder-Oder“ ist nicht der Fall. Bei einer solch niedrigen Intensität, wie sie bei „Fettverbrennungstrainings“ üblich ist, beginnt die Energiebereitstellung durch die Verbrennung von Fettreserven von Anfang an – und nicht erst nach 30 oder 40 Minuten, wie man manchmal fälschlicherweise liest.[91/92] Nur bei sehr intensiven Kurzzeitbelastungen, wenn in einem kurzen Zeitraum große Mengen an Energie nötig sind, werden ausschließlich Kohlenhydrate zur Energiebereitstellung herangezogen. Grundsätzlich kann man sagen, dass bei kurzen, intensiven Belastungen die Energiegewinnung aus Kohlenhydraten überwiegt, bei langen, weniger intensiven Belastungen jene aus Fett. Darum ist ein gut trainierter Fettstoffwechsel für Ausdauersportler so wichtig, denn nur dann kann auf den riesigen Fettspeicher des Körpers zugegriffen werden, um daraus vornehmlich seine Energie zu beziehen und die weitaus geringeren und darum umso wertvolleren Glykogenreserven zu schonen.

Um den Fettstoffwechsel anzukurbeln, können Sie einerseits lange, langsame Läufe ohne Nahrungszufuhr und „Nüchternläufe“

(ideal morgens, um die Nahrungspause während der Nachtstunden zu nutzen) absolvieren, andererseits die Menge an Kohlenhydraten, Zucker und Alkohol in Ihrer Ernährung reduzieren. So wird der Körper dazu genötigt, vermehrt Energie aus den körpereigenen Fettreserven zu beziehen.

Zudem ist die Zufuhr von Proteinen für Ausdauersportler ungemein wichtig. Fälschlicherweise wird oft angenommen, dass große Mengen an Proteinen nur für Kraftsportler erforderlich sind, um den Muskelaufbau zu gewährleisten. Erstaunlicherweise benötigen jedoch Ausdauersportler in etwa gleich viel Protein. Dadurch steigt zwar ebenfalls (in einem weit geringeren Ausmaß) die Muskelmasse, primär jedoch wird die Ausdauerleistung verbessert.[94] Wie so oft ist es kontraproduktiv, sich auf eine Sache in einem fein abgestimmten System wie dem menschlichen Körper zu stürzen und diese übermäßig zu betonen. Unser Körper benötigt Proteine, Kohlenhydrate und Fette als Energielieferanten – deswegen heißen diese auch Grundbaustoffe. Das Mengenverhältnis ist individuell und abhängig von Faktoren wie Alter, Geschlecht, körperlicher Verfassung, Belastungsintensität, Schlaf sowie möglichen Stressoren. In einem gesunden Körper ist der Stoffwechsel im Gleichgewicht und in der Lage, auf verschiedenste Belastungen angemessen zu reagieren. Durch das Setzen verschiedener Trainingsreize, ausreichender Regenerationsmöglichkeiten und entsprechender Nahrungszufuhr sollten wir unseren Körper unterstützen – und nicht behindern. Die oft panische Angst mancher Zeitgenossen, 3 Gramm zu viel oder zu wenig an Kohlenhydraten, Fetten oder Proteinen aufzunehmen, ist einfach nur irrational.

Die flächendeckend grassierenden und ständig zunehmenden Zivilisations- bzw. Verhaltenskrankheiten sind ein nicht zu übersehendes Indiz dafür, dass unsere zucker- und kohlenhydratreiche

Kost nicht wirklich der Weisheit letzter Schluss ist. Wie in vielen anderen Bereichen des Lebens ist auch in der Ernährung die extreme Ausrichtung auf eine einzige Sache meist nicht wirklich zielführend und nachhaltig. Verfechter von kohlenhydratreichem Essen sollten auch bedenken, dass Schlachttiere in der Massentierhaltung mit genau solch einer Kost auf ihr Schlachtgewicht gemästet werden. Sprich, sie sollen in einem möglichst kurzen Zeitraum möglichst viel Masse ansetzen.

Werfen wir einen Blick auf die traditionellen Ernährungsgewohnheiten der Buschleute. Was haben diese gegessen, um gesund und leistungsfähig zu bleiben? Ihre Ernährung bestand einerseits aus dem, was die Frauen und Kinder sammelten – Wurzeln, Beeren, Zwiebeln, Nüsse, Kräuter, Melonen, Honig, Vogeleier, Würmer, Larven, Käfer und Echsen – und andererseits daraus, was die Männer jagten – Antilopen, Giraffen, Gürteltiere, Wildschweine, Hasen, Strauße, Schlangen – eigentlich jedes essbare Wild.[6] Sofort ins Auge sticht, dass Getreide und Getreideprodukte vollständig fehlen. Also keine Pastaparty am Vorabend einer Antilopenjagd mehrere Stunden über Stock und Stein quer durch die Kalahari. Ebenso fehlen Milch und Milchprodukte. Und Zucker – bis auf Honig und den in den Früchten natürlich vorkommenden Fruchtzucker. Dafür ist diese Ernährung reich an Eiweiß (Protein) und Fett. Im Grunde das genaue Gegenteil von dem, was im Westen als gesunde Ernährung angesehen wird, geschweige denn als leistungssteigernde Kost für Sportler. Diese Ernährungsform der Buschleute ist im Prinzip das, was uns heute als *Low Carb* oder *Paleo* verkauft wird. Dieses Ernährungskonzept ist also keine neue, bahnbrechende Errungenschaft, sondern uraltes und vor allem lange erfolgreich erprobtes Wissen. Mit dieser Form der Ernährung stehen die Buschleute jedoch nicht allein da. Vor der neolithischen Revolution (Übergang vom nomadischen Jäger und Sammler zum sesshaften Bauern und Viehzüchter) war diese Form der Ernährung (mit regionalen Unterschieden durch das jeweils vorherrschende Klima sowie das dadurch bedingte Nahrungsangebot) auf unserem Planeten eigentlich Usus.

Auch wenn die ursprüngliche Ernährungsform der Buschleute im wahrsten Sinne des Wortes steinzeitlich anmutet, übertraf diese die Empfehlungen der Vereinten Nationen (für Menschen ihrer Größe und Statur) betreffend die Zufuhr von Kalorien und Proteinen.[6] Kein Zucker, wenig Salz, eher wenig Kohlenhydrate sowie gesättigte Fette; dafür viele ungesättigten Fette, Ballaststoffe, Vitamine und Mineralstoffe. Auch die Trinkgewohnheiten der Buschleute sind rasch erklärt – Wasser. Aber da offene Wasserstellen in ihrem Verbreitungsgebiet eher selten waren, mussten (auch und vor allem während der Jagd) wasserhaltige Wurzeln oder Melonen ausreichen. Oder man trank das Wasser, welches man in Gebinden aus Straußeneiern mit sich führte.

Wir müssen keine Studien zitieren oder darüber philosophieren, ob genau diese Ernährungsform das Nonplusultra der Nahrungsaufnahme ist. Den ultimativen Beweis liefern die Buschleute selbst. Jahrtausendelang praktizierten sie diese Ernährungsform und konnten dank ihr ihr Leben als Wildbeuter erfolgreich führen. Und genau das ist der springende Punkt. Diese Ernährungsform ist für Wildbeuter im südlichen Afrika perfekt, nicht notgedrungen für Sitzriesen in Mitteleuropa. Darum ist dies auch kein Plädoyer dafür, dass die Menschheit geschlossen zur Wildbeuter-Ernährungsweise zurückkehren sollte. Dies wäre vor allem in Europa aus Platzgründen schon gar nicht möglich, da dies pro Person ein ziemlich großes Gebiet voraussetzen würde. Eine weitere Bedingung wäre ein intaktes Ökosystem, und auch in diesem Punkt sind unsere modernen Kulturlandschaften, was essbare Pflanzen und jagdbares Wild betrifft, nicht besonders ergiebig, da ziemlich leergefegt. Wir sollten vielmehr genauer hinsehen, was die Buschleute so erfolgreich gemacht hat: Nicht die Ernährung allein oder die eine geheime Zutat. Neben viel Bewegung, wenig Stress, funktionierenden sozialen Bindungen, ausreichend Schlaf, einer genialen Anpassungs- und Lernfähigkeit, eingebettet unter dem alltäglichen religiösen Überbau und Wertekanon war die Ernährung – bestehend aus im wahrsten Sinn des Wortes natürlichen Lebensmitteln – *ein* (!) Baustein ihrer erfolgreichen Entwicklungsgeschichte. Das Zauberwort (wenn man so will) ist „natürlich“. Dies gilt für alle konsumierten Lebensmittel, nicht nur für einzelne - etwa Fleisch (wie Karnivoren betonen würden) oder Wurzeln (wie Herbivoren in den Vordergrund stellen würden).

Vielen verschiedenen und sich oft widersprechenden Ernährungskonzepten unserer Zeit ist eines gemeinsam: Sie propagieren, dass ihr System das allein selig machende ist und besser heute als morgen weltweit flächendeckend umgesetzt werden sollte. Dann wären alle Menschen gesund und sämtliche Umweltprobleme gelöst, die derzeit mit der Nahrungsmittelproduktion einhergehen. Allen Ernährungsfanatikern, ausgehend von der Veganer- bis hin zur Paleofraktion, sei eines gesagt: Eine einzig richtige Ernährungsweise gibt es nicht. Das ist weder heute der Fall noch gab es eine solche in der Vergangenheit. Die Ernährungsgewohnheiten des Menschen waren und sind immer abhängig vom vorherrschenden tierischen und pflanzlichen Nahrungsangebot und dieses richtet sich einerseits nach der jeweiligen Region und andererseits nach den vorherrschenden klimatischen Verhältnissen. Erst seit relativ kurzer Zeit ist es uns möglich, durch die Industrialisierung einigermaßen unabhängig im großen Stil Lebensmittel zu produzieren.

Die Ernährungskonzepte von Veganern und Paleolanern bieten sich ob ihrer Exklusivität und Gegensätzlichkeit für eine kurze kritische Betrachtung sehr gut an.

Paleo

Bei der sogenannten Steinzeitdiät oder Paleo-Ernährung ist nur erlaubt, was „der Steinzeitmensch“ auch gegessen hat. Man ahmt diese Art der Ernährung mit den heute zur Verfügung stehenden Lebensmitteln nach. Paleo-Rezepte sind zwar bestimmt wohlschmeckend, haben aber mit der steinzeitlichen Ernährungsweise nicht wirklich viel gemeinsam. Abgesehen von den heutigen Zubereitungsarten, den damals noch nicht vorhandenen Gewürzen, Gemüse- und Obstsorten sowie Nutztieren (regelmäßig/überwiegend Wildfleisch essen heutzutage die wenigsten) gibt es noch zwei gravierende Punkte, die es zu bedenken gibt: Erstens die Region und zweitens das Zeitalter, in dem unsere Vorfahren lebten. Oder glaubt wirklich jemand, dass Menschen im heutigen Norwegen das gleiche Nahrungsangebot zur Verfügung hatten wie in Italien oder Kenia? Und das über einen Zeitraum von mehreren tausend Jahren? Also ich habe so meine leisen Zweifel. Untermauern kann ich diese mit einer Untersuchung der Archäologin Alisa Scheibner von der Freien Universität Berlin. Sie untersuchte die Ernährungsweise unserer europäischen Vorfahren in einem Zeitraum von vor ca. 40.000 Jahren bis hin zum Ende der Bronzezeit vor ca. 800 v. Chr. Das betrachtete Gebiet erstreckte sich von Skandinavien bis zum Mittelmeer und von Großbritannien bis zum Schwarzen Meer. Mit verschiedensten Methoden, ausgehend von der Archäo-Biologie bis zu naturwissenschaftlichen Methoden wie der Isotopenanalyse und der Fettrückstandsanalyse, konnte nachgewiesen werden, was die Speisekarte damals so zu bieten hatte. So haben die Menschen in Vorderasien vor ca. 20.000 Jahren schon Wildgetreide und Hülsenfrüchte gesammelt und gegessen. In diesem Zeitraum herrschte in Mitteleuropa die Würm-Kaltzeit (genauer Würm IV), das Nahrungsangebot war eher fleischlastig. Pflanzliche Nahrung beschränkte sich vorwiegend auf Wurzeln. Mit dem Ende der Eiszeit begann die Wiederbewaldung Europas. So stand auch wieder mehr pflanzliche Kost auf dem Speiseplan, etwa Eicheln und Haselnüsse. An den eisfreien Ostseeküsten konnte man fischen und Muscheln sammeln.[95] Angesichts dessen von „der Steinzeiternährung" zu sprechen, ist schon sehr gewagt. Ein großer Kritikpunkt aus medizinischer Sicht ist die hohe Aufnahme von Fett und Protein – in Verbindung mit unserem bewegungsarmen Alltag eine nicht so ideale Kombination.

Veganismus

Veganismus ist eine Lebensweise, die versucht - soweit wie praktisch durchführbar - alle Formen der Ausbeutung und Grausamkeiten an leidensfähigen Tieren für Essen, Kleidung und andere Zwecke zu vermeiden; und in weiterer Folge die Entwicklung und Verwendung von tierfreien Alternativen zu Gunsten von Mensch, Tier und Umwelt fördert. In Bezug auf die Ernährung bedeutet dies den Verzicht auf alle Produkte, die zur Gänze oder teilweise von Tieren gewonnen werden.

Definition Veganismus lt. der Veganen Gesellschaft Österreichs[96]

Veganer verzichten vor allem aus ethischen Gründen auf alle Arten von Tierprodukten. Sieht man sich die Zustände in der Massentierhaltung an (egal ob in der Fleisch-, Eier-, oder Milchproduktion), in denen Tiere lediglich als Ware betrachtet werden und unter qualvollen Umständen ihr kurzes Leben fristen müssen, ist dieser Ansatz nur zu verständlich.

Die gesundheitlichen Vorzüge einer rein pflanzlichen Kost werden vor allem in den letzten Jahren im Zuge eines allgemeinen Ernährungsrummels hervorgehoben. Ethische Gründe und gesunde Ernährung sind die beiden Hauptmotive des westlich geprägten Veganismus. Religiös motivierte vegetarische und vegane Ernährungsweisen wie etwa im Buddhismus, Hinduismus und Jainismus spielen in Europa kaum eine Rolle. Im Gegensatz zu den Paleolanern, die sich auf Altes und Bewährtes bezüglich ihrer Ernährungsweise berufen, können Veganer keinen so langen Zeitraum für ihr Ernährungskonzept geltend machen. Alles kein Problem, man macht aus der Not eine Tugend. So herrscht oft die Meinung vor, unsere Vorfahren hätten keine Ahnung von Ernährung gehabt. Heute hätten wir bezüglich Ernährung und ihrer Auswirkungen auf unseren Körper und Geist einen so hohen Erkenntnisstand, dass wir mindestens eine Stufe über diesen „Wilden" stehen. Wenn es nicht so traurig wäre, könnte man darüber lachen, dass moderne Stadtmenschen wirklich davon überzeugt sind, Angehörigen eines Naturvolkes (etwa den San oder Aborigines) erklären zu können, wie sie sich zu ernähren hätten, damit sie gesund und leistungsfähig sind/bleiben sowie ihnen auch gleich den Nachhaltigkeits- und Umweltschutzgedanken mit dem neuen Ernährungsmodell näherzubringen. Das nenne ich wahre menschliche Hybris: Ernährungs- und Lebensweisen, die jahrtausendelang erfolgreich und an Nachhaltigkeit nicht zu übertreffen waren, als rückständig zu bezeichnen. Kritisch ist bei einer veganen Ernährung die geringe Aufnahme von Protein und Fett zu sehen, auch die ausreichende Versorgung vor allem mit Vitamin B12 (und gegebenenfalls anderen Nährstoffen wie etwa Eisen oder Calcium) ist oft nicht gegeben.

Wir Menschen neigen sehr leicht dazu, Dinge entweder unnötig zu verkomplizieren oder stark zu vereinfachen. Die Ernährung ist so ein Betätigungsfeld, auf dem man sich aktuell so richtig austoben kann. Regionalen Unterschieden in der Nahrungsmittelproduktion und individuellen Stoffwechselvorgängen des einzelnen Menschen wird meist keine Aufmerksamkeit geschenkt – schließlich ist man auf der Suche nach der „Eine-Welt-Formel" der Ernährungslehre. Was nicht ins vorgegebene Schema passt, wird passend gemacht – oder ausgeblendet.

Was Verfechter solch mehr oder weniger rigider Ernährungskonzepte meist nicht bedenken, ist, dass Ernährungsgewohnheiten so wie auch alles andere einem ständigen Wandel unterliegen. Hätte der menschliche Körper im Laufe der Evolution nicht ein so erstaunliches Anpassungspotenzial gezeigt – auch und vor allem was seine Ernährung betrifft – wäre er nicht so erfolgreich gewesen. Nach Meinung der Archäologin Alisa Scheibner besteht der Überlebenserfolg des Menschen unter anderem darin, dass er sich sowohl überwiegend von Fleisch und Fisch als auch rein pflanzlich ernähren und somit immer an die jeweils gegebenen Lebensumstände anpassen kann (Survival of the fittest).[95]

Ein weiterer wichtiger Punkt ist folgender: Es gibt bis heute unter Fachleuten keinen Konsens darüber, was „gesunde Ernährung" eigentlich ist. Dies ist insofern erstaunlich, als doch Unmengen von Studien und Empfehlungen dazu im Umlauf sind. Sieht man sich die verschiedenen Untersuchungen und die daraus abgeleiteten Ernährungsempfehlungen der letzten Jahre an, fällt vor allem eines auf: Die Ergebnisse widersprechen sich oft völlig. Wie lässt sich das erklären?

Die meisten dieser Ernährungsstudien sind sogenannte epidemiologische Studien; dabei handelt es sich um Beobachtungsstudien am Menschen unter realen Umweltbedingungen.[97/98] Die Schwäche dieser Art von Studien ist, dass sie ausschließlich Korrelationen (statistische Zusammenhänge), jedoch keine Kausalitäten (Ursache-Wirkungs-Beziehungen oder etwa stichhaltige Beweise) nachweisen. Wenn man Zusammenhänge beobachten kann, heißt das noch lange nicht, dass man auch die zugrundeliegenden Ursachen erkennt. Zudem ist auch die Datengrundlage von Ernährungsstudien höchst fragwürdig, denn diese beruhen auf den Angaben der Probanden (Testpersonen). Niemand kann sagen, ob diese der Wahrheit entsprechen. Lässt allein schon die harsche Kritik von Fachleuten an solchen Studien deren Glaubwürdigkeit schwinden, untergraben die Aussagen zur Ernährungswissenschaft und zur gesunden Ernährung an sich diese völlig:[97]

„Gesunde Ernährung kann man gar nicht so genau definieren.“

Prof. Tilman Grune, Wissenschaftlicher Stiftungsvorstand des Deutschen Instituts für Ernährungsforschung Potsdam-Rehbrücke und Inhaber des Lehrstuhls für Molekulare Toxikologie der Universität Potsdam.

„Wir wissen herzlich wenig über Ernährung.“

Prof. Achim Bub, Max-Rubner-Institut.

„Wissen wir denn tatsächlich so genau, was wir brauchen? So weit ist die Medizin noch nicht.“

Dr. Walter Burghardt, Ernährungsmediziner Universitätsklinikum Würzburg.

„Einerseits wird ständig propagiert, wie wichtig eine gesunde Ernährung ist. Auf der anderen Seite hat die Ernährungswissenschaft bis heute keine schlüssigen Studien für die optimale Ernährung vorgelegt.“

Prof. Jürgen König, Leiter Department für Ernährungswissenschaften der Universität Wien.

Auch wenn hier und in den Quellenverweisen einige Studien angeführt werden und ich auf diese Bezug nehme, heißt das nicht, dass die darin enthaltenen Ergebnisse der Weisheit letzter Schluss sind, sondern eine derzeitige Bestandsaufnahme. Vor möglichen Fehlinterpretationen ist niemand gefeit, weder der Normalbürger noch Fachleute. Zwei Personen können aus ein und demselben Datenmaterial völlig unterschiedliche Schlüsse ziehen. Auch die Gestaltung einer Studie sowie die selektive Verwendung der erhobenen Daten können das Ergebnis gravierend beeinflussen (dies sollte man vor allem dann im Hinterkopf behalten, wenn Unternehmen mit „eigenen Studienergebnissen" an die Öffentlichkeit gehen).

Wir sollten uns von der Vorstellung lösen, dass Menschen, die uns gar nicht kennen, – und seien sie noch solche Kapazitäten auf ihrem jeweiligen Fachgebiet – genau wissen, was gesund für uns ist. Da die Datenlage in Bezug auf Ernährung oft widersprüchlich ist, lässt sich damit gutes Geld verdienen. Diese Unsicherheit ist es wohl auch, die Menschen so bereitwillig an die Versprechen von Ernährungspäpsten und Konsorten glauben lässt.

Unser Essen ist nur *ein* Baustein eines guten Lebens. Weitaus wichtiger als die optimale Ernährung sind Bewegung, ausreichend Schlaf und ein stabiles soziales Umfeld. In unserer übersättigten Gesellschaft ist dies schwer zu glauben, doch Mangelernährung/Hunger ist länger und leichter auszuhalten als Schlafmangel oder andauernder sozialer Stress (z. B. Einsamkeit, Mobbing oder auch ständige Verfügbarkeit durch das Handy). Wenn Sie das nicht glauben wollen, machen Sie einen Selbstversuch. Essen Sie einen Monat nur die Hälfte Ihrer Normalration und den Monat darauf schlafen Sie nur halb so lange wie gewöhnlich. Die Reduktion des Essens wird sich nach einer Gewöhnungsphase von ein paar Tagen in den meisten Fällen positiv auswirken, da Ihr Körper nicht ständig damit beschäftigt ist, die meist im Übermaß zugeführte Nahrung zu verarbeiten. Dagegen sind die Auswirkungen von Schlafmangel auf Körper und Geist gravierend, da sich kein Gewöhnungseffekt einstellt. Das Schlafdefizit nimmt immer mehr zu bis zu dem Punkt, an dem die körperliche und geistige Leistungsfähigkeit massiv beeinträchtigt sind (mehr dazu im Kapitel Schlaf).

Im Grunde – und mit Blick auf die „richtige" Läuferernährung im Speziellen – ist jeder selbst gefordert, für sich herauszufinden, was ihm guttut, schmeckt und die nötige Energie für den Alltag und für das Laufen liefert. Es ist ein Irrglaube, dass die Ernährungsweise XY für alle Menschen auf dem Planeten das Gelbe vom Ei ist. Regionale Unterschiede, klimatische Verhältnisse, gesellschaftliche und religiöse Wertvorstellungen sowie nicht zuletzt die Art und Weise, wie jeder einzelne Körper Nahrung unterschiedlich verstoffwechselt, lassen dies gar nicht zu. Ein Lebensmittel kann als noch so gesund propagiert werden, wenn es mir nicht schmeckt oder schlimmer, ich es nicht vertrage, ist es kontraproduktiv bzw. kann sogar gesundheitsschädlich sein. Abseits von Ernährungspyramiden, Ratgebern und Heilsversprechen sollte jeder erwachsene Mensch in der Lage sein, die für ihn passende Ernährungsweise zu finden.

Ich möchte hierzu einige grundlegende Betrachtungen anstellen und den Blick auf Aspekte unserer Ernährung lenken, die wir im Wirrwarr all der Empfehlungen nur zu leicht aus den Augen verlieren.

Ernährung und Sport

Einer unumstößlichen Tatsache sollten Sie sich immer bewusst sein: Egal was Sie essen und trinken, am Ende Ihres Lebens werden Sie sterben. Daran ist nichts zu ändern. Es gibt bis dato keine

Ernährungsweise und kein Lebensmittel, welches dies verhindern könnte.

Der menschliche Körper ist ein wahres Wunderwerk und vermag jede Form von Nahrung in Energie umzuwandeln. Das ist auch einer der Gründe, warum sich die Menschheit über beinahe den ganzen Planeten Erde ausbreiten konnte.

Trinken

Weitaus wichtiger als feste Nahrung ist die Flüssigkeitsaufnahme. Ohne feste Nahrung kann ein gesunder Mensch mehrere Wochen bis maximal drei Monate überleben. Ohne Flüssigkeit verkürzt sich dieser Zeitraum auf wenige Tage. Das ursprünglichste und wohl auch beste Getränk für uns Menschen ist reines (= sauberes) Wasser. Wasser ist – nicht nur für uns Menschen – überlebenswichtig, bestehen wir doch zu mehr als 50 % aus Wasser, bei Säuglingen sind es ca. 70 %.[99] Wasser ist im menschlichen Körper allgegenwärtig und notwendig. Es ist Bestandteil jeder Zelle und aller Körperflüssigkeiten wie Speichel, Blut, Magensaft oder Lymphe (Gewebsflüssigkeit). Es wird für die Wärmeregulation (Schwitzen) und den Transport von Nährstoffen, Stoffwechselendprodukten und Atemgasen benötigt. Ebenso brauchen wir Wasser für alle chemischen Reaktionen im menschlichen Körper.[99] Der Körper scheidet ständig Flüssigkeit aus, über die Haut (Schweiß), den Darm (Stuhl), die Nieren (Urin) und über die Atmung. Diesen natürlichen Flüssigkeitsverlust gilt es durch Essen und Trinken auszugleichen, denn Wassermangel verringert die körperliche und geistige Leistungsfähigkeit.

In Österreich sind wir mit sauberem Trinkwasser gesegnet. Deshalb machen wir uns auch keine Gedanken darüber, was es heißt, keinen Zugang zu sauberem Trinkwasser zu haben. Lt. UNICEF Österreich haben ca. 663 Millionen Menschen kein sauberes Trinkwasser. Neben Durst und Dehydration sind die damit einhergehenden Krankheiten ein permanentes Problem. Vor allem Kinder leiden darunter; ca. 1.000 sterben weltweit pro Tag an Durchfallerkrankungen.[100]

Neben dem Was ist für Läufer auch das Wie ein großes Thema: welche Menge in welchem Zeitraum, vor, nach und/oder während der Belastung. Die herkömmliche Trainingslehre lautet etwa so: Trinken, bevor sich ein Durstgefühl einstellt, am besten so viel und so oft wie möglich. Nur so kann man Dehydrierung verhindern. Tritt das Durstgefühl einmal auf, ist es laut gängiger Lehrmeinung schon zu spät. Denn bei einem Wassermangel droht eine verminderte geistige und körperliche Leistungsfähigkeit. Symptome können Konzentrationsschwäche, Kopfschmerzen, Muskelkrämpfe, Übelkeit bis hin zu Störungen der Gehirnfunktionen sein. Eine akute Dehydration ist ein lebensbedrohlicher Zustand: Wird der Wasserverlust nicht ausgeglichen, tritt der Tod ein.[99/108] Ab wann ein Flüssigkeitsmangel diese Symptome bewirkt bzw. den Tod zur Folge hat, ist individuell verschieden und hängt von verschiedenen Faktoren ab, wie z. B. Alter, Umweltbedingungen, körperlicher Aktivität oder Trainingszustand.

Die Standardangaben in Liter (Frauen benötigen ca. zwei Liter Wasser am Tag, Männer ca. zweieinhalb Liter, Leistungssportler drei bis dreieinhalb Liter, jeweils im Ruhezustand) sind nicht mehr zeitgemäß, da die eben genannten Faktoren dabei nicht berücksichtigt werden. Auch ist die Zeitspanne nicht maßgeblich, in der ein Flüssigkeitsmangel auftritt. Viel wichtiger ist der Wasserverlust in Relation zum Körpergewicht und den Umweltbedingungen.[101] Dies lässt sich anhand folgenden Beispiels erläutern: Eine Stunde starke körperliche Aktivität im Hochsommer in der prallen Sonne hat einen stärkeren Wasserverlust durch Schwitzen zur Folge, als wenn dieselbe Person eine Stunde in einem klimatisierten Büro sitzt.

Als Anhaltspunkte können nachfolgende Werte herangezogen werden:[99/101] *(Quelle: Deutsche Gesellschaft für Ernährung)*

- Wasserverlust von 0,5 % bis 3 % des Körpergewichtes: Auftreten von Durstgefühl, Verminderung der Konzentrationsfähigkeit
- Wasserverlust von 3 % bis 5 % des Körpergewichtes: Kopfschmerzen und Mundtrockenheit, Verminderung von Speichel- und Harnproduktion, sowohl körperliche als auch geistige Leistungsfähigkeit sind vermindert.
- Wasserverlust ab 5 % des Körpergewichtes: Herz-Kreislauf-Beschwerden, Herzfrequenz und Blutdruck steigen an, geschwollene Zunge, Schluckbeschwerden
- Wasserverlust ab 6 % des Körpergewichtes: Auftreten von erhöhter Körpertemperatur bis zu Fieber
- Wasserverlust ab 8 % des Körpergewichtes: Übelkeit und Schwindelgefühl
- Wasserverlust ab 12 % des Körpergewichtes: geistige Leistungsfähigkeit rapide herabgesetzt, starke Verwirrungszustände
- Wasserverlust ab 14 % des Körpergewichtes: drohender Kreislaufkollaps
- Wasserverlust von 15 % bis 20 % des Körpergewichtes: Bei diesem Prozentsatz an Wasserverlust tritt im Normalfall der Tod durch Herzversagen ein.

Diesen möglichen Folgen eines Wassermangels ist vermutlich das Credo vieler Läufer (und anderer Ausdauersportler) geschuldet, so viel zu trinken wie möglich. Einige Sportwissenschaftler und Leistungsdiagnostiker empfehlen daher schon bei Belastungen, die länger als eine Stunde dauern, auf ausreichende Wasserzufuhr während der Aktivität zu achten. Entgegen der Meinung, dass man bereits vor dem Auftreten des Durstempfindens unbedingt trinken muss, möchte ich darauf hinweisen, dass uns das Durstgefühl im Laufe der Evolution sehr gute Dienste geleistet hat. Es wird wohl einen bestimmten Grund geben, warum man ein Durstgefühl empfindet. Unser Körper kann darüber hinaus mit einer gewissen Dehydrierung umgehen, auch unter hoher Belastung.

Auch die oft angegebenen idealen Trinkmengen können unter der Belastung beim Laufen nur sehr schwer bis gar nicht eingehalten werden. Es muss außerdem bedacht werden, dass solche Angaben nur Richtwerte sind und immer individuellen Schwankungen unterliegen – und diese können von Läufer zu Läufer beträchtlich sein. Viel sinnvoller als die sture Einhaltung von Trinkvorgaben von jemandem, der Sie gar nicht kennt, ist es, seinen auf die persönlichen Bedürfnisse unter bestimmten Belastungen abgestimmten eigenen Rhythmus beim Trinken zu entwickeln.

Zuviel trinken – ist das auch möglich?

Manche Menschen und insbesondere Sportler scheinen in puncto Trinken der Ansicht zu sein, je mehr, desto besser. Allerdings birgt eine zu große Wasserzufuhr tatsächlich Gefahren: Durch übermäßige Wasseraufnahme sinkt der Natriumgehalt im Blut durch den Verdünnungseffekt ab (Hyponatriämie). Der Wasseranteil steigt, gleichzeitig sinkt die Konzentration von Salzen (Natrium). Die Natriumkonzentration im umgebenden Gewebe bleibt jedoch konstant. Diesen Unterschied will der Körper ausgleichen, Wasser wird in die Zellen des umliegenden Gewebes und der Organe geleitet. Die Folge davon ist ein Anschwellen der Zellen, je nach Konzentrationsgefälle, Fassungsvermögen und Umgebung können diese auch platzen. Es kann zu Herzrhythmusstörungen kommen, die Lunge kann sich mit Wasser füllen. Die Urinausscheidung wird stark reduziert, um ein weiteres Absinken der Salzkonzentration zu verhindern. Für das Gehirn ist die übermäßige Wasseraufnahme besonders gefährlich, denn der Schädelknochen lässt kaum Platz zum Ausdehnen. Ein Hirnödem (Schwellung des Gehirns durch Flüssigkeitseinlagerung) durch die Zunahme von Volumen und Druck kann entstehen. Ein Hirnödem – egal ob an bestimmten Stellen im Gehirn oder im gesamten Hirn – verursacht Kopfschmerzen, Schwindel, Erbrechen und/oder Krämpfe. In Extremfällen kann dies auch zum Tod führen.[104] So geschah es etwa 2015 beim Ironman in Frankfurt: Ein 30-jähriger Athlet verstarb drei Tage nach dem Rennen an einer Hirnschwellung infolge einer Wasservergiftung.[102] In der Geschichte des London-Marathons gab es bisher 14 Todesfälle durch Hyponatriämie.[103]

Zusammenfassend kann gesagt werden, dass gesunde erwachsene Menschen sich nicht dazu zwingen müssen, mehr zu trinken, als ihnen ihr evolutionär bewährtes biologisches Durstgefühl signalisiert. Die Mehrmenge, die durch körperliche Aktivität notwendig wird, ist sehr individuell. Hier sind wieder Sie selbst gefragt – und nicht fragwürdige Empfehlungen von Trinkberatern aus dem Internet, Apps, die in regelmäßigen Abständen ans Trinken erinnern oder Vorgaben für Profisportler, an deren Leistungsniveau ohnehin nur die wenigsten herankommen.

Sportgetränke

Heutzutage gibt es für jede Sportart das richtige Getränk, basierend auf den neuesten wissenschaftlichen Erkenntnissen. All die bunten Flaschen und Dosen versprechen wahre Wunderdinge, wenn man sie nur trinkt – und kauft. Die meisten hochgelobten und lautstark beworbenen sogenannten Sportgetränke beinhalten viel zu viel Zucker und chemische Zusatzstoffe. Sie sind außerdem teuer und der Nutzen liegt meist nur beim Hersteller dieser Getränke. Bei all den Versprechen der Werbeindustrie sollte man sich immer eines vor Augen halten: Menschen erbrachten auch schon Spitzenleistungen, als es noch keine speziell abgestimmten Getränke gab. Dies wird von den diversen Getränkeherstellern geflissentlich verschwiegen.

Wichtig bei lang andauernden Belastungen, die mit einem hohen Flüssigkeitsverlust einhergehen, ist, den Wasser-Elektrolyt-Haushalt einigermaßen im Gleichgewicht zu halten. Dies ist durch Getränke mit der richtigen Natriumkonzentration (ca. 400 bis 600 mg Natrium/Liter) möglich. Reines Leitungswasser allein erfüllt diese Anforderungen nicht, deswegen muss man allerdings nicht zu teuren Sportgetränken greifen. Laut dem Arzt und Läufer Dr. Matthias Marquardt lautet das Rezept für das einfachste und günstigste Sportgetränk überhaupt wie folgt: Leitungswasser, eine Prise Salz dazu. Fertig. Eventuell noch ein wenig Zitronensaft, um den Salzgeschmack zu überdecken.[105]

Es muss auch kein teures Himalaya-Salz sein. Dieses als Wundermittel gepriesene Salz ist zu etwa 98 % ident mit unserem heimischen Salz. Laut der deutschen Verbraucherzentrale bekommt der Käufer bei vielen Marken für den fünf- bis zehnfachen Preis ein Produkt, das gegen das Verbot der irreführenden Werbung sowie gegen die Regelung zu nährwertbezogenen Angaben verstößt. Zudem kommt der Großteil des Salzes nicht aus dem Himalaya, sondern aus Pakistan (Karakorum) – weswegen der deutsche Bundesgerichtshof in einem Urteil vom 31.03.2016 auch festgehalten hat, dass „ein Anbieter nicht mit der Aussage *Salz aus der Region des Himalaya* werben darf".[106]

Sehr oft geht man bei Empfehlungen zum Trinkverhalten auch von Annahmen aus, die auf den Durchschnittsläufer gar nicht zutreffen. Wer zwei- bis dreimal pro Woche oder auch täglich eine Stunde läuft, muss sich über Dinge wie Flüssigkeitszufuhr, Magenentleerungsrate, Wasserabsorption im Dünndarm, Wasser-Elektrolyt-Haushalt und Natriumkonzentration keine Gedanken machen. Selbst bei einem Zweistundenlauf ist es nicht unbedingt erforderlich, etwas zu trinken. Es kommt vor allem auf die von Mensch zu Mensch sehr unterschiedlichen körperlichen Voraussetzungen, den persönlichen Trainingszustand und die Umweltbedingungen an. Während es Läufer gibt, die selbst im Sommer nach zwei Stunden Laufen ohne zu trinken noch keine Leistungseinbußen haben, quält andere hingegen nach einer halben Stunde in der prallen Sonne schon der Durst, und die Schritte werden zunehmend schwerer. Eine Gewöhnung an die Hitze und den Flüssigkeitsmangel durch regelmäßiges Training ist bis zu einem gewissen Grad möglich, doch völlig ausschalten kann man die individuellen körperlichen Gegebenheiten nicht.

Eine allgemeingültige Empfehlung zu geben ist schwierig. Die nachfolgenden Angaben kann man als grobe Anhaltspunkte für das eigene Trinkverhalten heranziehen. Mit zunehmender Erfahrung wird/sollte jeder Läufer seine individuellen Trinkgewohnheiten ausbilden.

Vor langen Belastungen wie z. B. einem Marathon sollte man am Vortag schon ausreichend trinken, es sollte den ganzen Tag über kein starkes Durstgefühl auftreten. Ca. eine Stunde vor dem Start empfehle ich, noch einmal eine größere Menge zu trinken, um seine

Flüssigkeitsspeicher zu füllen. Ich spreche hier von einer Menge von ca. 0,25 l bis max. 0,5 l, es ist nicht nötig und auch kontraproduktiv, sich mit einem aufgeblähten Bauch an den Start zu stellen. Während der Belastung, auch bei anspruchsvollen Umweltbedingungen (etwa große Hitze oder Kälte), sollte man nicht mehr als einen Liter Flüssigkeit pro Stunde trinken (im Schnitt nimmt der Darm 500-800 ml Wasser pro Stunde auf), denn mehr kann der Körper kaum absorbieren.[107] Kurz nach der Belastung sollte man so viel trinken, bis das Durstgefühl verschwunden ist. Allerdings erfordert dies ein wenig Selbstdisziplin und Kenntnis des eigenen Körpers. Des Öfteren kann man Läufer beobachten, die sich nach einem Lauf Unmengen von Getränken in einem kurzen Zeitraum „hineinschütten". Dass alkoholische Getränke kurz vor, während und unmittelbar nach einem Lauf ein absolutes No-Go sind, ist hoffentlich selbstverständlich.

Superfood und Nahrungsergänzungsmittel

Neben dem Überangebot an herkömmlichen Nahrungsmitteln sind seit geraumer Zeit Nahrungsergänzungsmittel und vor allem die sogenannten Superfoods in aller Munde. In bunten Hochglanzbroschüren und Werbeeinschaltungen wird beschrieben, welch geradezu unglaublichen Leistungssteigerungen mit diesen Wundermitteln möglich sind. Bei näherer Betrachtung relativieren sich jedoch viele dieser Versprechen. Es mag schon stimmen, dass sowohl Superfoods als auch Nahrungsergänzungsmittel positive Wirkungen auf den Körper haben, doch erliegen wir hier wieder der Wunschvorstellung, dass ein einziges Mittel allein uns gesund und leistungsfähig macht. So wie eine Tablette, einfach schlucken und fertig. Auch das Wort „Ergänzung“ weist schon darauf hin, dass hier zusätzlich/ergänzend etwas zugeführt wird, und nicht nur das allein selig macht.

Solche exotischen Nahrungsmittel sind Luxusartikel, die wir uns leisten können, die jedoch eigentlich nicht notwendig sind, da es auch in unseren Breitengraden genug „Superfoods“ gibt. So etwa können Läufer die viel gepriesenen Chiasamen durch Leinsamen ersetzen. Inhaltsstoffe und Wirkungen sind sehr ähnlich, einzig im Preis unterscheiden sie sich deutlich: Leinsamen sind um einiges günstiger. Einige weitere heimische „Superfoods“ und ihre exotischen Pendants: [109/110/111]

- Heidelbeere, Aroniabeere, Sanddorn und Himbeere statt Gojibeere und Açaíbeeren
- Walnüsse statt Cashews
- Löwenzahn statt Moringa
- Grüner Kohl und Brokkoli statt Avocado
- Hafer statt Quinoa

In einigen Fällen ist der Anteil der Inhaltsstoffe in den heimischen Lebensmitteln sogar höher als im exotischen Superfood. So beträgt der Anteil an Omega-3-Fettsäuren in Leinsamen etwa 22 %, in Chiasamen sind es ca. 18 %.[109] Es wird wohl einen Grund geben, warum in verschiedenen Regionen der Erde die unterschiedlichsten Pflanzen und Tiere wachsen und gedeihen. Jene Nahrungsmittel, welche in einer bestimmten Region natürlich vorkommen und die zum Verzehr geeignet sind, beinhalten genau jene Inhaltsstoffe, die Mensch und Tier in dieser Region der Erde benötigen. Auch gilt es bei importierten Lebensmitteln weitere Punkte zu bedenken:[110/111]

- Lange Transportwege bei Lebensmitteln haben immer einen Nährstoffverlust zur Folge.
- Belastung der Lebensmittel mit Pestiziden und Schwermetallen, da die Umweltstandards in den Produktionsländern meist weit unter denen in Europa liegen.
- Soziale und ökologische Auswirkungen in den Produktionsländern.

Exotische Superfoods mögen zwar reizvoll sein, haben aber in den meisten Fällen nicht die erwünschte (Wunder-) Wirkung. Zudem belasten sie den Geldbeutel nicht unerheblich. Es stellt sich außerdem die berechtigte Frage, ob es gesund ist, den Körper mit sogenannten „Wundermitteln" immer auf Höchstleistung trimmen zu wollen (Stichwort Dopingmentalität unserer Gesellschaft).

Exotische Lebensmittel und extravagante Ernährungsstile bieten eine schöne Überleitung zum nächsten Punkt.

„Iss wie ein Armer und du triffst deinen Arzt nur auf dem Golfplatz!"[112] oder auch „Iss wie ein Bauer." – Diese beiden Aussprüche bringen eines unserer Ernährungsprobleme der westlichen Welt sehr schön auf den Punkt: zu viel. Und zwar zu viel von allem. Unsere Gesellschaft lebt nach dem Motto: Immer, viel und wenn möglich auch noch extravagant. Wir sind von Essen umzingelt und können es uns auch leisten, Nahrungsmittel aus allen Teilen der Welt herankarren zu lassen. Vieles von dem, was uns so gut schmeckt, ist nicht dafür geeignet, unseren Körper gesund und leistungsfähig zu halten. Wir unterziehen uns einer regelrechten Zucker- und Kohlenhydratmast mit industriell sehr stark verarbeiteten Nahrungsmitteln. Da wir für unser Essen so wenig wie möglich bezahlen wollen, ist der Preisdruck auf die Erzeuger dementsprechend groß. Infolge dieses Preiskampfs leidet oft die Qualität der Nahrungsmittel, fragwürdige

Inhaltsstoffe wie Geschmacksverstärker, Konservierungsstoffe, Antibiotikarückstände und dergleichen sowie in schöner Gleichmäßigkeit auftretende Lebensmittelskandale sind mittlerweile eher die Regel als die Ausnahme. Zu essen wie ein Armer hat nichts mit Selbstkasteiung zu tun. Viel eher bedeutet dies einfache Gerichte ohne viel Schnickschnack, Verwendung möglichst naturbelassener regionaler Lebensmittel, sooft selbst kochen wie möglich, sich satt zu essen und nicht sich vollzustopfen. Essen liefert Energie. Wenn wir jedoch ständig im Übermaß essen (was mit stark industriell verarbeiteten Nahrungsmitteln sehr leicht möglich ist), benötigt unser Körper für die Verdauung sehr viel Energie, die uns dann anderweitig fehlt (Stichwort „Fressnarkose").

Die Art und Menge unserer Nahrung zu begrenzen hat einige Vorteile. Betrachten wir auch hier die Ernährungsgewohnheiten unserer Urahnen: Egal ob in der Steinzeit, Antike oder im Mittelalter – die Menschen fasteten in der Regel nicht aus gesundheitlichen Gründen so wie wir heute, sondern wegen des nicht ständig vorhandenen Angebotes an Nahrung oder bedingt durch religiöse Vorgaben. Dennoch mussten sie in der Lage gewesen sein, diese gewollten und auch ungewollten Nahrungspausen nicht nur irgendwie zu überstehen, sondern trotzdem ihre alltäglichen Verrichtungen weiter auszuführen.

Das, was wir heute als intermittierendes Fasten kennen, war für unsere Vorfahren bis auf wenige Ausnahmen wohl der normale Essrhythmus. Im Gegensatz zum echten Fasten isst man dabei sehr wohl, aber nur in bestimmten Zeitabständen. Es ist der Wechsel zwischen Nahrungsaufnahme und Nahrungskarenz, der den Organismus entlastet und zugleich auch widerstandsfähiger macht. Ganz im Gegensatz zur Überernährung unserer Wohlstandsgesellschaft. Diese fördert Übergewicht, kardiovaskuläre Erkrankungen

(Krankheiten des Herz-Kreislauf-Systems wie Herzinfarkt, Schlaganfall, Bluthochdruck) und wird allgemein mit erhöhten Krankheits- und Sterberaten in Verbindung gebracht. Von der mangelnden körperlichen Leistungsfähigkeit ganz zu schweigen.

Es gibt mehrere Möglichkeiten, diesen Essrhythmus zu praktizieren. Sie können tageweise fasten (ein oder zwei ganze Tage die Woche) oder Sie dehnen die Pausen zwischen den einzelnen Mahlzeiten aus. In der Literatur[113/114/115/116] werden Nahrungspausen zwischen 12 und 16 Stunden empfohlen. Die Mahlzeiten sollten wenig bis keinen Zucker und eine eher moderate Menge an Kohlenhydraten enthalten, um die Insulin- und Blutzuckerwerte niedrig zu halten. So wird der Körper gezwungen, vermehrt Energie aus der Fettverbrennung zu gewinnen.

Für Menschen, die alle paar Stunden essen oder zwischen den Hauptmahlzeiten zumindest einen (meist hochkalorienhaltigen) Snack benötigen, kann diese Ernährungsform anfangs sehr ungewohnt sein, da der Körper die ständige Zufuhr von Essen gewohnt ist und im Normalfall seine Energie vornehmlich aus Kohlenhydraten gewinnt. In den ersten Tagen wird man sich müde und schlapp fühlen, auch Schwindelanfälle sind möglich, da der Körper weder mengenmäßig noch zeitlich auf seinen gewohnten Brennstoff zurückgreifen kann (sogenannte „Low-Carb-Grippe“). Die Umstellungsphase des Organismus auf diese Art der Nahrungsaufnahme sowie die vermehrte Energiegewinnung aus der Fettverbrennung sind individuell verschieden und auch abhängig von der Art der zugeführten Nahrung (hoher/niedriger Kohlenhydratanteil, hoher/niedriger Fettanteil, etc.). Angegeben wird der Zeitraum der Umstellung in der Regel mit ca. vier bis 14 Tagen.

Wie passen Sport (sprich Laufen), intermittierendes Fasten und reduzierte Kohlenhydrataufnahme zusammen? Entgegen der oft vorgebrachten Befürchtung, dadurch nicht genügend Energie (Kraft, Ausdauer) für lange Läufe zu haben, ist nach erfolgter Umstellung eher das Gegenteil der Fall. Der Organismus wird merklich entlastet und auch widerstandsfähiger. Aus eigener Erfahrung kann ich sagen, dass Heißhungerattacken gänzlich verschwinden. Selbst nach langen Laufeinheiten (3 Stunden und mehr) ist dies der Fall.

Unsere Vorfahren mussten auch Höchstleistungen erbringen, selbst wenn sie nur wenig oder gar nichts zu essen hatten. Das ist etwas, das wir uns in unserer durchgestylten Sportwelt gar nicht vorstellen können und wollen. Aber klappen wir wirklich gleich zusammen, wenn wir uns nicht minutiös an einen komplizierten Ernährungsplan halten? Da die Versorgung weder in früheren Zeiten noch heute in vielen Teilen der Erde regelmäßig gewährleistet war und ist, hat der menschliche Körper eine Strategie entwickelt, um solche Phasen ohne ausreichende Nahrungsaufnahme zu überstehen. Unter den Voraussetzungen, dass ein Mensch gesund ist und genügend Wasser zu Verfügung hat, kann er zwei bis drei Monate ohne Nahrung überleben. Neben der Möglichkeit, sich von allen verfügbaren Nahrungsmitteln zu ernähren, ist dies eine weitere überlebenswichtige Strategie des menschlichen Körpers. Für den Mediziner Joachim Gardemann (Prof. für Humanbiologie und humanitäre Hilfe, Fachhochschule Münster) ist „Hunger keine Krankheit, sondern eine Kompetenz des menschlichen Körpers“.[117] Hungert ein Mensch, wird das Hungerzentrum im Gehirn aktiviert. Sinkt der Blutzuckerspiegel unter ein gewisses Niveau, werden die Nebennieren angeregt, das Stresshormon Adrenalin auszuschütten. Dadurch ist der Mensch in der Lage, alle Kräfte zu aktivieren, um dem Körper wieder Nahrung zuzuführen. Erfolgt dies nicht, entweder weil die Nahrungssuche nicht erfolgreich war oder überhaupt keine Nahrung vorhanden ist, hat das Gehirn eine weitere Möglichkeit, um zu funktionieren. Der

Großteil des Glukoseverbrauchs – etwa 50 % – im menschlichen Körper ist für die Funktionsfähigkeit des Gehirns notwendig. Da der Bedarf unseres Gehirns derart groß ist im Vergleich zur gesamten Körpermasse (das Gehirn beträgt ca. 2 % davon), wird es auch bevorzugt damit versorgt. Um das Gehirn auch während einer Hungerperiode mit Glukose versorgen zu können, wird die Ausschüttung von Insulin gestoppt. Insulin hat u. a. eine gewebsaufbauende Wirkung und ist für den Glukosetransport in die Körperzellen notwendig. Das Fehlen dieses Hormons hat zur Folge, dass Muskeln und Organe nicht mehr mit Glukose versorgt werden und schrumpfen. Hält die Phase des Hungers weiter an, beginnt der Körper damit, seine Energie aus Eiweiß zu gewinnen. Aus dem in den Muskeln gespeicherten Eiweiß (genauer, den Aminosäuren) kann der Körper Glukose herstellen. Dieser Vorgang bewirkt jedoch eine weitere Verringerung der Muskelmasse. Wird weiterhin keine Nahrung zugeführt, stellt der Körper nach etwa 8 bis 10 Tagen seinen Stoffwechsel um. Wesentliche Funktionen werden im Energiesparmodus betrieben, so sinken etwa Herzfrequenz, Blutdruck und Körpertemperatur. Zudem greift der Körper auf seine Fettdepots zurück, um sogenannte Ketonkörper herzustellen. Diese lösen die Glukose als primäre Energiequelle ab. Dieser als Ketose bezeichnete Stoffwechselvorgang ermöglicht erst das Überleben in länger andauernden Hungerperioden. Das Gehirn kann neben Glukose ausschließlich diese Ketonkörper als Energiequelle nutzen. Da es so weniger Glukose benötigt, werden die Eiweißreserven der Muskeln und, noch wichtiger, der Organe, merklich geschont. Doch auch dieser an und für sich geniale Hungerstoffwechsel hat ein Ablaufdatum. Nach maximal drei Monaten ist auch der gesündeste Körper am Ende, und die negativen Folgen des Hungerns verhindern ein Weiterleben. Das Immunsystem wird immer schwächer, verschiedenste Entzündungen breiten sich im Körper aus und der Abbau von Eiweiß aus den Muskeln und Organen schwächt diese zusehends. Wenn eines oder mehrere Organe versagen, stirbt der Mensch.

Diese Art von Hungerstoffwechsel setzt jedoch voraus, dass der Mensch gesund ist und kein Insulin mehr ausgeschüttet wird. Denn nur dann ist es möglich, dass der Körper auf sein Fettdepot zugreifen kann. Sind etwa durch eine Erkrankung viele Entzündungsstoffe im Blut, wird weiterhin Insulin ausgeschüttet. Da der Körper infolgedessen keine Ketonkörper bilden kann, verringert sich der Überlebenszeitraum während einer Hungerperiode auf wenige Wochen.[117]

Ich kann und will hier keine definitive Empfehlung für die eine oder andere Ernährungsweise, unbedingt zu konsumierende Lebensmittel oder das einzig wahre Nahrungsergänzungsmittel abgeben. Die wichtigsten Kriterien bei der Auswahl von Lebensmitteln sollten deren Qualität und die Verträglichkeit für den eigenen Körper sein. Ihrem Körper ist es relativ egal, welcher Ideologie oder welchem Ernährungskonzept Sie anhängen. Ihr Körper signalisiert Ihnen völlig wertfrei, was er braucht und was er verträgt. Diverse Ernährungskonzepte und Diäten können in gewissen Lebenslagen und bei einigen Krankheiten durchaus sinnvoll sein. Allzu strenge Regeln und Diäten sind nach meinem Dafürhalten jedoch keine Grundlage für eine lebenslange gesunde Ernährungsform.

Im Verlauf meiner Läuferkarriere habe ich einige Selbstversuche unternommen: vegetarisch, vegan, Paleo, grüne Smoothies, diverse Shakes, Chiasamen, … Meine grundsätzliche Erkenntnis daraus war, dass ich mit allen unterschiedlichen Ernährungsformen laufen konnte und mich fit fühlte. Was *für mich persönlich* (!) am besten funktioniert, ist ein Ernährungskonzept, das am ehesten in Richtung Paleo/Low Carb geht.

Mein ganz persönlicher Speiseplan beinhaltet eine Mischkost aus tierischen (Fleisch, Eier, Milchprodukte – vor allem Joghurt und Skyr) und pflanzlichen (vor allem Gemüse und Nüsse, eher wenig Obst) Lebensmitteln mit einem geringen Anteil an Getreideprodukten (davon großteils Hafer und Reis) und wenig Zucker (hier vor allem Honig). Wie gesagt, dies funktioniert für mich am besten – das heißt nicht, dass alle anderen mit dieser Ernährungsweise dieselben positiven Erfahrungen machen werden.

Im Gegensatz zu einer stark kohlenhydratbasierten Ernährung, die ich auch einige Zeit praktiziert habe, kann ich mit meinen jetzigen Essgewohnheiten auch Nüchternläufe im Grundlagenausdauerbereich von 3–4 Stunden absolvieren, ohne dass ich währenddessen Hunger leide oder danach Heißhungerattacken erlebe. Leistungseinbußen waren nach einer kurzen Umstellungsphase von etwa 10 Tagen nicht mehr feststellbar, weder bei langen Läufen noch beim Krafttraining. Während meiner „Reich-an-Kohlenhydraten-Ernährungsphase" meldete sich bei langen Läufen ohne Nahrungszufuhr des Öfteren schon während des Laufens der Hunger. Jetzt kann ich das Gegenteil beobachten. Es kommt vor, dass ich selbst Stunden nach einem Lauf noch kein ausgeprägtes Hungergefühl verspüre. Auch Kopfschmerzen, Übelkeit oder allgemeines Unwohlsein, wovon Läufer bei langen Nüchternläufen häufig berichten, sind für mich kein Thema. Allein die Reduktion von Weißmehlprodukten wie Brot und Nudeln sowie von stark zuckerhaltigen Speisen und Getränken (Kuchen, Schokolade, Fertigprodukte, Fast Food, Limonaden, etc.) steigert das Wohlbefinden erheblich. Ich bezeichne meine Essgewohnheiten scherzhaft als die „goldene, aber langweilige Mitte der Ernährungsformen". Wichtig sind mir keine strikten Ge- und Verbote, die man von klar definierten Ernährungsstilen kennt, sondern allein meine körperliche Fitness und dass ich mich gut fühle.

Es gibt Läufer, die Fleisch essen, solche, die Vegetarier sind, und auch einige Veganer. Von der Ernährung auf die Laufleistung schließen zu wollen, ist wohl ein gewagter Versuch und in vielen Fällen auch an den Haaren herbeigezogen. Erinnern wir uns an das, was die Archäologin Alisa Scheibner zum evolutionären Erfolg des Menschen meinte: Seine Anpassungsfähigkeit an die verschiedensten Nahrungsquellen war und ist das Geheimnis des Erfolgs, nicht die Spezialisierung auf eine einzige Nahrungsquelle bzw. Nahrungsmittelgruppe.

Für die jeweilige Laufleistung spielen noch viele andere Faktoren wie Trainingszustand, Alter, körperliche Voraussetzungen, persönliche Verfassung, etc. eine wichtige Rolle. Auch hier gilt, wie in allen anderen Bereichen Ihres (Läufer-)Lebens: Machen Sie Ihre eigenen Erfahrungen, lassen Sie sich nichts von modernen Marktschreiern, selbsternannten Ernährungspäpsten und gewitzten Werbestrategen einreden. Gar nicht so selten führen jene Konzepte zum Erfolg, die einem beim ersten Mal Hören völlig unspektakulär vorkommen.

Zucker, Rauchen, Alkohol – Gewohnheiten als Risiko

Neben grundsätzlichen Aspekten, wie Sie Ihre Ernährung positiv gestalten können, sollen auch einem „Übeltäter" einige Seiten gewidmet werden, von dem Sie weitestgehend besser die Finger lassen: dem Zucker. Zusätzlich möchte ich in diesem Kapitel zwei Punkte behandeln, obwohl sie mit Ernährung nichts zu tun haben – Zigaretten und Alkohol. Sie sind in unserer Gesellschaft weit verbreitet, gelten geradezu als normal und unterliegen wie das Essen sehr oft einer täglichen Regelmäßigkeit. Ist beim Thema Rauchen in den letzten Jahren vor allem bei jungen Menschen ein Umdenken zu beobachten, so ist Alkohol ein Dauerthema mit ungebrochen hohen Konsumations- und Absatzzahlen. Was diese beiden Suchtmittel jedoch auch bei „moderatem“ Konsum anrichten können, ist den meisten Menschen nicht bewusst.

Zucker

„Zucker macht dick und krank.“[119] Das schrieb der Physiologe und Ernährungswissenschaftler John Yudkin schon 1972 in seinem Buch *Pur, weiß und tödlich.* Der amerikanische Kinderarzt und Adipositas-Experte Robert Lustig meint sogar „Zucker ist Gift“.[120/121] Doch was veranlasste diese beiden Männer (und nicht nur sie) zu solch rigiden Aussagen?

Wenn man von Zucker spricht, so gilt es zu unterscheiden zwischen dem Kohlenhydrat Zucker, das natürlich in Lebensmitteln vorkommt, und dem isolierten und raffinierten Fabrikszucker. Für die Aufnahme und Verarbeitung von natürlich in Pflanzen vorkommendem Zucker ist unser Körper bestens ausgelegt, treten diese Kohlenhydrate doch im Zusammenspiel mit u. a. Vitaminen, Mineralien und Ballaststoffen auf. Im Gegensatz dazu steht der Fabriks- oder Haushaltszucker, der ein reines Isolat ist. Die Wirkung auf unseren Körper ist eine gänzlich andere.[122]

Vor allem in Verbindung mit Fett können bei einer einzigen Mahlzeit Unmengen von Zucker aufgenommen werden, die man mit natürlichen Lebensmitteln nicht zu sich nehmen würde. Reines Fett schmeckt nicht wirklich, auch puren Haushaltszucker essen die wenigsten. Mischt man in einem Produkt jedoch Fett und Zucker in einem bestimmten Verhältnis (nach unterschiedlichen Angaben ca. 40 zu 60 %) und „veredelt" dieses mit allerlei Geschmacksverstärkern, so ergibt das für viele Menschen eine geradezu unwiderstehliche Kombination. Die begehrtesten und damit am meisten verkauften industriell hergestellten Produkte weisen genau dieses aus gesundheitlicher Sicht unheilvolle Fett-Zucker-Verhältnis auf.[123] Bei den meisten verpackten Produkten wie z. B. Fertiggerichten, Keksen, Kuchen, Schokolade, etc. kaschiert Zucker den Fettgeschmack, im Gegenzug verhindert Fett, dass ein Produkt als zu süß empfunden wird. Obwohl wir wissen, dass diese süß-cremige Kombination auf keinen Fall gesund ist, wird sie in allen möglichen Variationen und Geschmacksrichtungen in schier unglaublichen Mengen gekauft und gegessen. Auch die heute bekannten negativen Auswirkungen eines zu hohen und langandauernden Fabrikzuckerkonsums, verstärkt durch den hohen Verzehr von Weißmehlprodukten, bremsen uns nicht ein.

Folgen übermäßigen Zuckerkonsums können sein:[122/124/125]

- Karies: Zerstörung der Zahnsubstanz durch Säuren von Bakterien
- Beeinflussung des Vitaminhaushaltes („Vitamin-B-Räuber"): Störung des Kohlenhydratstoffwechsels durch zu wenig Vitamin B1. Symptome sind Müdigkeit, Leistungsschwäche und depressive Verstimmungen.
- Arteriosklerose bzw. Herzinfarkt
- Diabetes
- Fettsucht (Adipositas)
- Magengeschwüre
- Leberschäden

- Krebs
- Hypoglykämie (Blutunterzucker): kurzzeitige überreizte Hyperaktivität, danach jedoch Konzentrationsschwäche, emotionale Instabilität, Verhaltensstörungen und Lernschwäche

Der Pro-Kopf-Zuckerkonsum in Österreich wird mit durchschnittlich 33,40 kg pro Jahr angegeben (Stand 2016/17).[118] Dass der Großteil der Bevölkerung trotz der negativen Folgen nicht die Finger vom Süßen lassen kann, hat zwar auch mit Disziplinlosigkeit zu tun, jedoch viel mehr mit biochemischen Vorgängen im Gehirn. Wir leben in einer sehr sicheren Phase der menschlichen Entwicklung: ausreichend Nahrung, medizinische Versorgung, hohe hygienische Standards und Frieden. Dennoch scheint es vielen Menschen an etwas zu mangeln. Diesem Mangel versucht man mit allerlei „Ersatzstoffen" Abhilfe zu schaffen. Zucker ist für viele Menschen solch ein idealer Ersatzstoff. Dabei wirkt übermäßiger Zuckerkonsum sich nicht nur nachteilig auf den Körper aus, sondern auch auf das Gehirn. Industriell hergestellte Nahrungsmittel enthalten grundsätzlich Zucker (auch salzige), daher könnte man auch zu dem Schluss kommen, dass die westliche Welt zuckersüchtig sei. Deswegen wird Industriezucker mitunter auch als „Haushaltsdroge" bezeichnet.[125] Zuckersucht gibt es offiziell nicht, und doch sind viele Menschen der westlichen Welt davon betroffen.

Da stark gezuckerte Lebensmittel leichter und billiger zu erwerben sind als andere Suchtmittel, können diese auch ein größeres Risiko darstellen. Süchtig machende Stoffe täuschen dem Gehirn vor, dass ein Mangel behoben wurde – wenn auch nur für kurze Zeit. Das Gehirn lernt sozusagen, dass diese Substanz – in Ermangelung anderer Möglichkeiten – die Lösung zur Behebung des vorherrschenden Mangels ist.

Es ist schwierig, Süchten aller Art mit rationalen Überlegungen, moralischen Forderungen oder gar Strafen beizukommen. Nur den süchtig machenden Stoff zu vermeiden, heilt nicht die Sucht an sich. Sucht endet erst dort, wenn der einst heiß begehrte Stoff kein Verlangen mehr auslöst, weil der zugrundeliegende Mangel behoben wurde.

Unsere Gehirnchemie wird nämlich nicht nur durch Ernährung beeinflusst. Auch Erinnerungen, Glaubenssätze und vor allem soziale Erfahrungen beeinflussen diese maßgeblich. Je nachdem welcher Art diese sind, steigt oder sinkt der Serotoninspiegel im Gehirn. Dies ist zugleich Fluch und Segen.

So wie unser Gehirn lernt, dass z. B. Zucker die Lösung für einen Mangel ist, so kann es auch lernen, den Zustand der Erlösung durch einen anderen Stoff oder eine andere Handlung herbeizuführen. Bewegung in all seinen Facetten ist so eine Tätigkeit, die dem Gehirn dies vermitteln kann. Wenn ich davon überzeugt bin, dass Laufen gesund ist (Glaubenssatz), ich auf positive Erfahrungen zurückgreifen kann (Erinnerungen) und die soziale Interaktion großteils positiv ausfällt (Anerkennung, Sicherheit durch Mitgliedschaft in der „Herde" der Läufer), brauche ich keinen „Stoff" von außen mehr zuführen.

Generell ist anzumerken, dass es nicht notwendig ist, zusätzlich Zucker in unsere Ernährung einzubauen. Jahrtausendelang überlebte die Menschheit ohne zusätzlichen Zucker. Erst in jüngster Zeit hat Industriezucker massiv Einzug in unsere Ernährung gehalten. Mit der gleichzeitigen pauschalen Verteufelung von Fett erleichterte dies den heutigen „Erfolg" der ernährungsbedingten Zivilisationskrankheiten. Wie wenig Augenmaß wir dabei an den Tag legen, sei am Beispiel der gesättigten Fette/Fettsäuren angeführt. Diese waren immer schon Bestandteil der menschlichen Ernährung, vor allem in der „Prä-Zucker-Zeit". Heutzutage müsse man diese allerdings wie der Teufel das Weihwasser meiden, dabei sind sie selbst in der Muttermilch zu finden.[121] Und mir ist niemand bekannt, der die Meinung vertritt, dass Muttermilch schlecht für Babys ist.

Im Sinne Ihrer Gesundheit und Leistungsfähigkeit rate ich Ihnen zu einer Verminderung Ihres Zuckerkonsums. Wenn Ihr Körper nicht darauf gedrillt ist, seine Energie vornehmlich aus Zucker und stark verarbeiteten Kohlenhydraten zu beziehen, müssen Sie sich zum Laufen auch nicht extra Zucker zuführen. Wie schon erwähnt, ist unser Körper in der Lage, aus allen möglichen Nahrungsmitteln Energie zu gewinnen – wenn wir es ihm nicht durch eine zu einseitige Ernährungsweise abgewöhnen. Den Körper mit einer speziellen Ernährung bzw. Diät hochzuzüchten ist nicht sinnvoll und kann auch kontraproduktiv sein. Je einseitiger eine Ernährungsform ist, desto höher ist das Risiko einer Fehl- oder Mangelernährung. Die Gefahr ist z. B. für Läufer sehr groß, dass bei Laufveranstaltungen – vor allem im Ausland – nicht das gewünschte und gewohnte Essen zur Verfügung steht. Neben der psychischen Belastung, nicht „das Richtige“ essen zu können, revoltiert möglicherweise auch ihr Körper oder streikt gar. In Extremfällen ist die Teilnahme an einem Lauf deswegen nicht mehr möglich.

Die lange Zeit hysterische Pauschal-Verdammung aller Fette weicht heute immer mehr der Erkenntnis, dass diese für eine ausgeglichene Ernährung absolut notwendig sind. Denn trotz der Reduzierung von Fett in den letzten Jahren wurden die Menschen immer dicker. Die Ursache liegt in einem erhöhten Insulinspiegel durch die Störung des (Kohlenhydrat-) Stoffwechsels. Durch einen hohen Anteil von Kohlenhydraten (Einfachzucker) in der Ernährung kann sich eine pathologische (krankhafte) Insulinsekretion ausbilden, die zu vielen gesundheitlichen Problemen und Wechselwirkungen mit dem Fettstoffwechsel führt.[92] Zucker sollte so wie Salz wie ein Gewürz verwendet werden, nicht wie ein Hauptnahrungsmittel.

Um ihr Image aufzupolieren, hat es sich mittlerweile eingebürgert, dass Firmen bei diversen Sportveranstaltungen als Sponsoren fungieren, die man dort nicht erwartet hätte. Leuchtet es ein, dass sich Sportartikelhersteller stark einbringen, fragt man sich jedoch, was ein Hersteller von Softdrinks mit seinem Engagement bezwecken will. Die Firma Coca Cola fördert weltweit Sportveranstaltungen, um ihren Ruf als gesundheitsschädlicher Dickmacher zu revidieren.

Wie hoch der Werbeetat für solche Art von Werbung ist, belegt eine Aussage des damaligen Präsidenten von Coca Cola, Muhtar Kent, aus dem Jahr 2015: Der Konzern habe seit 2010 insgesamt rund 120 Millionen US-Dollar an verschiedenste Organisationen und Wissenschaftler gespendet.[126]

Wenn man bedenkt, dass ein hoher Zuckerkonsum u. a. mit Diabetes, Adipositas, Bluthochdruck bis hin zu Krebserkrankungen in Verbindung gebracht wird, hätte man mit diesem Geld wahrlich Sinnvolleres anstellen können. Daher sollte sich jeder Läufer ruhig die Frage stellen, ob Traubenzucker als Energiespender zwischendurch, der Becher Cola für die letzten Kilometer beim Marathon oder zuckerreiche Energieriegel für die Verpflegung während eines Laufes zwingend notwendig sind. Was es heutzutage für Läufermägen alles zu kaufen gibt, gab es bis vor einigen Jahren noch gar nicht. Gelaufen wurde trotzdem.

Qualität der heutigen Lebensmittel

Prinzipiell ist anzumerken, dass die Qualität der heutigen Lebensmittel mit denen unserer Vorfahren nicht zu vergleichen ist, mit denen unserer steinzeitlichen Urahnen schon gar nicht. Nährstoffarme Böden, Monokulturen, Kunstdünger, Massentierhaltung, Gentechnik, Umweltverschmutzungen aller Art, chemische Zusatzstoffe, aufwändige Verarbeitungsprozesse, weite Transportwege und lange Lagerzeiten mindern die Qualität unserer Nahrung erheblich. Nicht nur wegen der eigenen Gesundheit, sondern auch im Sinne der Nachhaltigkeit rate ich zu möglichst naturbelassenen Lebensmitteln, am besten aus Ihrer näheren Umgebung. Wer selbst keine Tiere hält und Obst sowie Gemüse im eigenen Garten pflanzt, sollte Produkte von Bauern, die ökologischen Landbau betreiben, beziehen. Sie tun nicht nur Ihrem Körper etwas Gutes, sondern stärken zugleich die regionale, kleinstrukturierte Landwirtschaft – und schalten nebenbei noch die Zwischenhändler aus, die mit ihrer Preispolitik und den daraus resultierenden Gewinnspannen einen nicht unerheblichen Anteil daran tragen, dass die eigentlichen Produzenten immer weniger Geld für ihre Arbeit bekommen.

Heutzutage hat *alles*, *immer* und dazu noch möglichst *billig* vorhanden zu sein. Der Preis dafür ist die immer weiter sinkende Qualität unserer Nahrungsmittel, dafür steigt der Druck auf die Umwelt immer weiter an. Um gleichbleibende Erträge zu erzielen bzw. diese noch zu steigern, sind immer gravierendere Eingriffe (etwa der verschwenderische Einsatz von Kunstdünger und Gülle) notwendig.

Neben der Verseuchung von Ackerland ist die industrielle Tierhaltung eines der größten Verbrechen der Menschheit. Der Großteil der tierischen Nahrungsmittel in der westlichen Welt kommt aus industrieller Tierhaltung. Anders wären die großen Mengen und der niedrige Preis für Fleisch, Milch und Eier gar nicht möglich. Die negativen gesundheitlichen Auswirkungen von Produkten aus Massentierhaltung betreffen uns alle. Diese können zu massiven lebensmittelinduzierten und oft auch übertragbaren

Krankheiten führen. Man denke etwa an die Schweinegrippe oder die Vogelgrippe. Doch auch unter normalen Umständen auftretende Krankheitserreger, wie etwa Campylobacter (Bakterien, die Fieber, Durchfall, Bauchschmerzen bis hin zu Autoimmunerkrankungen auslösen können), Salmonellen (Durchfallerreger; Symptome können Übelkeit, Durchfall, Fieber, Erbrechen, Kreislaufbeschwerden und Bauchkrämpfe sein) oder Noroviren (hoch ansteckendes Virus; eine Infektion ist anfangs meist mit heftigem Erbrechen und Durchfall verbunden; weitere mögliche Symptome können Bauchschmerzen, Kopfschmerzen, Muskelschmerzen und Mattigkeit sein), fühlen sich unter den Bedingungen der modernen Lebensmittelproduktion sehr wohl.[127] Durch den flächendeckenden nichttherapeutischen Einsatz von Antibiotika in der Massentierhaltung haben Organisationen wie etwa die WHO einen Zusammenhang zwischen diesem und einer zunehmenden Resistenz gegenüber antimikrobiellen Mitteln nachgewiesen. Effizienzsteigerung bedingt also ein erhöhtes Krankheitsrisiko. Gemeint sind hier nicht nur einzelne Krankheitsfälle, sondern auch die Gefahr von Pandemien. Durch die Globalisierung ist eine rasche Ausbreitung solcher Krankheiten in kürzester Zeit möglich.

Was wir essen, beeinflusst nicht nur wesentlich unsere Gesundheit, sondern auch die Gesundheit unseres Heimatplaneten. Viele der negativen Auswirkungen ließen sich durch weniger Bequemlichkeit (ein Dauerthema für uns Menschen!) und mehr eigenständiges Handeln und Denken, wenn schon nicht gänzlich vermeiden, so doch zumindest stark einschränken. *Essen Sie nur die Hälfte und bezahlen Sie dafür das Doppelte.* Dann haben wir eine echte Win-win-Situation: Sie essen nicht zu viel, dafür aber hochwertig, und der Produzent kann mehr Zeit für die Erzeugung seiner dann auch qualitativ höherwertigen Produkte aufwenden, da er angemessen bezahlt wird.

Rauchen

Eigentlich ein absolutes No-Go für einen Läufer. Dass Rauchen schädlich ist, wurde schon in unzähligen Studien und Fallbeispielen bewiesen. Ärzte warnen nicht umsonst vor den gravierenden Gesundheitsschäden des Rauchens, im Zigarettenrauch wurden bisher mehr als 90 krebserregende Stoffe nachgewiesen. Mit Rauchen ist übrigens jede Form von Tabakkonsum gemeint (auch Zigarren, Pfeifen und Wasserpfeifen). Pro Jahr sterben lt. WHO ca. 5 Millionen Menschen an den Folgen des Rauchens, in Österreich sind es ca. 14.000 Menschen. Die Liste an Krankheiten, die das Rauchen auslösen kann, ist ellenlang. Besonders hervorzuheben ist, dass Rauchen einen starken Risikofaktor für eine Vielzahl von Krebserkrankungen darstellt. Dabei steigt das Risiko je früher mit dem Rauchen begonnen wird (Schädigung des heranwachsenden Körpers im Kinder- und Jugendalter), je mehr Zigaretten geraucht werden (Menge) und je länger man raucht (Dauer).[128]

Zusätzlich ist das Rauchen einer der wichtigsten vermeidbaren – also selbst beeinflussbaren – Risikofaktoren bei der Entstehung folgender Krankheiten:[128]

- Herz-Kreislauferkrankungen: Die Schädigungen an den Blutgefäßen können zu Schlaganfall, Herzinfarkt oder einem peripheren arteriellen Verschluss führen. Besonders Letzteres sollte jedem Läufer einen kalten Schauer über den Rücken jagen, denn damit ist das sogenannte Raucherbein gemeint. Im Endstadium dieser Erkrankung wird durch die mangelnde Durchblutung Gewebe zerstört, was im schlimmsten Fall eine Amputation notwendig machen kann.

- Lungen- und Atemwegserkrankungen: Rauchen verursacht verschiedenste Entzündungsreaktionen in den Atemwegen, den Bronchien und der Lunge. Es beeinträchtigt die Lungenfunktion erheblich und führt zu Atembeschwerden und chronischem Husten. Niemand und schon gar nicht Läufer können es gebrauchen, wenn ihnen im wahrsten Sinne des Wortes die Luft ausgeht/wegbleibt.
- Neben einigen anderen Erkrankungen, wie vorzeitiger Hautalterung sowie Zahn- und Zahnfleischerkrankungen, hat Rauchen auch einen großen Einfluss auf die Sexualität: Beim Mann tritt vermehrt die erektile Dysfunktion (Störung der Erektionsfähigkeit durch Mangeldurchblutung des Penis) auf, außerdem nimmt die Fruchtbarkeit der Spermien ab. Frauen sind dem größeren Risiko von Unfruchtbarkeit und Gebärmutterhalskrebs ausgesetzt. In Verbindung mit hormonellen Verhütungsmitteln wie der Pille steigt das Risiko für Herz-Kreislauf-Erkrankungen und Thrombosen an. Während der Schwangerschaft erhöht Rauchen das Risiko für Früh- oder Fehlgeburten, vorzeitigen Blasensprung oder vorzeitige Plazentaablösung. Zudem weisen Neugeborene häufig ein geringeres Geburtsgewicht auf. Auch vermindertes Wachstum und plötzlicher Kindstod treten öfter auf.

Wer trotzdem meint, rauchen zu müssen, soll das tun, muss sich aber bewusst sein, dass er seinen Körper vorsätzlich schädigt – und dafür auch noch bezahlt. Auch der 90-jährige Großvater, der sein ganzes Leben lang geraucht hat, wird bei Diskussionen immer wieder bemüht. Aber nur weil es Menschen gibt, die rauchen und offensichtlich nicht schwer erkranken, heißt das nicht, dass es harmlos oder gesund ist. Wer weiß schon, ob er zu den Glücklichen gehört, die nicht ernsthaft krank werden.

Sportler streben immer nach einer noch höheren Leistungsfähigkeit. Das Rauchen ist ein gewichtiger Risikofaktor, der sowohl die Leistungsfähigkeit als auch die Gesundheit massiv beeinträchtigen kann. Mit dem eingesparten Geld können Sie sich außerdem höherwertige Lebensmittel oder eine bessere Ausrüstung kaufen.

Auch den Satz „Nur weil ich einen Marathon laufe, höre ich nicht auf zu rauchen!" habe ich schon gehört. Betreibt man regelmäßig Bewegung, insbesondere Ausdauersportarten, regelt sich der Ge-/Missbrauch von Drogen aller Art in den meisten Fällen von selbst auf ein verträgliches Maß. Dieser Läufer hat es nicht nur geschafft, den Marathon zu laufen, sondern auch das Rauchen aufzugeben. Die doch sehr störenden Hustenanfälle während und nach längeren Laufeinheiten haben ihn schließlich eines Besseren belehrt.

Alkohol

Ebenso wie das Rauchen ist Alkohol ein Unding für einen Läufer bzw. für jeden Sportler. Immer wieder wird das Bier nach dem Laufen ins Spiel gebracht, um den Elektrolythaushalt auszugleichen. Ich frage mich oft, welche Brauerei diesen Irrglauben in Umlauf gebracht hat. Aber wir glauben das natürlich gerne, da Alkohol ja „Teil unserer Kultur" ist. Empfehlungen für ein Bier nach anstrengender Bewegung beziehen sich ausschließlich (!) auf alkoholfreies Bier, denn Alkohol entzieht dem Körper Elektrolyte. Der praktische Arzt und Sportmediziner Willi Heepe, lange Jahre auch Rennarzt des Berlin Marathons, bezeichnet Alkohol als

„üblen Elektrolyträuber“ und „miserablen Energielieferanten“.[129] Bevor man hier das Für und Wider abwägt und sich erbitterte Diskussionen liefert, möchte ich einige wissenschaftliche Fakten zum Thema Alkohol liefern.

Alkohole sind eine Gruppe chemischer Verbindungen aus Kohlenstoff, Sauerstoff und Wasserstoff. Nachfolgend ist mit Alkohol immer die chemische Substanz Ethanol gemeint. Alkohol entsteht bei der alkoholischen Gärung von Kohlenhydraten. Durch die industrielle Erzeugung ist Alkohol heutzutage die am weitesten verbreitete Droge weltweit.[130] Etwa 3 Millionen Menschen weltweit sterben jährlich an den Folgen des Alkoholkonsums.[133/134]

Alkohol ist sowohl wasser- als auch fettlöslich. Er verteilt sich somit im ganzen Körper.

Die Aufnahme von Alkohol erfolgt im gesamten Verdauungstrakt, beginnend von der Mundschleimhaut bis zum Darm. Die Alkoholaufnahme wird durch Wärme (Glühwein, Grog), Zucker (Liköre) und Kohlenstoffdioxid (Kohlensäure in Sekt) begünstigt, Fett dagegen verlangsamt sie. Das bedeutet aber nicht, dass die Aufnahme verhindert wird, wie manche fälschlich vermuten.

Männer vertragen meist mehr Alkohol als Frauen, da bei Frauen alkoholabbauende Enzyme in geringerem Ausmaß vorhanden sind. Kinder und Jugendliche sollten überhaupt keinen Alkohol trinken, da bereits kleine Mengen drastische Auswirkungen haben können. Die Empfehlung des öffentlichen Gesundheitsportal Österreichs lautet, bis zum 16. Lebensjahr gar keinen Alkohol zu trinken. Da Alkohol in erster Linie ein Nervengift ist, wirkt er sich auf das ganze Nervensystem und hier speziell auf das Gehirn aus:[130/131]

Einfluss von Alkohol (geordnet nach steigendem Blutalkoholspiegel):[130/131]

- Geringe Mengen wirken stimulierend und enthemmend; Erweiterung der Blutgefäße, Gefühl von Wärme, Steigerung von Blutdruck und Puls, Hautrötung.
- Große Mengen wirken hemmend und zunehmend dämpfend/betäubend, Beeinträchtigung des Reaktionsvermögens, verringerte geistige Leistungsfähigkeit bis hin zu einem Blackout, Steigerung der Risikobereitschaft, erhöhte Emotionalität.
- Sprach-, Gleichgewichts- und Koordinationsstörungen, Gereiztheit und aggressives Verhalten, Verhaltensauffälligkeiten.
- Leichte bis schwere Alkoholvergiftung, Erbrechen, Bewusstlosigkeit, alkoholisches Koma. Atmung und Reflexe können ausfallen bis hin zum Multiorganversagen. Ab einer Blutalkoholkonzentration von ca. 4 Promille besteht Lebensgefahr. Die Symptome eines Katers (Kopfschmerzen, Durstgefühl, Übelkeit) sind Folgen einer akuten Alkoholvergiftung.

Da dauerhafter Alkoholkonsum zu schweren gesundheitlichen Schädigungen führen kann, zählt man diese mittlerweile auch zu den Zivilisationskrankheiten. Dazu zählen unter anderem:[130/132]

- Herz-Kreislauferkrankungen
- Schädigung der Leber
- Schädigung des gesamten Nervensystems
- Schädigung des Gehirns (durch jeden Rausch werden Gehirnzellen zerstört)

- Körperlich-psychische Abhängigkeit (in Verbindung mit starken Entzugserscheinungen)
- Darüber hinaus ist Alkohol ein Risikofaktor für bestimmte Krebserkrankungen wie Mund-, Rachen- und Speiseröhrenkrebs, Bauchspeicheldrüsenkrebs, Krebserkrankungen des Magen-Darmtraktes, Leberkrebs und Brustkrebs.
- Dass Alkohol sehr viele Kalorien enthält und somit Übergewicht (ein Risikofaktor für zahlreiche Erkrankungen) bewirken kann, ist angesichts der eben genannten gesundheitlichen Auswirkungen schon fast vernachlässigbar.

Es stellt sich die Frage, ob mäßiger Alkoholkonsum – wie des Öfteren behauptet – auch positive gesundheitliche Auswirkungen hat. Dazu gibt es viele Aussagen, Studien und Bücher, die positive Effekte auf den menschlichen Organismus bescheinigen. Unter Medizinern ist dies jedoch stark umstritten, da sehr oft einzelne Wirkungen aus dem Gesamtzusammenhang gerissen werden und so manche positiven Wirkungen durch andere wieder aufgehoben werden. Die z. B. oft propagierte herzstärkende Wirkung des täglichen Glases Rotwein ließe sich auch mit einem Glas roten Traubensaftes erzielen. Oft sind Hervorhebungen von mäßigem Alkoholkonsum und den damit verbundenen, angeblich positiv zu bewertenden Auswirkungen zum einen wohl mehr eine Rechtfertigung vor sich selbst, um zu trinken, und zum anderen ein geschicktes Marketingargument, um den Absatz anzukurbeln. Denn wissenschaftliche Fakten[130/132/134] sprechen eine andere Sprache. Warum Alkohol im öffentlichen Sprachgebrauch meist nicht als Droge bezeichnet wird, beantwortet Raphael Gaßmann von der deutschen Hauptstelle für Suchtfragen folgendermaßen: Solange man nur illegale Rauschmittel als „Droge“

bezeichne, versichere man der „Alkoholgesellschaft", sie genieße ein kulturell hochgeschätztes Produkt.[133]

Wie auch im Falle von Zucker gibt es beim Alkohol Bestrebungen vonseiten der Produzenten, mit selbst finanzierten Studien ein positives Bild in der Öffentlichkeit zu erzeugen. Diese heben z. B. die gefäß- und herzschützende Wirkung von in Rotwein enthaltenen Antioxidantien bei moderatem Konsum von etwa 0,4 Liter täglich hervor. Die stark erhöhte Krebsgefahr bei regelmäßigem Konsum selbst geringer Mengen Alkohol wird in diesen Studien natürlich nicht erwähnt. Wenn etwas zu schön klingt, um wahr zu sein, sollte man besonders vorsichtig sein. So wurde 2011 bekannt, dass ungefähr zwei Dutzend Studien, die einen positiven Effekt von mäßigem Rotweinkonsum nachwiesen, gefälscht waren. Ein Untersuchungsausschuss der Universität Connecticut kam zu dem Schluss, dass der damalige Leiter des kardiovaskulären Forschungslabors an eben jener Universität in 145 Fällen Forschungsdaten gefälscht oder gleich erfunden hatte.[135]

Vor allem für Sportler stellt sich die Frage nach der Sinnhaftigkeit von Alkoholkonsum aller Art und Menge. Neben den bereits erwähnten negativen Auswirkungen im Körper sollten Sportler noch folgende Nebenwirkungen bedenken:[136/137/138]

- Verschlechterung der Proteinsynthese sowie Veränderung der Hormonreaktionen: Das betrifft die Regeneration der Muskeln. Je nach aufgenommener Alkoholmenge kann die Regeneration selbst nach einigen Tagen noch nicht abgeschlossen sein – die Leistungsfähigkeit sinkt.
- Alkohol entzieht dem Körper Wasser und Salze (Elektrolyte).
- Verminderung der Schlafqualität: geringere Bildung von Wachstumshormonen, darunter leiden Muskelmasse, Knochen und Fettanteil.

- Veränderter Hormonhaushalt: erhöhte Ausschüttung des Stresshormons Cortisol; dies hat eine muskelabbauende Wirkung und hemmt den Fettabbau. Gleichzeitig wird Testosteron, welches u. a. für den Muskelaufbau verantwortlich ist, gesenkt.
- Psychische Auswirkungen: Stimmungsschwankungen, Motivationsverlust

Selbst geringe Mengen von Alkohol sind problematisch. Der Körper erkennt ihn als Gift und versucht, ihn so schnell wie möglich auszuscheiden. Zudem gibt es für Alkohol keine Speichermöglichkeit im menschlichen Körper, er wird daher vorrangig zur Energiegewinnung herangezogen. Bei schweren Alkoholikern ist es oft so, dass sie fast keine feste Nahrung mehr zu sich nehmen und ihren Energiebedarf nur noch über Alkohol decken. Die Folge dieser Mangelernährung ist ein Vitamin-B1-Mangel. Daraus resultieren Hirnschäden, die ohne Behandlung massiv sein können.

Zusammenfassung

Halten wir fest, dass unser Körper mit so ziemlich jeder Art und Menge von Ernährung zurechtkommt und selbst bei ständigen Schädigungen in Form von Alkohol, Nikotin (sowie anderen Drogen) und minderwertigen (oft auch für Menschen gänzlich ungeeigneten) Nahrungsmitteln noch Höchstleistungen erbringt (eigentlich sehr bewundernswert). Zumindest für einige Zeit.

Ständiger Raubbau am Körper richtet diesen zugrunde, beim einen früher, beim anderen später. Wir vergessen sehr oft, dass viele sogenannte Alterserkrankungen auf jahre- bzw. jahrzehntelangem

Missbrauch und Ausbeutung des Körpers beruhen, also nur die Auswirkungen dessen sind, was wir dem Körper über einen langen Zeitraum angetan bzw. vorenthalten haben (Sie erinnern sich noch an die „Verhaltenskrankheiten" von Katy Bowman?). Gesundheit und Leistungsfähigkeit im Alter (auch Laufen) haben ihre Wurzeln in der Jugend. Regelmäßigkeit hat den größten positiven Effekt auf Gesundheit und Leistungsfähigkeit, sowohl bei der Ernährung als auch bei der Bewegung und beim Schlaf. Selbst wenn Sie kein Läufer sind – aber besonders für Läufer – sollte eine ausgewogene, gesunde, möglichst giftfreie Ernährung selbstverständlich sein.

Seien Sie Kindern (egal ob Ihren eigenen oder den Nachbarskindern) ein gutes Vorbild, denn Kinder lernen viel mehr durch Beobachten und Nachahmen als durch kluge Lebensweisheiten, ständige Zurechtweisungen und oberlehrerhafte Ermahnungen. Und wie soll man unsere Kinder zu mehr Bewegung und gesunder Ernährung motivieren, wenn nicht wir Erwachsenen mit gutem Beispiel vorangehen bzw. –laufen?

Zu guter Letzt noch einmal mein Rat: Vertrauen Sie keinen Werbebotschaften (Die wollen etwas verkaufen.), fragwürdigen Studien (Wer hat diese in Auftrag gegeben?) und sogenannten Ernährungspäpsten (Wer hat sie zu solchen gemacht?). Machen Sie sich Ihre eigenen Gedanken, stellen Sie Fragen, probieren Sie alles Mögliche (und Unmögliche) aus, und entscheiden Sie ruhig und überlegt, was für Sie persönlich das Richtige ist.

- Iss wie ein Armer und du triffst deinen Arzt nur auf dem Golfplatz.[112]
- Essen und Trinken Sie nichts, wofür Werbung gemacht wird.[122]
- Essen Sie nur die Hälfte und bezahlen Sie dafür das Doppelte.
- „Der Zucker ist ein Hund!“ (Willi Dungl)
- Wenn schon rauchen, dann sollten das nur ihre Fußsohlen.
- Alkohol: Temporärer Spaß mit permanenten Konsequenzen

Schlaf

Der in unserer Gesellschaft wohl am meisten unterschätzte und vernachlässigte Faktor für Gesundheit und Leistungsfähigkeit ist ausreichender und erholsamer Schlaf. Heute ist es chic (wenn nicht wirklich, so zumindest den Anschein zu erwecken), ständig beschäftigt zu sein und keine Zeit zum Ausruhen oder Schlafen zu haben. Ständig etwas zu tun zu haben, immer ein wenig gehetzt von einem Termin zum nächsten und dazu konsequent übermüdet zu sein, ist quasi der Lifestyle unserer Zeit. Der Ausspruch „Schlafen kann ich am Friedhof noch lange genug" zeigt nur, wie wenig Ahnung wir von diesem lebensnotwendigen Zustand haben. Schlafen muss und tut jeder Mensch. Ausreichender und guter (= erholsamer) Schlaf ist unerlässlich für die körperliche und geistige Gesundheit sowie Leistungsfähigkeit.[139/140]

Übermüdete Menschen sind unkonzentriert, leicht reizbar, machen leichter Fehler bzw. treffen eher fragwürdige Entscheidungen und haben oft schlechte Laune. Darüber hinaus schwächt Schlafmangel das Immunsystem, kann zu Bluthochdruck und Herzrhythmusstörungen führen, begünstigt Übergewicht, Depressionen sowie Angstzustände. Für Sportler und Bewegungshungrige besonders interessant ist, dass durch zu wenig Schlaf die Bildung von u. a. Testosteron herabgesetzt wird. Dieser Botenstoff ist für den Muskelaufbau unerlässlich. Des Weiteren werden auch Bewegungsabläufe und Reaktionszeiten beeinträchtigt. Notwendige Regenerationsprozesse werden nur unzureichend ausgeführt. Zudem steigt die Verletzungsanfälligkeit merklich an.[141/142]

Während wir schlafen, sind die körperliche Aktivität sowie die Wahrnehmung der Umwelt stark reduziert, gleichzeitig verarbeitet unser Gehirn Ereignisse und Vorkommnisse der Wachphase. Schlaf ist eine aktive, strukturierte und komplexe Abfolge von Ereignissen und physiologischen Zuständen. Im Körper laufen dabei verschiedenste Regenerations- und Reparaturprozesse ab. Neben geistiger und körperlicher Fitness zählen sowohl seelische Ausgeglichenheit als auch bessere Organ- und Stoffwechselfunktionen zu den Vorteilen einer erholsamen Nachtruhe. Auch das Immunsystem profitiert von ausreichend Schlaf. Ist die Schlafphase zu kurz, können diese Prozesse nur ungenügend ausgeführt werden.[140/141]

Schlafen ist kein einheitlicher, mehr oder weniger lang andauernder Zustand. Grundsätzlich können zwei Schlafzustände unterschieden werden:[139/140/141]

- **REM-Schlaf**
  REM = Rapid Eye Movement (kurze, schnelle Augenbewegungen). Die Aktivität des Gehirns ist hoch (Phase der intensivsten Träume), körperlich nur minimale Bewegungsabläufe.
- **Non-REM-Schlaf**
  Besteht aus verschiedenen aufeinanderfolgenden Schlafstadien vom Leichtschlaf bis zum Tiefschlaf. Sowohl Bewegungsabläufe als auch Gehirnaktivität sind stark reduziert. Vor allem in der Tiefschlafphase erfolgt die Bildung von Wachstumshormonen aus der Hirnanhangdrüse (Hypophyse).

Diese beiden Schlaf-Zustände wechseln sich in relativ gleichmäßiger Abfolge und in Zyklen von rund 90 Minuten ab.

Schlafstadien

Von den Veränderungen während des Schlafes sind praktisch alle Funktionssysteme des Körpers betroffen: Atmung, Kreislauf, Verdauung, Wärmehaushalt und Hormonregulation. Außerdem ändert sich der Muskeltonus durch Anspannung bzw. Entspannung. Die Körpertemperatur sinkt in der Nacht etwas ab. Auch Puls und Blutdruck sinken im Normalfall während der Schlafphase (außer in der REM-Phase).[140]

- **Schlafstadium N1**
  Auch Einschlafstadium, ist der Übergang vom Wachzustand zum Schlaf. Da das Bewusstsein noch aktiv ist, kann man leicht aufschrecken. Charakteristisch sind auch plötzliche, schnelle Muskelzuckungen.
- **Schlafstadium N2**
  Leichter Schlaf. Im Normalfall ist man nach ca. einer viertel Stunde eingeschlafen. Die Muskulatur entspannt sich merklich. Da das Bewusstsein teilweise noch aktiv ist, kann man aus diesem Stadium noch leicht geweckt werden. Geschieht dies nicht, tritt nach einigen Minuten der Tiefschlaf ein.
- **Schlafstadium N3**
  Tiefschlaf. Diesen nutzt der Körper für zahlreiche Regenerations- und Reparaturprozesse. So werden Gewebeschäden behoben und Schädigungen am Erbgut repariert. Auch die Zellteilung findet in der Tiefschlafphase statt. Bei Kindern und Jugendlichen ist dies die Wachstumsphase. Ein Wecken aus dem Tiefschlaf ist normalerweise nicht mehr so leicht möglich, selbst durch lautere Geräusche nicht. Die Atmung erfolgt langsam und regelmäßig. Die Muskulatur ist entspannt.

- **REM-Schlaf**
  Die Skelettmuskulatur ist bis auf Augen und Gesichtsmuskeln erschlafft. Im Gegensatz dazu ist das Gehirn jedoch aktiv, in dieser Phase träumen wir. Die Atmung ist schnell und meist unregelmäßig. Der Herzschlag sowie der Blutdruck sind erhöht. Der Anteil des REM-Schlafstadiums an der gesamten Schlafenszeit eines Erwachsenen liegt bei ca. 20 %, bei Säuglingen bei ca. 50 %.[141]

Während man schläft, wechseln die Phasen leichter Schlaf, Tiefschlaf und REM-Schlaf sowohl in unterschiedlichen Anteilen als auch in der zeitlichen Abfolge. Nach dem Einschlafen ist die Phase des Tiefschlafes (Non-REM-Schlaf) vorherrschend, in den Morgenstunden überwiegt der REM-Schlaf. U. a. durch die Reaktivierung des Kreislaufes und das Ausschütten von Stresshormonen wird das Ende der Schlafphase eingeleitet und man wacht langsam auf.[140/141]

Schlafmangel

So gut ausreichender und guter Schlaf für uns ist, so gravierend sind die Folgen von (vor allem länger andauerndem) Schlafmangel. Grundsätzlich ist auch festzuhalten, dass es von Mensch zu Mensch sehr unterschiedlich ist, wie viel Schlaf man braucht, um tagsüber ausgeruht und fit zu sein. Die Unterschiede betreffen nicht nur die Schlafmenge und den Schlafrhythmus, sondern auch, ob jemand Frühaufsteher ist oder eher Nachtmensch.

Zeitweiligen Schlafmangel kennt wohl jeder von uns. Berufliche oder private Probleme, Erkrankungen, großer Stress, aber auch die Vorfreude vor einem wichtigen Ereignis (z. B. Reisefieber oder die

Nacht vor einem Marathonlauf) lassen einen schlecht schlafen und bescheren die eine oder andere schlaflose Nacht. Fallen die Stressoren weg, so stellt sich im Normalfall auch der individuell gewohnte Schlafrhythmus wieder ein.

Chronischer Schlafmangel dagegen ist ein Risikofaktor für Erkrankungen aller Art und sollte keinesfalls auf die leichte Schulter genommen werden.

Definition von Schlafmangel (Insomnie)[141]

Mindestens dreimal pro Woche über einen Zeitraum von ein bis drei Monaten kommt es zu Ein- und/oder Durchschlafstörungen oder frühmorgendlichem Erwachen. Die Schlafstörungen rühren dabei nicht von anderen körperlichen oder psychischen Störungen her. Die Folgen des Schlafmangels für die Betroffenen sind die Beeinträchtigung des Befindens und der Leistungsfähigkeit tagsüber, außerdem kann es zu erheblichem Leidensdruck kommen. Eine Insomnie kann akut auftreten und auch wieder abklingen. Unter bestimmten Voraussetzungen kann sich ein chronischer Schlafmangel entwickeln, verursacht durch fehlerhafte Anpassungen auf physischer und/oder psychischer Ebene. Beispiele wären etwa falsche Essgewohnheiten (zu schweres Essen am Abend) oder eine ungesunde Routine vor dem Schlaf (trotz Übermüdung zu lange wach bleiben).

Die beiden häufigsten Schlafprobleme sind zu wenig Schlaf und schlechter Schlaf.[141]

Grundsätzlich unterscheidet man zwei Arten von Insomnie:[141] Bei der primären Insomnie lassen sich keine Ursachen für die Schlaflosigkeit finden (sehr selten). Bei der sekundären Insomnie kann man hingegen konkrete Ursachen identifizieren. Neben körperlichen, psychischen und neurologischen Erkrankungen können dies auch falsche Schlafgewohnheiten und äußere Störfaktoren sein.

Als Hauptursachen für Schlaflosigkeit kommen unter anderem nachfolgende Faktoren infrage:[139/141]

- individuelle Lebensgewohnheiten
- Genussmittel wie Kaffee, Alkohol, Nikotin
- die Schlafumgebung
- Störungen des Schlaf-Wach-Rhythmus (z. B. Schichtarbeit, Jetlag)
- Medikamente (dazu können auch Schlafmittel zählen)
- Herz- und Kreislaufstörungen
- Fibromyalgie-Syndrom (Faser-Muskel-Schmerz)
- Migräne, Kopfschmerzen
- hormonelle Einflüsse (z. B. während der Wechseljahre)
- Schilddrüsenerkrankungen
- Erkrankungen der Nieren und der Prostata, Harndrang
- neurologische Erkrankungen (z. B. Parkinson, Multiple Sklerose)
- Tinnitus
- Burn-Out-Syndrom
- chronisches Erschöpfungssyndrom
- Depressionen, Manien und Angststörungen
- Krebserkrankungen
- Atmungsstörungen wie Schnarchen und Schlafapnoe (nächtliche Atemaussetzer)
- Restless-Legs-Syndrom (ruhelose Beine)
- Parasomnien (nächtliche Ereignisse im Schlaf) wie z. B. Zähneknirschen, Schlafwandeln, Einnässen oder Angstzustände

- Schlafsucht (Narkolepsie). Extremes Schlafbedürfnis tagsüber mit „Schlafattacken“. Mögliche Begleiterscheinungen können auch Muskelerschlaffung/-lähmung und Halluzinationen sein.
- Schwangerschaft

Der normale Schlafrhythmus eines gesunden Menschen folgt dem Wechsel von Tag und Nacht über 24 Stunden (tageszeitlicher Rhythmus). Das (Sonnen-)Licht tagsüber und dessen Fehlen in der Nacht haben direkten Einfluss auf den Schlaf-Wach-Rhythmus. Über die Sehnerven werden die Hell- und Dunkel-Wahrnehmungen an das Gehirn übermittelt. Speziell aufeinander abgestimmte Nervensignale regeln unter anderem das feine Zusammenspiel von Hormonen. Das Hormon Melatonin wird zusammen mit Wachstumshormonen während der Nacht ausgeschüttet – diese begünstigen den Schlaf. Die Konzentration dieser Hormone nimmt in den Morgenstunden ab, dafür steigt das Hormon Cortisol wieder an – der Schlaf endet und man wird wach.[139/140/141]

Den offiziellen Rekord im Wachsein hält der US-Amerikaner Randy Gardner. Im Jahr 1964 unterzog sich der damals 17-jährige diesem Experiment. Gardner war fast 264 Stunden lang ununterbrochen wach – das sind 11 Tage (und Nächte)! Im Jahr 2009 toppte der Brite Tony Wright diesen Rekord um 2 Stunden, er blieb 266 Stunden ununterbrochen wach. Wright gilt jedoch nicht als Rekordhalter, da das Guinness Buch der Rekorde diese Art von Rekorden aus gesundheitlichen Bedenken mittlerweile abgeschafft hat. Für Gardner hatte das unter ärztlicher Aufsicht durchgeführte Experiment keine negativen gesundheitlichen Folgen. Obwohl seine geistige und körperliche Leistungsfähigkeit stark eingeschränkt war – er hatte Gedächtnislücken, Stimmungsschwankungen, starke Halluzinationen und auch der Tastsinn ging ihm vorübergehend verloren – war nach einer 15-stündigen Erholungsnacht wieder alles in Ordnung.[143]

Schlafmangel alleine ist trotz aller bedenklichen Begleiterscheinungen nicht tödlich, wird der Schlafdruck zu groß, schläft man unweigerlich ein. Der Körper holt sich, was er braucht.

Die einzige Ausnahme ist die sogenannte letale familiäre Insomnie, eine sehr seltene neurodegenerative Erkrankung. Durch einen genetischen Defekt beginnt sich das Gehirn (meist im mittleren Lebensalter) zurückzubilden. Betroffen sind auch jene Bereiche, die für den Schlaf-Wach-Rhythmus verantwortlich sind. Daraus resultieren starke Schlafstörungen. Nach Auftreten der ersten Symptome führt diese Erkrankung nach ca. 6 bis 36 Monaten zum Tod. Eine Behandlung gibt es nicht. Diese Krankheit ist tödlich, jedoch nicht wegen des Schlafmangels, sondern aufgrund eines Multiorganversagens.[143/144]

Wie viel Schlaf ist genug?

Eine allgemein gültige Antwort auf die Gretchenfrage in der Schlafforschung ist schwierig, spielen hier doch Faktoren wie Alter, Veranlagung und die individuellen Gewohnheiten eine große Rolle. Auf Grundlage wissenschaftlicher Studien (zu Schlafdauer und Übergewicht sowie Schlafdauer und Lebenserwartung) kann man jedoch einen gewissen Rahmen angeben, was das Schlafpensum betrifft. So ist eine durchschnittliche Schlafdauer von 7 bis 8 Stunden pro Nacht für Erwachsene am effektivsten.[141]

Dies ist jedoch nur ein allgemeiner Richtwert. Wenn Sie mit weniger Schlaf auskommen, ist das in Ordnung. Brauchen Sie mehr, dann ist das eben so. Ausschlaggebend ist, wie Sie sich tagsüber fühlen, ob Sie, von natürlichen Tiefs abgesehen, geistig und körperlich fit sind und genug Energie haben, die Anforderungen Ihres Alltags zu bewältigen.

Grundsätzlich ist festzuhalten, dass wir alle schlafen müssen. Auch wenn hin und wieder versucht wird, das Gegenteil zu beweisen. Von Spezialmatratzen, obskuren Mitteln, spezieller Ernährung bis zu esoterischen Praktiken wird alles angeboten, um besser, weniger oder gar nicht mehr schlafen zu müssen. Hier gilt roßteils dasselbe wie bei allen anderen Heilsversprechen, die zwar teuer sind, aber sonst zu schön klingen, um wahr zu sein. Bevor Sie ihre Geldtasche zücken und viel Geld investieren, sollten sie in Ruhe nachdenken und verschiedene Informationen aus mehreren unterschiedlichen Quellen einholen. Meist gibt es viel einfachere und billigere Lösungen.

Ich möchte auf einige Faktoren, die unseren Schlaf beeinflussen und die wir selbst ändern können, näher eingehen. Krankheiten aller Art, die sich auf Ihre Nachtruhe auswirken, sollten vom Arzt Ihres Vertrauens behandelt werden. Was Sie jedoch selbst im Griff haben (sollten), sind Ihre Lebensgewohnheiten.[141]

- **Alkohol, Nikotin, Koffein**
  Der Konsum von alkoholhaltigen Getränken lässt viele Menschen schneller einschlafen. Legt sich die dämpfende Wirkung des Alkohols während der Nacht, setzen die Entzugserscheinungen ein. Kopfschmerzen, Mundtrockenheit, Schweißausbrüche sowie allgemeine Unruhe sind die Folge. Für Menschen, die Wert auf ihre Gesundheit legen, und insbesondere für Sportler sollte Alkohol ohnehin ein absolutes No-Go sein. Nächtliche Entzugserscheinungen sind jedoch nicht auf Alkohol alleine

beschränkt, auch Nikotin und übermäßiger Koffeinkonsum tagsüber rufen diese hervor. Viel Koffein ist in Kaffee, schwarzem, grünem oder weißem Tee und in diversen Energy Drinks enthalten. Jedoch ist der Koffeingehalt von Cola, Schokolade und einigen Medikamente (wie z. B. Appetitzügler, Mittel gegen Bluthochdruck, Antidepressiva, einige rezeptfreie Erkältungsmittel) auch nicht zu vernachlässigen.

- **Ernährung**
  Kurz vor dem Schlafengehen sollte man nur wenig essen und darauf achten, dass nicht alles für eine angenehme Nachtruhe förderlich ist. Sehr fette Speisen, scharf Gewürztes sowie Unmengen an Nahrung generell fordern die Verdauung auch während der Nachtstunden. Interessant ist, dass Großmutters Glas warme Milch tatsächlich helfen kann, besser zu schlafen. Verantwortlich dafür ist die in der Milch enthaltene schlafanstoßende Aminosäure Tryptophan.[145]
- **Bewegung**
  Dass Bewegung gesund ist, wissen nicht nur Läufer. Auch Schlafforscher bestätigen das. Bei zu wenig Bewegung bewirkt unser natürlicher Bewegungsdrang eine mehr oder weniger stark ausgeprägte unterschwellige Unruhe während der Nachtstunden. Adäquate Bewegung tagsüber wirkt dem entgegen. Doch auch der Zeitpunkt sollte wohl überlegt sein. Einen langen Lauf oder ein Krafttraining bis zur Erschöpfung kurz vor dem Schlafengehen abzuhalten, wird sich in den meisten Fällen negativ auf das Einschlafen auswirken. Der Körper läuft kurz nach einer anstrengenden Bewegungseinheit auf Hochtouren und ist alles andere als auf Schlaf ausgerichtet.

- **Stress**
  Alle Maßnahmen und Vorkehrungen für einen erholsamen Schlaf nützen nichts, wenn die Gedanken ständig kreisen und einen des Nachts nicht zur Ruhe kommen lassen. Hier gilt es, gezielt negative Stressoren auszuschalten. Wer das nicht alleine schafft, sollte sich nicht scheuen, professionelle Hilfe in Anspruch zu nehmen.
- **Schlechte Angewohnheiten**
  Eine Unterdrückung oder Bekämpfung des Schlafbedürfnisses tagsüber mit viel Kaffee, zu langes Wachbleiben am Abend, Computerspiele, die ständige Erreichbarkeit durch das Smartphone und/oder einen Serienmarathon nach dem anderen hinlegen: Neben der Zeit, die auf Kosten des Schlafes geht, haben technische Geräte wie Smartphone, Fernseher und Computerbildschirme noch einen gravierenden Nachteil, wie der Psychotherapeut und Somnologe Dr. Weeß erklärt: „Der Blaulichtanteil der Bildschirme unterdrückt die Produktion des Schlafbotenstoffs Melatonin.“[142]
- **Schlafzimmer**
  Wie Ihr Schlafzimmer eingerichtet ist, hat erheblichen Anteil an der Schlafqualität. Damit ist jedoch nicht nur das Bett mit Matratze, Polster und Decke gemeint. Weitere wichtige Faktoren, die Ihren Schlaf beeinflussen, sind die Raumtemperatur (individuelles Warm-Kalt-Empfinden), Luftzufuhr (Frischluft), Lichtverhältnisse (ein zu heller Schlafraum erschwert das Ein- bzw. Durchschlafen, auch Lichtpunkte durch technische Geräte wie Wecker oder Fernseher können störend wirken) und Lärm (Straßenlärm, der schnarchende Partner, die laute Party in der Nachbarwohnung, etc.).

Was machen wir in unserer Leistungsgesellschaft als erstes, wenn Menschen nicht wie gewollt funktionieren? Richtig – man ändert nichts am Verhalten und den Lebensgewohnheiten, sondern wirft ein paar Mittel ein. Dies gilt auch für den Bereich der Nachtruhe.

Es gibt die Gruppe der frei verkäuflichen Schlaf- und Beruhigungsmittel, die als Teezubereitung, in Tabletten- oder Tropfenform oder auch als Badezusätze Verwendung finden. Sie beinhalten neben einigen chemischen Mitteln vor allem pflanzliche Schlafhilfen. Obwohl allein in Österreich über zwei Millionen Packungen dieser rezeptfreien Schlaf- und Beruhigungsmittel pro Jahr (Stand 2016) verkauft werden, ist deren Wirkung umstritten.[146] Am besten verkaufen sich Mittel mit Extrakten aus Baldrian, Hopfen und Passionsblume, aber auch Allergiemedikamente, die als Nebenwirkung müde machen. Wissenschaftliche Studien, die die Wirksamkeit solcher Schlaf- und Beruhigungsmittel belegen, gibt es meist nicht.

In der Gruppe der rezeptpflichtigen Schlafmittel sind es vor allem beruhigende Substanzen (Tranquilizer) und Medikamente zur Herbeiführung bzw. Unterstützung von Schlaf (Hypnotika), die Verwendung finden. Im Vergleich zu anderen Medikamenten treten zwar vergleichsweise wenige Nebenwirkungen auf, die Gefahr von Abhängigkeit (wichtigste Nebenwirkung!) ist bei dieser Gruppe von Psychopharmaka jedoch im hohen Maße gegeben. Darum sollten sie auch nur für einen kurzen Zeitraum (einige Tage oder Wochen) eingenommen werden. Bei einer längeren Einnahme stellt sich ein Gewöhnungseffekt ein. Wird die Dosis dann (oft selbständig) erhöht, kann dies im Gegensatz zur beabsichtigen Wirkung zu unruhigen Nächten führen. Tagsüber kann es infolgedessen zu allgemeiner Müdigkeit und Benommenheit kommen. Wird das Schlafmittel daraufhin abgesetzt, ist in vielen Fällen die sogenannte Absetzschlaflosigkeit die Folge. Will man dieser mit einem (anderen) Schlafmittel zu Leibe rücken, ist man auf dem besten Weg in eine bedenkliche Abhängigkeitsspirale.[147]

Die Verbindung von Schlaf- und Dopingmitteln

Wenn man so will, sind vor allem rezeptpflichtige Schlafmittel auch eine Form von Doping. Ich meine hier nicht eine diagnostizierte Erkrankung und damit verbundene ärztlich verordnete Präparate, sondern Schlaflosigkeit infolge unseres Verhaltens und unserer Lebensgewohnheiten. Es ist natürlich leichter, ein Medikament einzunehmen, als an seinem Verhalten etwas zu ändern. Tagsüber leistungssteigernde Mittel, um im Beruf und beim Sport optimal zu funktionieren, nachts ein Schlafmittel, um die wenigen Stunden, die man im Bett verbringt, so effektiv wie möglich zu nutzen. Leistungssteigerung und Effektivität um jeden Preis lautet die gängige Maxime. Dies hat auch für den Schlaf zu gelten.

Dabei gibt es einiges zu beachten und gegebenenfalls zu ändern, bevor man zu Schlaftabletten greift:[141]

- Fixe Einschlaf- und Aufstehzeiten stärken den Schlaf-Wach-Rhythmus.
- Regelmäßige Bewegung tagsüber. Anstrengende schweißtreibende Sporteinheiten nicht am Abend/unmittelbar vor dem Schlafengehen absolvieren. Ein gemütlicher Abendspaziergang oder ein lockerer Lauf entfaltet jedoch eine entspannende Wirkung.
- Am Abend nicht zu viel und/oder zu scharf essen (u. a. Gefahr von Sodbrennen, Völlegefühl).

- Am späten Nachmittag und am Abend keine Getränke wie Kaffee, Tee (schwarzer, weißer und grüner Tee), Cola oder andere koffeinhaltige Lebensmittel konsumieren.
- Kein Alkohol und kein Nikotin. Alkohol nicht als Schlaftrunk einsetzen, die nervenschädigende Wirkung des Alkohols verkürzt die Tiefschlafanteile. Zudem kann die REM-Schlafphase sehr unruhig verlaufen und von Albträumen begleitet sein.
- Entspannung vor dem Schlafengehen: statt langem Fernsehen, Diskussionen, Streitgesprächen und sich türmenden Arbeitsunterlagen am Nachtkästchen lieber ein gutes Buch, angenehme Musik, ein entspannendes Bad und eine Tasse koffeinfreien Tee oder warme Milch. Sie können (und dürfen) auch ruhig Ihr eigenes Einschlafritual kreieren.
- Gestaltung Ihres Schlafzimmers: Im Schlafzimmer sollte nur geschlafen werden, es sollte kein Büro, Wäschelager oder Abstellraum sein. Achten Sie darauf, dass der Raum gut belüftet, ruhig und nicht zu hell ist. Das für Sie passende Bett inklusive Matratze sollte selbstverständlich sein.
- Falls Sie einmal wirklich nicht schlafen können, wälzen Sie sich nicht stundenlang im Bett hin und her. Stehen Sie auf, lesen Sie (die Augen benötigen sehr viel Energie), machen Sie Entspannungsübungen oder lenken Sie sich anderweitig ab (damit ist nicht Fernsehen gemeint). Sie sollten sich erst nach einiger Zeit wieder ins Bett legen.
- Wenn Sie wegen beruflicher oder privater Belastungen und Probleme nicht schlafen können, sollten Sie sich Hilfe holen. Ein Gespräch mit einem guten Freund kann

sehr befreiend sein, bei starken Beeinträchtigungen der Lebensqualität sollte man auch vor dem Gang zu einem Arzt oder Psychotherapeuten nicht zurückscheuen.
- Zum Schluss noch der ultimative Rat von Schlafmedizinern: Im Bett sollten nur Schlaf und Sex erlaubt sein!

Nun denn.

Ausrüstung

„Zu Beginn des 21. Jahrhunderts sind wir vom Ende der Natur und damit der Welt selbst bedroht, weil sich eine Technik, die scheinbar volle Herrschaft über den Planeten Erde ermöglicht, in der Hand von Psychopathen und Bürokraten befindet."

Arno Gruen

Betrachtet man die Hochrüstung im Laufsport, kann man kaum glauben, dass Laufen zu den günstigsten Sportarten überhaupt gehört. Sie brauchen keine Mitspieler, keine Halle oder Spielfeld, keine spezielle Ausrüstung, müssen nirgends Mitglied sein. Sie sind nicht an bestimmte Zeiten gebunden, müssen keine Regeln einhalten (außer Sie nehmen an organisierten Laufveranstaltungen teil), und auch Prüfungen brauchen Sie nicht abzulegen. Genau das ist das Schöne am Laufen. Die Einfachheit und Klarheit, ohne viel Schnickschnack, Regelwerk oder Vorgaben.

Wenn Sie den Verlockungen der Sportartikelhersteller und ihrer gewitzten Werbestrategen widerstehen, müssen Sie sich nicht jedes Jahr neu einkleiden, vom Orthopäden den neuesten sportwissenschaftlichen Erkenntnissen angepasste Laufschuhe erwerben, keine speziellen Riegel und Shakes zu sich nehmen und für die punktgenaue Saisonvorbereitung betreute All-inclusive-Laufcamps besuchen. Sie können auch in heimischen Gefilden mit stinknormalen kurzen Hosen und T-Shirt laufen.

Bei all dem Wirbel um atmungsaktive Kleidung, superleichte Wettkampfschuhe, Laufstilanalysen, Kompressionsbekleidung und Co. sollte man nicht vergessen, dass die beste und teuerste Ausrüstung nur eine Zugabe ist und die körperliche sowie die mentale Verfassung eines Läufers nicht kompensieren kann. Dies sind zwei Faktoren, die sich im Idealfall ergänzen, sich aber auch in einem fordernden Wechselspiel befinden können. Ruhe, Gelassenheit sowie das Wissen um die Leistungsfähigkeit (und somit die Grenzen) des eigenen Körpers sind ideale Eigenschaften für einen Langstreckenläufer. Mit einer positiven Einstellung und einem nicht überschießenden Einsatzwillen lässt sich so mancher körperliche Tiefpunkt (Krämpfe, Schmerzen, Sturz) während eines Laufes überstehen. Umgekehrt kann ein Körper, der immer noch läuft, obwohl der Kopf schon die Sinnfrage stellt („Was tue ich hier eigentlich?"), die eine oder andere mentale Durststrecke überwinden. Lässt man sich durch jedes noch so kleine körperliche Wehwehchen, schlechtes Wetter oder die suboptimale Verpflegung an der Labestation gleich aus dem Konzept bringen, hilft auch die beste Ausrüstung nichts. Ein gut trainierter Körper und eine Top-Ausrüstung sind nicht viel wert, wenn der Kopf nicht mitspielt. Daher ist die persönliche Einstellung zum Laufen so wichtig. Denn auf eine mentale Krise folgt unweigerlich der körperliche Einbruch. Da motiviert einen der leere Blick aus glasigen Augen auf seine 300-€-Designerschuhe gleich viel wie auf die 49,99-Treter aus dem Supermarkt – nämlich gar nicht. Bei einem langen Lauf wie einem Marathon oder Traillauf bedeutet das dann sehr oft die Aufgabe.

Der Laufsport ist längst völlig durchindustrialisiert und der Markt für den Normalläufer nicht mehr zu überblicken. Jedes Jahr eine neue Trendfarbe, unzählige neue Laufschuhmodelle für alle möglichen Einsatzbereiche, Zubehör ohne Ende – mit genügend

Geld in der Tasche kann man getrost auf dieser Welle mitreiten. Allerdings ist das überhaupt nicht notwendig, außer Sie wollen damit Ihre Umwelt beeindrucken und sich selbst beweisen, immer am Puls der Zeit zu sein. Wie auch bei der Ernährung sollte man einige grundsätzliche Überlegungen anstellen.

Der richtige Schuh

Das mit Abstand wichtigste und am heißesten diskutierte Utensil eines jeden modernen Läufers ist der Laufschuh. Für die Wahl des richtigen Schuhs wenden Läufer gerne einige Stunden mehr auf. Es gilt Gewicht, Dämpfung, Sohle, Sprengung, Schnürsystem, Atmungsaktivität und nicht zuletzt das Design wohl abzuwägen, um beim nächsten Wettkampf zumindest im zuletzt genannten Bereich ganz vorne mitzumischen. Der Preis kann dabei schon einmal in den Hintergrund rücken. Viele Läufer finden Zeit ihres Lebens nicht „den richtigen Schuh" und hadern während ihrer Läuferkarriere damit. Das falsche Schuhwerk ist für so manch schlechte Laufleistung verantwortlich, für Verletzungen aller Art oder dafür, wieder einmal keine neue Marathon-Bestzeit aufgestellt zu haben.

Man möge mich hier bitte nicht falsch verstehen. Der Laufschuh *ist* das wichtigste Teil der Läuferausrüstung – aber die Bewegung führt immer noch *unser Körper* aus.

Bei manchen Gesprächen unter Läufern könnte man meinen, der richtige (meist sündteure) Schuh läuft praktisch von alleine. Aber stimmt das auch? Ist teuer gleich gut? Sprich, je teurer und exklusiver ein Schuh ist, desto besser für die Füße und desto schnellere Laufzeiten können erreicht werden? Oder ist es in Anbetracht unserer Abstammung auch möglich, auf spezielle Laufschuhe generell zu verzichten? Was hat es mit der Barfußlaufcommunity auf sich, die sich seit Jahren eines immer größeren Zulaufs erfreut? Wieder nur eine Modeerscheinung? Oder ist man hier auf der richtigen Spur?

Ich möchte hier noch einmal die in der Einleitung bereits erwähnte Frage stellen: Warum benötigt der Mensch als einziger Läufer im Tierreich spezielle „Beinkleider", künstliche Sohlen, sprich Laufschuhe? Abgesehen von der nicht zu leugnenden Schutzfunktion, welche weiteren Vorteile bringen spezielle Laufschuhe?

Betritt man als Läufer ein Sportgeschäft, so erschlägt einen die schiere Menge an Laufschuhmodellen beinahe. Gott sei Dank gibt es ausgebildete Verkäufer, die einem hier mit Rat und Tat zur Seite stehen. Auch wenn die Preise für „gute" Laufschuhe im ersten Moment abschrecken, für die Gesundheit (Sie können Gesundheit auch durch schnellere Laufzeiten, Prestige, etc. ersetzen) ist man dann doch fast immer bereit, eine Stange Geld hinzulegen. Meist verlässt man das Geschäft seiner Wahl dann mit einem teuren, grellfarbigen Paar Laufschuhen und im Glauben, etwas Gutes für seine Gesundheit o. Ä. getan zu haben. Dass viele der neuen Wunderlaufschuhe jedoch nicht das halten, was der Verkäufer und die Werbung versprochen haben, schwant einem spätestens dann, wenn einen eine typische Laufverletzung zur Untätigkeit verdammt.

Moderne Laufschuhe als Massenprodukt gibt es erst seit Ende der 60er-, Anfang der 70er-Jahre. Als Wegbereiter im deutschsprachigen Raum gelten Eugen Brütting und die beiden Brüder Adolf und Horst Dassler. Die damals gegründeten Firmen *Adidas* und *Puma* gehören mittlerweile zu den weltweit größten Sportartikelherstellern, auch die Firma *Brütting* gibt es noch, hat heute in Läuferkreisen jedoch eher den Ruf eines Nischenproduktes. In Japan entwickelte und verkaufte Kihachiro Onitsuka seine Laufschuhe zuerst unter der Marke

Onitsuka Tiger, heute besser bekannt unter dem Namen *Asics*. In den USA war und ist *Nike* das Maß aller Dinge, der Konzern ist aktuell der weltweit größte Sportartikelhersteller.

Die Entwicklung des modernen Laufschuhs erfolgte wie so vieles, was wir heute auch nutzen, parallel zu den Weiterentwicklungen vor allem in der Öl- und Chemieindustrie. Waren die ersten Laufschuhe aus Leder (Obermaterial) und Gummi (Sohle) gefertigt, so sind heutige Laufschuhe durchwegs aus Kunststoffen hergestellt. Damit einhergehend nahm die Dämpfung der Schuhe immer mehr zu. Alle möglichen und unmöglichen Neuerungen wurden eingeführt und versanken oft (sehr zum Wohl der Läuferfüße) recht schnell wieder in der Versenkung. Grund dafür war die Tatsache, dass sogenannte „Innovationen" nicht mehr dazu dienten, den Schuh zu verbessern, sondern allein die Bilanzen der Herstellerfirmen.[148] Auch der Ratschlag, seine Laufschuhe nach spätestens 700–1000 gelaufenen Kilometern zu wechseln, dient wohl eher der Gewinnsteigerung als der Gesundheit der Läufer.

Aus eigener Erfahrung kann ich sagen, dass ich meine Laufschuhe (so wie auch meine anderen Ausrüstungsgegenstände) so lange verwende, bis sie buchstäblich auseinanderfallen. Ich kenne einige Läufer, die von ihren Laufschuhen genau dann sagen, dass sie gut eingelaufen sind, wenn sie nach Angaben des Herstellers schon längst entsorgt gehören.

Mittlerweile sollte sich die Erkenntnis herumgesprochen haben, dass extreme Dämpfung, Sprengung sowie Pronationsstützen für die Mehrheit der Läufer keine gesundheitlichen Vorteile bringen – eher im Gegenteil. Sieht man sich moderne Laufschuhe an und glaubt den Werbebotschaften, könnte man zum Schluss kommen, dass man ohne diese gar nicht laufen kann. Es wird sehr oft das Bild vermittelt, dass Menschen vor der Erfindung des Laufschuhs nicht gelaufen sind. Und wenn doch, dann haben sie unweigerlich ihre Gesundheit riskiert.

Menschen laufen, seit die Natur den aufrechten Gang für sie entdeckt bzw. vorgesehen hat. Da unsere Vorfahren wahre Läufer waren, können wir heute bequem vor dem Fernseher auf der Couch lümmeln. Wären unsere Vorfahren nicht diese zähen Ausdauerathleten gewesen, hätte uns die Natur ohne viel Federlesens aussterben lassen. Aus genau diesem Grund lohnt es sich, immer wieder in der Menschheitsgeschichte zu stöbern. Nicht nur Läufer können von diesen Erkenntnissen profitieren.

Was sagt die moderne Wissenschaft zum Tragen von Schuhen generell und zu Laufschuhen im Besonderen? Viele unserer Alltagsschuhe sind den Füßen nicht richtig angepasst. Oft muss sich der Fuß dem Schuh anpassen. Ein Extrembeispiel dafür sind die in der Damenwelt so beliebten High Heels, hier kann man ruhigen Gewissens von Folterinstrumenten sprechen. Diese Art von „Schuhen" können massive negative Auswirkungen auf die Trägerin haben. Dazu zählen etwa Rötungen, Blasen, Rückenschmerzen und Krampfadern. Außerdem sollten vor allem Läuferinnen bedenken, dass durch die unnatürliche Fußstellung sowie die Verlagerung des Gewichtes auf den Fußballen weitere, vor allem für das Laufen bedenkliche Folgeerscheinungen möglich sind. Dies wären etwa die Verkürzung der Wadenmuskulatur, Verdickung der Achillessehne, Fußdeformationen wie Hammerzehen und Hallux valgus (Deformierung des Großzehenballens, „Schiefzehe") und eine deutliche Mehrbelastung der Kniegelenke mit einem damit einhergehenden erhöhten Risiko für Kniearthrose.[149]

Ein großer Teil der Bevölkerung in Deutschland hat Fußdeformationen, also Knick-, Senk- oder Spreizfüße. Zu dieser Feststellung kommt Martin Engelhardt, Chefarzt der Klinik für Orthopädie,

Unfall- und Handchirurgie am Klinikum Osnabrück, der auch Präsident der Deutschen Triathlon Union DTU ist.[150] Doch was macht moderne Schuhe so schlecht für unsere Füße?

Da wir im Gegensatz zu unseren Vorfahren, die meist auf weichen Böden und wechselnden Untergründen unterwegs waren, sehr selten barfuß laufen, werden unsere Fußmuskeln kaum mehr trainiert. Die Empfehlung, öfter mal barfuß zu gehen, kommt nicht von ungefähr. Das gilt nicht nur für Erwachsene, sondern immer mehr auch für unsere Kinder. Der Großteil aller Menschen kommt mit gesunden Füßen zur Welt, doch nur ein Drittel schafft es mit gesunden Füßen ins Erwachsenenleben.[151] Geschuldet ist dies der chronischen Unterforderung der Kinderfüße. Sollen Kinderfüße gesund sein, müssen sie gefordert werden. Erst durch die Belastungen von Laufen, Springen und Klettern können sie sich normal entwickeln. (Wir erinnern uns: Bewegung ist normal, keine Bewegung ist unnatürlich oder ungesund!)

Aus evolutionsbiologischer Sicht zwängen wir unsere Füße erst seit wenigen hundert Jahren in nicht passende Schuhe. Die vielen kleinen und großen Fußmuskeln, die Sehnen und Bänder werden ruhig gestellt und kaum beansprucht. Diese Minderbelastung führt jedoch dazu, dass diese sich zurückbilden. Die Folgen sind Fehlstellungen, erhöhte Verletzungsanfälligkeit und Fußdeformationen.[150] Und das bleibt nicht nur auf die Füße beschränkt. In weiterer Folge können auch die Knie, Hüfte und der Rücken in Mitleidenschaft gezogen werden.[151]

Barfuß zu gehen und zu laufen, ist ein wirksames und kostenloses Mittel, um diesen Gefahren vorzubeugen bzw. auch entgegenzuwirken. Wahrscheinlich kennen Sie auch das befreiende Gefühl, wenn Sie nach einem langen Tag in Ihren Schuhen (egal ob nach einer Bergwanderung, einem Marathon oder einem ausgedehnten

Einkaufsbummel) endlich die Schuhe ausziehen können. Eine Wohltat! Die Werbung vermittelt allerdings das Bild, als hätten wir dieses Gefühl beim Anziehen der Schuhe.

Die Bewegung ohne Schuhe hat aber nicht nur Auswirkungen auf die Füße, sondern stimuliert über die Fußreflexzonen den gesamten Organismus. Das erkannte auch schon der „Wasserdoktor" Sebastian Kneipp vor über 150 Jahren, er bezeichnete Barfußlaufen als „vortreffliches Mittel der Kräftigung". Sein Konzept der fünf Säulen (Wasser, Heilkräuter, Bewegung, Ernährung und Balance) für ein gesundes Leben ist heute genauso aktuell wie zu seiner Zeit.[152/153]

Es ist eine traurige Tatsache, dass wir Menschen viele dieser Erkenntnisse sehr gerne vergessen und sie dann wieder mühsam neu „entdecken" müssen; heute sind alle diese „neuen wissenschaftlichen Erkenntnisse" allerdings auch teuer zu bezahlen.

Die mittlerweile recht häufigen Barfußparks sind durchaus zu empfehlen, um Ihre Füße wieder verschiedene Untergründe spüren zu lassen und den Tastsinn zu trainieren. Wenn Sie kein Geld dafür ausgeben wollen, tut es auch die Wiese in Ihrem Garten, ein Waldweg oder Sie bauen mit Ihren Kindern einen eigenen Barfußpark. Man muss für die einfachsten und natürlichsten Dinge nicht immer bezahlen.

Laufschuhe sind eine feine Sache. Ich habe selbst auch welche. Aber es ist ein Irrglaube, dass man ohne sie nicht laufen kann. Vor der Erfindung des Laufschuhs konnten die Menschen nur zwischen gar keinen Schuhen oder dem zeitlich und örtlich verfügbaren Schuhwerk wie z. B. Sandalen, Mokassins oder Stiefel wählen. Das in Europa wohl bekannteste Beispiel eines Läufers, der ohne spezielle Laufschuhe durch die Gegend lief, war der Tscheche Emil Zátopek, der vor allem am Anfang seiner Laufkarriere das ganze Jahr über den Großteil seines Trainings in Armeestiefeln absolvierte.

Über etwas zu lesen und dann darüber zu sinnieren ist eine Sache, etwas selbst auszuprobieren und dann davon zu berichten, etwas völlig Anderes. So bin ich für ein paar Wochen regelmäßig mit meinen Wanderschuhen anstatt meinen Laufschuhen unterwegs gewesen. Wider Erwarten hatte ich keine großen Probleme. Gewöhnungsbedürftig waren die Form der Schuhe, die im Gegensatz zu Laufschuhen bis über die Knöchel reichen, und das höhere Gewicht. Dieses habe ich als zusätzlichen Trainingsreiz verbucht. Bei Bergläufen und im unwegsamen Gelände habe ich diese Schuhe sehr zu schätzen gelernt, denn wenn der Untergrund sehr steinig ist, schützt das feste Obermaterial in Verbindung mit dem hohen Schaft die Füße und Knöchel weitaus effektiver als ein Laufschuh.

Wie ist er nun beschaffen, der perfekte Laufschuh? Leider (oder glücklicherweise) müssen Sie das selbst herausfinden. Sie können noch so viele orthopädische Untersuchungen und Laufstilanalysen über sich ergehen lassen und die Verkäufer über die Vor- und Nachteile aller möglichen Laufschuhe löchern. Am Ende müssen Sie selbst eine Entscheidung treffen. Und diese hängt von Ihrem Wohlbefinden ab – nicht vom Preis, der Marke oder dem Design. Der Schuh des amtierenden Marathon-Rekordhalters kann noch so durchdacht und ausgefeilt sein, wenn Sie sich darin nicht wohlfühlen, ist es nicht der passende Schuh für Sie.

Stabilisierendes Fußbett, vorgegebenes Abrollverhalten, Vermeidung bzw. Ausgleich von Überpronation, massige Dämpfungselemente, hohe Sprengung, etc. – all diese von der Laufschuhindustrie angepriesenen Wohltaten für den geschundenen Läuferfuß sind in vielen Fällen gar nicht notwendig.[154] Im besten Fall sind sie unnötiges und teures Beiwerk, im schlechtesten Fall Auslöser für lange und schwere Verletzungen. Sollten Sie wirklich Probleme beim Laufen haben und spezielle Schuhe und/oder

Einlagen benötigen, sollten Sie das mit einem Arzt, am besten einem Orthopäden abklären.

Bevor Sie Laufschuhe kaufen, sollten Sie sich einige Fragen stellen und nachfolgende Punkte beherzigen:

- Bin ich Anfänger oder laufe ich schon länger?
- Welchen Laufstil habe ich?
- Wie oft laufe ich? Für ein paarmal Joggen im Monat müssen es nicht die teuersten Schuhe sein.
- Auf welchen Untergründen laufe ich vorwiegend? Bin ich eher auf Straßen unterwegs oder im Gelände? Brauche ich eventuell mehrere Paar Laufschuhe, wenn ich mit einem nicht alle Bereiche abdecken kann?
- Probieren Sie einige verschiedene Modelle von unterschiedlichen Herstellern, fixieren Sie sich nicht auf eine Marke.
- Was will ich für die Schuhe ausgeben? Setzen Sie sich ein Limit vor dem Schuhkauf. Die Angestellten in den Sportgeschäften empfehlen sehr gerne die teuersten Modelle.
- Wenn Sie bis dato noch keine Probleme mit Ihren Füßen und Ihrem Laufstil hatten, lassen Sie sich auch keine einreden. Sogenannte Stabilitätsschuhe sind in den meisten Fällen nicht erforderlich. Zu bedenken ist auch, dass, je weniger der Fuß im Schuh „eingesperrt“ ist, desto mehr können und müssen die einzelnen Muskeln arbeiten.
- Sie können gerne eine Laufbandanalyse machen lassen, unbedingt notwendig ist das allerdings nicht. Sollte sich bei einer Laufbandanalyse in einem Sportgeschäft herausstellen, dass sie „Problemfüße“ haben, klären Sie das unbedingt

zusätzlich mit einem Sportarzt oder Orthopäden ab, bevor Sie für teures Geld Spezialschuhe kaufen.
- Vertrauen Sie Ihrem eigenen Körpergefühl, auch wenn Freunde, Verkäufer und die gängige Literatur anderes behaupten. Sie alleine müssen mit diesem Schuh laufen, Sie alleine müssen sich damit wohlfühlen, niemand anderes. Das gleiche gilt auch für die Farbe.

Bekleidung

Jedes Jahr eine neue Trendfarbe, alles muss noch atmungsaktiver sein, selbst die Sonnenbrillen sind mittlerweile farblich auf die übrige Ausrüstung abgestimmt. Mir persönlich gibt das nichts. Abgesehen vom finanziellen Aufwand stellt sich auch die Frage, ob die massenhaft hergestellte Sport- und Outdoor-Bekleidung für den Träger und die Umwelt unbedenklich sind.

Neben Hose und Shirt sollten Sie Ihr Augenmerk vor allem auf die Unterwäsche und die Socken legen. Diese sollten perfekt passen und aus einem Material gefertigt sein, mit dem Sie sich wohlfühlen – auch noch nach Stunden schweißtreibender Bewegung. Materialien, die unangenehm zu tragen sind oder gar Scheuerstellen und Blasen verursachen, mindern die Laufl ust erheblich. Für Damen empfiehlt sich zusätzlich ein Sport-BH. Wenn Sie auch bei schlechtem Wetter und im Winter laufen, sind Reflektoren mehr als sinnvoll. Diese gibt es einzeln zu kaufen, sehr oft sind sie allerdings auch schon in die Bekleidung eingearbeitet. Oder Sie verwenden gleich eine Warnweste, wie sie in jedem Auto mitgeführt wird. Auch eine Stirnlampe kann durchaus sinnvoll sein (vor allem in den Herbst- und Wintermonaten), erstens sehen Sie besser (was die Sturzgefahr mindert) und zweitens sind Sie für andere, vor allem Autofahrer, besser zu erkennen.

Da Bewegung notwendig für die natürliche Entwicklung unseres Körpers ist, sollte man ruhig auch die Frage stellen, ob die Bekleidung, die man dabei trägt, auch keine nachteiligen Auswirkungen auf Mensch und Natur hat.

Eigentlich sollte es logisch sein, dass die beim Laufen getragene Kleidung wenn schon keine Vorteile, so zumindest keine gesundheitlichen Nachteile bringt. Legt der moderne Läufer sein Augenmerk eher auf Atmungsaktivität und Design, sollte man lieber Wert auf das Fehlen von Giften und auf Umweltverträglichkeit legen. Das mag jetzt ungewöhnlich erscheinen und die meisten Läufer werden sich auch nicht groß darum kümmern. Aber wenn man weiß, dass in der Textilproduktion ca. 7.000 verschiedene Chemikalien zum Einsatz kommen, sollte man vielleicht doch etwas genauer hinsehen, was wir an unsere Haut lassen. Der Großteil der in Europa verkauften Kleidungsstücke wird in Ländern wie China, Bangladesch und Vietnam hergestellt. Der einzige Grund dafür ist Geld. In diesen Ländern spielen Umweltschutz und Menschenrechte keine Rolle und so kann für den Weltmarkt preisgünstig produziert werden. Den meisten Konsumenten in Europa und den USA ist es egal, dass die dort angesiedelten Textilfirmen eher Gefängnisse sind, Wochenarbeitszeiten von 60–70 Stunden eher die Regel als die Ausnahme, die sorglos und inflationär verwendeten Chemikalien die Arbeiter krank machen und die Umwelt völlig zugrunde gerichtet wird.[155] Solange der Preis stimmt und das alles sehr weit weg passiert, möchte man davon lieber nichts hören. Die ungebrochen hohen Umsatzzahlen der Branchenriesen bestätigen dies leider von Jahr zu Jahr.

Jedoch geht der massenhafte Einsatz der unterschiedlichsten Chemikalien auch am Träger der Bekleidung nicht spurlos vorüber. Farbstoffe, Weichmacher, Schwermetalle oder Aldehyde haben nachweislich und zum Teil erhebliche gesundheitsgefährdende Auswirkungen auf den Organismus. Und spätestens da sollte man ein wenig hellhörig werden.

Die EU hat aufgrund umfangreicher Studien, die die Giftigkeit vieler dieser Stoffe nachgewiesen haben, Verbote und Grenzwerte festgelegt. Diese gelten jedoch nur für die Textilindustrie im EU-Raum – und somit nicht für importierte Kleidung. Da jedoch über 90 % der in Europa verkauften Kleidungsstücke aus dem EU-Ausland kommen, sind solche Verbote nicht einmal das Papier wert, auf das sie gedruckt wurden. Zudem gibt es nur stichprobenartige Kontrollen, der Großteil der solcherart belasteten Importware wird trotzdem zum Verkauf ausgeliefert. Leider gibt es in diesem Bereich viel zu wenig Forschung und Bewusstseinsbildung. Eine Aussage des deutschen BfR (Bundesinstitut für Risikobewertung) sagt wohl alles: „Den Behörden fehlen umfassende Kenntnisse über diese Produkte.“[155]

Obwohl sich viele Firmen öffentlichkeitswirksam zu sogenannten „Detox-Kampagnen“ bekennen und in Aussicht stellen, bis zu einem selbst gewählten Tag X weniger bis keine Giftstoffe mehr zu verwenden, sieht die Realität meist bedeutend anders aus. Trotz einiger Fortschritte enthalten viele Kleidungsstücke immer noch bedenkliche Mengen von Giften. Auch Markenkleidung macht hier keine Ausnahme. Sind die Auswirkungen dieser Chemikalien für Erwachsene schon schlimm genug, leiden Kinder besonders darunter. Dabei ist es – wie bei Erwachsenen auch – unerheblich, ob es sich um billige oder teure Kleidung handelt. In fast allen sind giftige Chemikalien enthalten. Die Warnung von Wissenschaftlern lautet, dass hoch belastete Kleidung bei Kindern und Ungeborenen u. a. zu Hirnentwicklungsstörungen führen kann – mögliche Folgen sind Legasthenie (Lese-Rechtschreib-Schwäche), ADHS (Aufmerksamkeitsdefizit-Hyperaktivitätsstörung) oder Autismus (tiefgreifende Entwicklungsstörung).[155]

Auch die Empfehlung, Kleidungsstücke vor dem ersten Tragen zu waschen, greift zu kurz bzw. verlagert das Problem nur. Einerseits lassen sich nicht alle Giftstoffe auswaschen, andererseits gelangen die Substanzen in die Kanalisation. Eine nicht unbedenkliche Anzahl dieser Chemikalien können in den Kläranlagen nicht oder nur unzureichend gefiltert werden. Diese sind hochgiftig für Wasserorganismen wie Fische, Schnecken und Muscheln. So erreichen diese Stoffe über die Nahrungskette den Menschen dann doch noch.

Führt man sich diese Punkte vor Augen, erkennt man, dass für die vermeintlichen Schnäppchen ein doch meist wesentlich höherer Preis zu bezahlen ist: Wir bezahlen mit unserer Gesundheit und der Zerstörung unseres Lebensraumes.

Man muss sich nicht zum Sklaven der Textilindustrie machen lassen und jeder neuen Mode atem- und kritiklos hinterherhecheln. Außerdem unterscheiden wir heutzutage nicht mehr zwischen Mode und Kleidung. So ist Kleidung eine praktische Hülle, die in erster Linie einen Nutzen erfüllt. Mode hingegen muss diesem Anspruch nicht genügen, sie wird meist getragen, um sich abzuheben oder anzupassen, zu schockieren oder zu imponieren.

Um diesem Wahnsinn ein wenig entgegenzuwirken, kann man auch selbst etwas tun. Kaufen Sie hochwertige (Sport-)Kleidung und tragen Sie diese so lange wie möglich. Dabei ist es nicht notwendig, sich an die Großen der Sportartikelbranche zu halten. Es gibt mittlerweile einige (meist kleinere) Firmen, die möglichst giftfreie Sport- und Outdoor-Bekleidung herstellen.

Leider fehlt bis dato ein einheitliches Ökosiegel, das dem Konsumenten klar und deutlich kommuniziert, welches Kleidungsstück er bedenkenlos kaufen kann. Es ist auch zwischen unabhängigen und firmeneigenen Ökotextillabels zu unterscheiden. Firmeneigene Labels sind mit Vorsicht zu genießen, denn Selbstverpflichtung und Freiwilligkeit in der (Mode-)Industrie funktioniert meist nicht. Oft genug sind solche Labels und Verpflichtungserklärungen geschicktes Marketing, um damit *Greenwashing* zu betreiben. *Greenwashing* bezeichnet laut dem Wirtschaftslexikon Gabler „*den Versuch von Unternehmen, durch Marketing- und PR-Maßnahmen ein ‚grünes Image' zu erlangen, ohne allerdings entsprechende Maßnahmen im Rahmen der Wertschöpfung zu implementieren. Bezog sich der Begriff ursprünglich auf eine suggerierte Umweltfreundlichkeit, findet dieser mittlerweile auch für suggerierte Unternehmensverantwortung Verwendung*".[156]

Um sich dennoch einigermaßen zu orientieren, können Sie sich an folgende empfehlenswerte Ökotextillabels halten:[155/157/158]

- **Best Naturtextil:** wird vom IVN (Internationaler Verband der Naturtextilwirtschaft) vergeben. Produkte mit diesem Label erfüllen die zurzeit höchsten realisierbaren Öko-Standards in der Textilbranche.[158]
- **Bluesign:** wird an Produkte vergeben, die mindestens zu 90 % in zertifizierten Fabriken verarbeitet wurden. Ziel sind die Verringerung der Umwelteinflüsse durch die Textilindustrie sowie die sichere Herstellung und Verarbeitung von Kunst- und Naturfasern.[159]
- **GOTS:** Der Global Organic Textile Standard ist ein weltweit anerkannter Standard für die Verarbeitung von Textilien aus biologisch erzeugten Naturfasern. Zertifiziert werden können

alle Produkte, die zu mindestens 70 % aus kontrolliert biologisch erzeugten Naturfasern bestehen. Abgedeckt werden die Bereiche Herstellung, Verpackung, Kennzeichnung, Konfektion, Handel und Vertrieb. Für Produkte aus Fell oder Leder gibt es keine Kriterien.[160]
- **Fairtrade:** ist eine gemeinnützige Initiative mit Trägerorganisationen wie etwa dem WWF, der Europäischen Kommission, Caritas, etc. Verliehen wird die Bezeichnung Produkten aus fairem Handel, bestimmte soziale, ökologische und ökonomische Kriterien müssen eingehalten werden. Es gibt verschiedene Siegel für Mono- und Mischprodukte, für Baumwolle, Zutaten und selbst für Gold.[161]
- **Oeko-Tex 100:** ist das am weitesten verbreitete Öko-Textil-Label. Es ist ein weltweit einheitliches, unabhängiges Prüf- und Zertifizierungssystem für textile Roh-, Zwischen- und Endprodukte aller Verarbeitungsstufen sowie verwendeter Zubehörmaterialien.[162]

Falls auf dem Etikett eines Kleidungsstückes Begriffe wie „Farbe blutet aus", „Separat waschen", „Bügelfrei", „wash and wear", „fußpilzhemmend", „knitterfrei", „sanitized", „actifresh", „sanigard", „durafresh", „Eulan asept", „fresco", „Hygitex", „Biogard", „easy-wash" oder „used look" vermerkt sind, sollten Sie es sich zweimal überlegen, ob Sie diese Kleidung kaufen wollen. Denn diese Bezeichnungen sind sichere Hinweise darauf, dass giftige Chemikalien verwendet wurden. Dasselbe gilt auch für Bekleidung, die chemisch gereinigt werden muss.[155/157]

War Bekleidung früher eine Gebrauchsware (wie z. B. Möbel, Computer, Wohnungen, Autos, etc. – mehrfache oder dauerhafte Nutzung), so ist diese heute oft schon eine Verbrauchsware (wie z. B. Nahrungsmittel, Zeitungen, Benzin oder Taschentücher – einmalige

Nutzung).[163] Ein sorgsamer Umgang damit oder gar eine Reparatur sind meist gar kein Thema mehr. Wegschmeißen und neu kaufen lautet die Devise. Zusammenfassen kann man dies unter dem Begriff *Fast Fashion*: schnell und billig produziert, ausgerichtet nach den neuesten Trends, in großen Mengen für den Markt verfügbar. Die Gegenbewegung dazu ist *Slow Fashion*.[155] Dies bezeichnet einen nachhaltigen und bewussten Modekonsum. Die Grundlagen sind umweltschonende Produktion, Herstellung aus umweltfreundlichen Materialien und/oder auch recycelten Kleidungsstücken sowie eine lange Nutzungsdauer durch die hohe Qualität der Kleidung. Auch Bekleidungs-Tauschbörsen, Second-Hand-Mode und die Unterstützung kleiner und regionaler Modelabels durch bewusstes Einkaufen zählt man dazu.

Vor allem die Qualität und damit einhergehend die Nutzungsdauer von Kleidungsstücken ist der Hebel, an dem es anzusetzen gilt. So trage ich in der kalten Jahreszeit noch immer jenen Pullover, den ich mit meinem ersten selbstverdienten Geld gekauft habe. Das einst elegante dunkle Blau ist mittlerweile einem eher undefinierbaren Grau-Violett gewichen. Die Nähte lösen sich schön langsam auf und auch einige Löcher (Atmungsaktivität ist wichtig!) zieren ihn schon. Aber, wie gesagt, bin ich ja nicht auf einem Laufsteg, sondern das Teil soll mich warmhalten. Was Leute denken, die mich mit diesem Uralt-Pullover (30 Jahre plus) sehen? Keine Ahnung – und auch nicht wichtig.

Kunst oder Natur?

Moderne Sportbekleidung soll gut aussehen, schnell trocknen, angenehm zu tragen, wasserabweisend, atmungsaktiv und geruchshemmend sein. All dies wird leider großteils durch die Verwendung von

Kunstfasern (vor allem Polyester) und den bereits oben angeführten Chemikalienmix gewährleistet. Dem Vorteil des angenehmen Tragegefühls und spezifischer Eigenschaften wie schnelltrocknend, geringes Gewicht sowie wasser- und schmutzabweisend stehen die Nachteile massiver gesundheitlicher Bedenken und Schäden für die Umwelt gegenüber. Die zum Teil hochgiftigen Chemikalien, die vor allem für Funktionsbekleidung Verwendung finden, sind mittlerweile auch an den entlegensten Orten unseres Planeten nachweisbar.[157] Ebenso ist die Umweltverschmutzung mit Plastikteilen aller Art ein immer größeres Problem. Die Meere sind verdreckt mit Plastikmüll jeder Form und Größe – von Plastikflaschen bis zu mikroskopisch kleinen Teilchen (Stichwort Mikroplastik). Wale sterben an Flaschen und Einkaufstaschen in ihren Mägen, Schildkröten verwechseln Plastiktüten mit Quallen und Fische fressen statt Plankton kleine Plastikteile. Die Textilindustrie trägt einen maßgeblichen Anteil an der Verschmutzung der Meere durch etwa 4 Millionen Tonnen Plastik, die jährlich in die Meere geleitet werden.[164/165/166] 2014 wurden erstmals mehr als 100 Milliarden Kleidungsstücke pro Jahr hergestellt.[166] Um die stetig steigende Nachfrage nach billiger und schnell verfügbarer Bekleidung befriedigen zu können, setzen viele Produzenten und Modeketten auf Kunstfasern. So enthalten heute ca. 60 % der Bekleidung weltweit Polyester. Die Zuwachsraten sind enorm, in den Jahren von 2000 bis 2016 stieg der Verbrauch von Polyester weltweit von 8,3 auf 21,3 Millionen Tonnen.[166] Neben der hochproblematischen Herstellung lösen sich bei jedem Waschgang unzählige Plastikteile aus den Bekleidungsstücken, eine kuschelige Fleecejacke kann etwa bis zu eine Million Fasern pro Waschgang abgeben.[166] Laut Umweltbundesamt gelangen in Österreich jedes Jahr umgerechnet 10 bis 21 Tonnen Mikroplastik ins Abwasser.[167] In Europa werden lt. einer EU-Studie pro Jahr ca. 30.000 Tonnen Synthetikfasern in das Abwasser abgegeben.[166]

Die großen Vorteile von Kunstfasern sind die Verfügbarkeit, der große Einsatzbereich sowie der geringere Preis. In den Bereichen Sport- und Outdoorbekleidung zeigt sich das besonders deutlich. Hier werden Materialeigenschaften verlangt, die mit Naturfasern nur teilweise oder gar nicht erreicht werden können.

Die möglichen Alternativen zu Kunstfasern im Bereich der Outdoor- und Sportbekleidung sind Baumwolle, Wolle, Seide und Lyocell/Tencel (halbsynthetische Chemiefaser aus Zellulose).

Für die Verwendung von Naturfasern spricht einiges, jedoch gibt es aktuell zwei Hauptprobleme, die eine flächendeckende Nutzung verhindern. Erstens können mit Naturfasern nicht alle Eigenschaften erreicht werden, die Kunstfasern bieten. Zweitens stehen Naturfasern nicht in den Mengen zur Verfügung, die aktuell in unserer Konsumgesellschaft benötigt werden. Letzteres wäre lösbar, käme man endlich vom schwachsinnigen Konzept der *Fast Fashion* weg.

Ein massentauglicher Lösungsansatz ist in unserer industrialisierten Konsumgesellschaft aktuell nicht in Sicht. Das heißt aber nicht, dass man nicht selbst aktiv werden kann. Informieren Sie sich darüber, wo und wie Firmen Kleidung herstellen lassen, welche Umweltstandards (Textillabels) sie einhalten/führen dürfen, und was Presse und Umweltschutzorganisationen darüber vermelden. Der meiner Ansicht nach wichtigste Punkt – den Sie auch selbst in der Hand haben – ist die Nutzungsdauer. Je länger Sie ein Kleidungsstück tragen, desto weniger muss produziert werden. Das Einsparungspotential an heute unnötig produzierter Mode ist riesig. Wir könnten locker auf einen Großteil davon verzichten, ohne dass wir diesen Umstand in den überquellenden Regalen merken würden. Dass dieser Ansatz pures Gift für unser Wirtschaftssystem ist, sagt schon sehr viel darüber aus, welch krankes System wir uns geschaffen haben – Profit steht über Gesundheit, sowohl unserer eigenen als auch der unseres Heimatplaneten.

Egal ob Kunstfaser oder Naturmaterialien, das umweltschonendste Kleidungsstück ist immer noch jenes, welches *nicht* produziert werden muss.

Mittlerweile wird Sport- und Outdoor-Bekleidung von einigen Firmen auch aus Recycling-Fasern hergestellt. Sehr oft werden dazu PET-Flaschen verwendet. Im Vergleich zur Herstellung von Kunstfasern aus Rohöl soll hier eine Energieeinsparung von ca. 50 % bis 75 % möglich sein.[168/169]

Auch der reichlich vorhandene Plastikmüll aus den Weltmeeren wird langsam als Rohstoff entdeckt und genutzt. So bewirbt ein Hersteller von Sportbekleidung eines seiner Produkte als „Laufjacke aus dem Meer".[170] Das Material dazu kommt von der italienischen Firma *Aquafil*, diese stellt aus alten Fischernetzen, die als sogenannte Geisternetze durch die Meere treiben, durch Depolymerisation (chemisches Recycling-Verfahren) wieder hochwertiges Nylon her. Der so gewonnene Rohstoff Econyl steht der industriellen Produktion wieder zur Verfügung. Zugleich verringert man die Abfallmengen, reinigt die Weltmeere und reduziert den Treibhauseffekt.[170/171] So sinnvoll und lobenswert dieser Ansatz auch ist, stellt sich doch die Frage, was nach der Lebensdauer mit diesen Produkten passiert. Denn dass diese Recyclingstoffe „unendlich regeneriert und aufbereitet werden, ohne [ihre] Qualität je zu verlieren", wie der Hersteller angibt, klingt beinahe zu gut, um wahr zu sein.[170]

Manche Produzenten von Outdoorbekleidung haben ein eigenes Rücknahmesystem entwickelt, durch das gebrauchte Kleidungsstücke recycelt werden können und so daraus wieder neue Ware hergestellt wird. Auch ein Reparaturservice wird von einigen Herstellern mittlerweile wieder angeboten.

All diese lobenswerten Maßnahmen lösen jedoch nicht die zugrunde liegenden Probleme:

- Kunstfasern und ihre extrem energie- und ressourcenverbrauchende Herstellung belasten weiterhin Mensch und Natur. Die Verwendung von Recycling-Fasern bewirkt, dass Kunstfasern weiterhin im Gebrauch bleiben, anstatt ihre Verwendung zu verringern.
- Der Einsatz von oft hochgiftigen Chemikalien wird auch bei Recyclingprodukten weiter praktiziert, um die gewünschten Produkteigenschaften zu erzielen.
- Nach mehr oder weniger vielen Recycling-Zyklen ist auch die hochwertigste Kunstfaser am Ende. Was passiert danach mit diesen Stoffen? Eine umweltfreundliche Lösung zur anderweitigen Verwertung, Entsorgung oder Endlagerung im großen Stil existiert nicht.
- Immer neue Kollektionen in immer kürzeren Abständen sind in unserer Konsumgesellschaft „ganz normal". Die Mode am Puls der Zeit hat jedoch ihren Preis. Dadurch wird das Hamsterrad des Konsums munter weitergedreht. Mit den bekannten Folgen: ständig steigender Energie- und Rohstoffverbrauch, zunehmende Umweltverschmutzung, stetig wachsende Müllberge und letztlich Zerstörung von Lebensräumen weltweit.

Man darf nicht der Illusion erliegen, Recycling wäre das Allheilmittel im Kampf gegen die Plastikflut. Einerseits bleibt dadurch die im Umlauf befindliche Kunststoffmenge annähernd gleich und andererseits wird nur ein klciner Teil des Plastikmülls wirklich wiederverwertet. Laut dem „Plastikatlas 2019“ sind dies nicht einmal 10 % des jemals produzierten Kunststoffes weltweit.[172] Eine ernüchternde Zahl. Erschwerend kommt noch hinzu, dass viele Kunststoffe nicht 1:1 wiederverwendet werden können, sondern nur Downcycling-Möglichkeiten bestehen, d. h. die Qualität nimmt mit jedem Recycling-Zyklus immer mehr ab. Ein großer Teil der Kunststoffe besteht außerdem aus verschiedenen Materialien und/oder beinhaltet verschiedenste Additive (Zugaben im Verlauf des Herstellungsprozesses, z. B. Weichmacher, Stabilisatoren, Farbmittel oder Füllstoffe) und sind so überhaupt nicht oder nur mit erheblichem Aufwand zu recyceln. In der Kosten-Nutzen-Abwägung lohnt sich dies meist nicht, deswegen wird auch nur ein Bruchteil der produzierten Kunststoffprodukte recycelt.

Würde man sich die Natur wirklich zum Vorbild nehmen, könnte man folgendes realisieren: Die Natur kennt keine Abfälle! Sie produziert ständig und in großen Mengen, sie ist gemäß unserem industriell geprägten Denken nicht ökoeffizient (d. h. mit weniger Ressourceneinsatz höhere Ergebnisse erreichen und durch die Verminderung von Schadstoffen und Abfällen die Belastungen der Umwelt reduzieren). Sie ist aber ökoeffektiv, weil das Ganze (der Planet Erde) ein nachhaltiges System ist. Jedes Stück „Abfall“ wird wiederverwendet – es gibt keinen Rest- oder Sondermüll.

Nach diesem Ansatz müssten wir den Großteil der heutigen Kunststoffe so weit als möglich aus Produkten aller Art verbannen. Wo dies nicht möglich ist, müssten neue, weitaus verträglichere Kunststoffe (etwa biologisch abbaubare) inklusive einem funktionierenden Sammel- und Recyclingsystem entwickelt werden, die Mensch und Natur nicht oder kaum belasten. Zudem wäre die Herstellung, Verarbeitung, Nutzung und Entsorgung von Kunstfasern und Chemikalien mit einem effizienten und rigiden Kontrollsystem zu begleiten, um negative Auswirkungen auf Lebewesen und Umwelt so gering wie möglich zu halten.

Kleidungsstücke, die nicht exzessiv chemisch behandelt werden müssen, nicht um die halbe Welt gekarrt werden, hochwertig hergestellt sind (= hohe Lebensdauer) und nach dem Ende ihrer Nutzungsdauer nicht als hochproblematischer Müll die Umwelt belasten, sollten die Regel sein und nicht wie üblich die Ausnahme.

Bei den Großen der Modebranche sucht man hier meist vergebens. Doch es gibt einige, meist kleinere Unternehmen, die es sich zur Aufgabe gemacht haben, genau solche Kleidungsstücke herzustellen. Ich habe lange überlegt, ob und welche Namen ich nennen soll, und mich schließlich exemplarisch für zwei Firmen entschieden, die aus meiner Sicht empfehlenswerte Produkte anbieten.

Nicht nur für Läufer interessant ist das österreichische Unternehmen *Scroc:* Dieses bietet hochwertige Sport- und Outdoorbekleidung aus Merinowolle (mulesingfrei) und Econyl an. Man achtet auf Umweltverträglichkeit und Nachhaltigkeit im ganzen Produktionsprozess, angefangen von den verwendeten Rohstoffen über die Produktion in Europa bis hin zum fertigen Produkt.[173]

Da ich auch abseits des Laufens gerne draußen bin, fiel meine Wahl außerdem auf die deutsche Firma *Roughstuff.* Diese stellt Outdoorbekleidung her; vor allem Wanderer, Jäger und Naturliebhaber generell dürfen sich hier angesprochen fühlen. *Roughstuff* bietet moderne Outdoorbekleidung aus natürlichen und altbewährten Stoffen, die Kleidung ist aus Schafwolle (Loden) und Performance Cotton (extrem dicht gewebte Baumwolle) gefertigt.[174] Seit dem Jahr 2019 gehört die Marke *Roughstuff* zur *Petromax*-Gruppe; *Petromax* ist ein bekannter Hersteller von Produkten im Camping- und Outdoorbereich.

Ein aus ökonomischer Sicht schon blasphemischer Ansatz wäre, seine Kleidung selbst zu nähen bzw. von einem Schneider nähen zu lassen. Schon mal daran gedacht? Das scheitert vermutlich auch daran, dass heute kaum noch jemand nähen kann.

Nutzen Sie Ihre Bekleidung, solange Sie können (Stichwort *Slow Fashion*) – egal ob Kunst- oder Naturfaser. Im Sommer kann „Mann" auch ganz ohne Shirt unterwegs sein (Sie erinnern sich vielleicht noch an die San in der afrikanischen Savanne?). Oft sind vermeintliche Schnäppchen nur deswegen so billig, weil überall gespart wurde, auch an der Qualität. Hier passt das alte Sprichwort „Wer billig kauft, kauft teuer bzw. zweimal" sehr gut. Die Freude über das spottbillige Kleidungsstück verfliegt oft so schnell, wie das Teil im Müll landet – und wir haben wieder unseren Beitrag zu Konsumwahnsinn und Umweltzerstörung geleistet.

Bedenken Sie, dass qualitativ hochwertige Kleidungsstücke, die die Belastungen für Mensch und Natur möglichst geringhalten, zwar teurer in der Anschaffung sind, jedoch auch eine längere Lebensdauer haben. Unterstützen Sie kleine Unternehmen, für die Nachhaltigkeit und Umweltschutz nicht bloße Verkaufsargumente sind. Lassen Sie sich nicht von den Werbekampagnen der Branchenriesen einlullen, ziehen Sie nach Abwägung der gesundheitlichen Risiken für sich und die Umwelt einfach das an, was Sie sich leisten können und wollen, worin Sie sich wohl fühlen, und was ihnen gefällt – auch wenn es nicht dem neuesten Modetrend entspricht.

„Stell dir vor", sagte Tyler, „hinter Elchen herpirschen, vorbei an Kaufhausschaufenstern, an stinkenden Regalen voll wunderschöner, vor sich hinfaulender Kleider und Tuxedohüten an Haken; du trägst Lederkleidung, die für den Rest deines Lebens hält, …"

Aus dem Roman „Fight Club" von Chuck Palahniuk[175]

Kompressionsbekleidung

Die einen schwören darauf, die anderen lehnen sie völlig ab. Laut Herstellerangaben soll die Kompressionsbekleidung die Leistung erhöhen, die Regenerationszeit verkürzen und Verletzungen vorbeugen. Mittlerweile gibt es nicht nur Strümpfe, sondern auch Hosen, Shirts und sogar Ganzkörperanzüge.

Die Grundidee fußt auf den medizinischen Kompressionsstrümpfen, die als Basisbehandlung aller Erkrankungen des Venen- und Lymphgefäßsystems zur Anwendung kommen. Durch den genau definierten Druck (verschiedene Kompressionsklassen sind verfügbar) auf Gewebe und Gefäße werden erweiterte Venen auf ihren ursprünglichen Durchmesser zusammengepresst und nicht zerstörte Venenklappen schließen sich wieder. Das Blut staut sich nicht mehr in den Beinen, sondern kann ungehindert zum Herz zurückfließen.[177]

Der Druck von außen, den Kompressionsbekleidung auf den Läufer-Körper ausübt, soll die Blutzirkulation verbessern, den Sauerstoffverbrauch verringern, den schnelleren Abtransport von Abfallprodukten gewährleisten und die Muskulatur stützen. Dadurch bedingt soll die Leistungsfähigkeit allgemein steigen und läufertypische Beschwerden sollen abgemildert sowie Verletzungen reduziert werden.[176] Soweit zur Theorie.

Wissenschaftlich eindeutig nachweisen lassen sich diese Effekte nicht. Zum einen gibt es zu wenig seriöse Forschungsergebnisse. Zum anderen ist das Leistungsvermögen eines Läufers von zu vielen unterschiedlichen Faktoren abhängig, als dass man es an einem einzigen festmachen könnte.

Vor allem das subjektive Empfinden eines Läufers spielt dabei – wie auch bei allen anderen Ausrüstungsgegenständen – eine große

Rolle. So hat eine Untersuchung am Australian Institute of Sport ergeben, dass jene Läufer, die an den positiven Effekt von Kompressionskleidung (hier Strümpfe) glaubten, damit auch die besseren Leistungen erbrachten, im Gegensatz zu den negativ eingestellten Läufern, deren Leistungsvermögen sogar sank.[178] Ein schönes Beispiel dafür, wie bei ein und derselben Sache die persönliche Einstellung das Ergebnis mitunter erheblich beeinflussen kann.

Hier zeigt sich wieder einmal sehr anschaulich, wie unterschiedlich wir Menschen gestrickt sind. Bekleidung, Schuhe, Ernährung, Laufstil: Womit ein Läufer sich wohlfühlt, damit wird er die besten Leistungen erbringen – unabhängig von etwaigen anders lautenden Testergebnissen, Studien, Zeitungsartikeln oder Werbebotschaften.

Das, was sich in Ihrem Kopf abspielt – Ihre Überzeugungen und Glaubensmuster –, hat unmittelbare Auswirkungen auf Ihren Körper und Ihr Wohlbefinden. Wenn Sie also überzeugt davon sind, dass Kompressionsbekleidung genau Ihr Ding ist und unverzichtbar für Ihr persönliches läuferisches Leistungspotenzial, dann tragen Sie diese. Wenn Sie meinen, Kompressionsbekleidung bringt Ihnen nichts, verzichten Sie darauf.

Pulsuhr

Ein Läufer, der etwas auf sich hält oder auch nur den Anschein erwecken will, einigermaßen seriös zu trainieren, kommt an einer Pulsuhr nicht vorbei. Aus Angst, im „falschen" Belastungsbereich zu trainieren, unterwerfen sich viele Läufer dem Diktat dieser intelligenten Helferlein. Die dabei gemessenen Daten und Werte entscheiden über Wohl und Wehe des Läufers und den möglichst schnellen Leistungsaufbau. So genau die neuesten Generationen von Pulsuhren mittlerweile sind, so antiquiert ist oft der Ansatz der Nutzer. Eine Pulsuhr ist eine Maschine, die jeden Tag das gleiche, voreingestellte Programm durchläuft, unabhängig von Wetter, Uhrzeit, Jahreszeit oder der Tagesverfassung des Läufers. Salopp ausgedrückt kann man sagen, die Uhr nimmt keine Rücksicht auf den Läufer, der Läufer muss dies aber sehr wohl tun – und das, obwohl er keine Maschine ist und sein Leistungsvermögen von vielen verschiedenen Faktoren abhängt und damit stark variieren kann. Die Theorie besagt, dass ein Training dann effektiv ist, wenn es im empfohlenen Leistungsbereich durchgeführt wird. Das klingt einleuchtend. Was aber, wenn ein Läufer sich an einem Tag einfach nicht so gut fühlt und sich ständig zwingen muss, den gewünschten Leistungsbereich überhaupt zu erreichen und einzuhalten? An einem anderen Tag kann er sich hingegen so gut fühlen, dass er sich ständig einbremsen muss, um den voreingestellten Leistungsbereich nicht zu verlassen. An beiden Tagen hat er den vorgegebenen Belastungsbereich eingehalten, ob aber beide Trainingseinheiten effektiv waren, wage ich zu bezweifeln. Hier schwingt einerseits oft der verständliche Wunsch mit, mit genauen Vorgaben möglichst schnell ein bestimmtes Ziel oder Leistungsniveau zu erreichen. Andererseits grassiert in Läuferkreisen eine regelrechte Angst vor einer zu hohen Belastungsintensität.

Ist der erste Punkt durchaus nachvollziehbar, so stellt sich schon die Frage, warum es solch eine Angst vor hohen Belastungen gibt. Denn unbestritten ist folgende Tatsache: Muskeln und Organe (und infolgedessen auch die Ausdauerleistung) werden nur stärker, wenn sie entsprechend gefordert werden. Denn wozu soll der Körper große und leistungsfähige (= energieaufwändige) Muskeln und Organe ausbilden und vorhalten, wenn diese gar nicht benötigt werden? Ständig hohe Belastungen führen in Verbindung mit unzureichenden Ruhepausen allerdings zu einer Überlastung mit zum

Teil ernsten gesundheitlichen Folgen. Dagegen schaden dosierte hohe Belastungen in Verbindung mit ausreichender Regeneration nicht einmal Kindern. Beobachten Sie Kinder, wenn sie so richtig in ein Laufspiel versunken sind, sie verausgaben sich dann bis zum Anschlag. Als Erwachsene haben wir dabei keine Bedenken, gehört dies doch zur natürlichen Entwicklung eines gesunden Kindes. Warum es für einen gesunden Erwachsenen dann schädlich sein soll, seinen Puls von Zeit zu Zeit mal ordentlich nach oben zu treiben, erschließt sich mir nicht ganz.

Ganz in Abrede stellen möchte ich den Nutzen solcher Geräte allerdings nicht. Vor allem Laufanfänger haben hier ein Hilfsmittel an der Hand, mit dem sie sich einen Überblick verschaffen können in puncto Pulsfrequenz, Belastungsbereich, Trainingsdauer und -häufigkeit. Auch als Motivationsfaktor können solche Geräte dienen, um die anvisierten Ziele zu erreichen.

Erfahrene Läufer sollten dagegen in der Lage sein, ganz auf ihr Körpergefühl zu vertrauen.[179] Im Grunde genommen sollte jeder Mensch selbst wissen, wann er wie schnell und weit laufen kann. Wenn ich frühmorgens gemütlich dahinjoggen will und der Pulsmesser sich ständig meldet, um mich anzutreiben, weil ich nicht im „richtigen" Pulsbereich unterwegs bin, ist das einfach unglaublich lästig. Und wenn ich mich richtig gut fühle und mal ordentlich Gas gebe, möchte ich mich auch nicht einbremsen, nur weil die Pulsuhr ständig „Halt!" ruft. Vor allem sind die meisten Läufer keine Profisportler, die ihr Training und Leben nach Metern und Sekunden auszurichten haben. Ob man beim nächsten Lauf ein paar Minuten früher oder später ins Ziel läuft, ist doch in Wirklichkeit völlig nebensächlich. Weitaus wichtiger ist meines Erachtens, dass man es genießen kann auf seinen beiden Beinen unterwegs zu sein. Die Freude am Laufen sollte überwiegen, nicht der Ärger über die wieder verpasste Bestzeit. Das Gefühl während des Laufes und danach im Ziel sollte der Gradmesser für das eigene Wohlbefinden sein, nicht die ausgewerteten Daten einer Pulsuhr oder eine Urkunde mit der aufgedruckten Zeit und Platzierung.

Musik beim Laufen

Recht oft sieht man mittlerweile Läufer mit Ohrstöpseln oder Kopfhörern durch die Gegend laufen. Keine Frage, Musik kann sehr motivierend wirken. Jedoch nicht unbedingt beim Laufen. Denn Musik stimuliert u. a. auch jene Gehirnregionen, die für die Motorik zuständig sind. Das kann das Finden des eigenen Laufrhythmus erschweren. Es gibt einige Studien zu dieser Thematik, bemerkenswert daran ist folgendes: Je schlechter der Trainingszustand der Läufer, desto größer war die Leistungssteigerung durch Musik. Bei gut trainierten Läufern ist dieser Effekt nicht mehr gegeben, Musik wird manchmal sogar als störend empfunden.[180]

Außerdem gilt es zu bedenken, dass man mit Musik im Ohr weniger bis gar nichts von den Umgebungsgeräuschen mitbekommt. Das kann vor allem auf Straßen und in Städten gefährlich sein.

Der wichtigste Kritikpunkt an Kopfhörern aller Art ist jedoch die Schädigung des Gehörs. Bereits ab 85 Dezibel können Schäden auftreten.[181] Und dies zusätzlich zum ohnehin ständigen Umgebungslärm unserer lauten Gesellschaft. Hierzu zählt vor allem die Belastung durch den Straßenverkehr in größeren Städten und an stark befahrenen Straßen. Als Hauptprobleme neben der Schädigung des Gehörs kommen außerdem vor allem Schlafstörungen und Stress hinzu. Die zusätzliche Beschallung unserer ohnehin hoch belasteten Ohren durch Kopfhörer ist jedoch definitiv am schädlichsten. Daher ist es ratsam, so oft es geht auf Kopfhörer zu verzichten. Zuallererst für die eigene Gesundheit und weiters auch für den eigenen Rhythmus beim Laufen. Denn jeder Läufer sollte in der Lage sein, sich auch ohne Musik zu motivieren. Bei Läufen in der freien Natur, beispielsweise in einem Wald oder auf einsamen Bergpfaden, kann keine Musik der Welt diese Eindrücke toppen. Eine kleine Verschnaufpause für die lärmgeplagten Ohren während einer Laufeinheit tut diesen sicher gut.

Zu bedenken ist auch, dass es nach wie vor keinen Konsens darüber gibt, welche gesundheitlichen Risiken die Strahlenbelastung durch drahtlose Kopfhörer und vor allem Mobiltelefone birgt. Und das gilt nicht nur für die traditionellen Gegner (Bürgerinitiativen) und Befürworter (Wirtschaft) der Mobilfunktechnologie, sondern auch in Wissenschaftskreisen. Eine Antwort, die man von seriösen Wissenschaftlern dazu sehr oft zu hören bekommt ist, dass die Daten- und Studienlage sehr inhomogen ist und gesicherte Aussagen deswegen schwierig zu machen sind. Wirtschaft und Behörden haben natürlich ein Totschlagargument gegen jede Form von Kritik – die Grenzwerte werden eingehalten. Wie diese Grenzwerte jedoch zustande kommen, daran scheiden sich die Geister. Dass die Internationale Krebsforschungsagentur IARC elektromagnetische Felder innerhalb bestimmter Frequenzbereiche als *„möglicherweise krebserregend“* einstuft, trägt auch nicht unbedingt zur Beruhigung bei.[182/183/184]

Wenn Sie so wie ich kein Experte auf dem Feld der künstlich erzeugten Strahlung und ihrer Auswirkung auf lebende Organismen sind und auch kein weitgehender Konsens unter Fachleuten darüber herrscht, sollte man eine gesunde Skepsis walten lassen. Nicht nur aus gesundheitlichen Gründen sollten Sie drahtlose Kopfhörer, Mobiltelefone und Co. öfter mal links liegen lassen.

Tragesystem

Falls Sie länger unterwegs sind, bei unbeständigen Witterungsverhältnissen, oder wenn Sie, wie bei einigen Laufveranstaltungen vorgeschrieben, eine Pflichtausrüstung mitführen müssen, werden Sie um ein Tragesystem nicht herumkommen. Je nach Einsatzzweck und persönlicher Vorliebe kann dies eine Gürteltasche, ein Rucksack, ein Trinkrucksack oder eine Laufweste sein.[185]

Vor allem bei hohen Temperaturen und/oder bei längeren Läufen ist eine Flüssigkeitszufuhr sinnvoll und notwendig. Es gibt mittlerweile einige ergonomisch geformte Trinkflaschen, die an Hüfte oder Handgelenk mitgeführt werden können. Allerdings ist das Fassungsvermögen begrenzt, deswegen sind vor allem Trinkflaschen für die Hand eher für kürzere Strecken geeignet. Zudem hat man nicht beide Hände frei, dies kann vor allem bei Trailläufen ein Nachteil sein. Ein Trinkgürtel ist schnell an- und auch wieder abgelegt, kann aber leicht scheuern und eventuell auch auf den Magen drücken.

Wer sich damit nicht anfreunden kann, dem steht auch ein sogenannter Trinkrucksack zur Verfügung. Im Grunde ist das ein kleiner Rucksack mit einem befüllbaren wasserdichten Beutel und einem Trinkschlauch. Die ersten Trinkrucksäcke waren wirklich noch Rucksäcke mit oft schmalen Tragesystemen (Druck- und Scheuerstellen möglich), die heutigen sind dagegen eher Westen, die eng am Oberkörper anliegen. Dadurch ist die Gewichtsverteilung besser, das unangenehme Auf- und Abhüpfen, welches bei Rucksäcken auftreten kann, wird so verhindert. Neben dem Getränk können auch noch andere Ausrüstungsgegenstände (Riegel, Handy, Regenschutz, Erste-Hilfe-Set, etc.) mitgeführt werden. Bei den Trinkwesten gibt es Modelle, die eine Trinkblase am Rücken haben, Trinkflaschen im Brustbereich (sogenannte Soft Flasks, dies sind kleine, weiche

Trinkflaschen mit oder ohne Trinkhalm. Im Gegensatz zu starren Trinkflaschen ist ein Soft Flask leichter, lässt sich besser verstauen, drückt weniger auf den Körper und benötigt im leeren Zustand weniger Platz, da er sich durch die Flüssigkeitsentnahme zusammenzieht.) und kombinierte Modelle mit Trinkblase und Trinkflaschen.

Sonnenbrille

Sonnenbrillen sind als Schutz der Augen sinnvoll, vor allem vor starker Sonneneinstrahlung, aber auch vor Wassertropfen, Schmutz und Insekten. Nicht nur die Brillengläser erfüllen die Schutzfunktion, sondern auch das Design der Brille. Eine Sonnenbrille hat eine hohe Schutzfunktion, wenn sie auch das von oben und seitlich einfallende Licht (Streulicht) abschirmt. Deshalb sollte die Sonnenbrille möglichst nah am Kopf anliegen, ohne dass die Brillengläser die Wimpern berühren. Die meisten Sonnenbrillen unterbinden die seitliche Einstrahlung durch breite Bügel oder gebogene Brillengläser. Ist die Blendwirkung des Sonnenlichtes durch Reflexionen und Spiegelungen sehr groß, sollte man sich eine polarisierte Sonnenbrille zulegen. Dies sind Brillen, die zusätzlich zum Abdunkelungseffekt normaler Sonnenbrillen dafür sorgen, dass man Kontraste besser wahrnehmen kann. Vor allem im Gebirge sind diese Brillen von Vorteil. Überquert man bei strahlendem Sonnenschein ein Schneefeld, sorgt eine polarisierte Sonnenbrille dafür, dass man Bodenunebenheiten besser wahrnimmt.

Ob Ihre Sonnenbrille polarisiert ist oder nicht, ein ausreichender Schutz vor ultravioletter Strahlung (UV-Schutz) sollte bei jeder Sonnenbrille obligatorisch sein. Das im Sonnenlicht enthaltene UV-Licht ist für das menschliche Auge nicht sichtbar. Starke und/

oder lange andauernde Einwirkung davon auf das Auge wird mit Augenreizungen bis hin zu Erblindungen in Verbindung gebracht. Als Beispiel sei hier die Schneeblindheit von Bergsteigern oder Schifahrern erwähnt. Achten Sie beim Kauf darauf, dass Ihre Sonnenbrille einen ausreichenden UV-Schutz bietet und somit alle Wellenlängen (UV-A, UV-B und UV-C) unterhalb von 400 Nanometern abgeschirmt werden. Ein Nachteil von polarisierten Sonnenbrillen soll noch erwähnt werden: Da Displays von Smartphones, Tablets, Uhren und Navigationsgeräten selbst polarisierendes Licht abstrahlen, kann es sein, dass man diese mit Brille nur sehr schlecht oder auch gar nicht lesen kann.[186/187]

Laufstöcke (auch Wander-, Nordic-Walking- oder Trailrunningstöcke)

Laufstöcke erfreuen sich immer größerer Beliebtheit. Wurde früher noch des Öfteren die Nase gerümpft ob solcher „Spazierstecken“, sind diese mittlerweile richtige Sportgeräte geworden. Egal ob Wandern, Nordic-Walking, Trekking oder Trailrunning – für jeden Einsatzbereich gibt es das passende Gerät. Falls Sie mit solchen Stöcken unterwegs sein wollen, haben Sie die Qual der Wahl. Es gibt die Varianten von Fixstöcken und Faltstöcken, bei Faltstöcken noch die zusätzliche Auswahl zwischen fixer oder variabler Länge. Es werden unterschiedliche Griffsysteme und Spitzen angeboten. Auch das Material der Stöcke selbst will ausgesucht werden, meist sind sie aus Carbon oder Aluminium. Zusätzlich gibt es noch Federungen zur Aufprallminimierung, breite Teller (zum Einsatz im Schnee) und Gummipuffer als Schutz für die Spitze bei harten Untergründen.

Wie überall im Leben gilt auch hier, kein Vorteil ohne Nachteil – und umgekehrt.[188/189]

Vorteile (vorausgesetzt, man verwendet die Stöcke richtig)

- Entlastung der Gelenke und Beinmuskulatur
- zusätzlicher Antrieb beim Bergaufgehen
- Unterstützung und Sicherheit in fordernden Situationen (etwa Queren von Schneefeldern oder beim Tragen schwerer Rucksäcke)

Mögliche Nachteile

- Verschlechterung von Gleichgewichtssinn und Koordinationsfähigkeit (wenn man immer nur mit Stöcken unterwegs ist)
- Unsicherheiten ohne Stöcke (z. B. bei Kletterstellen)
- zusätzliches Ausrüstungsteil

Zusammenfassung

Weiters können Sie noch GPS-Geräte, diverse Apps (etwa mit Live-Tracking-System: der Nutzer kann dabei seinen Standort live mit einem anderen Nutzer teilen), beleuchtete Laufmützen und zahlreiche zusätzliche modische Accessoires und technische Spielereien erwerben und verwenden. Was Sie für sich auch als sinnvoll erachten und verwenden möchten, bleibt Ihnen überlassen. Auch und vor allem in puncto Ausrüstung gilt: *Glaube wenig, hinterfrage alles, denke selbst!*

Die Bestellung im Internet ist zwar sehr beliebt, kann bei Ausrüstungsgegenständen (nicht nur) für das Laufen jedoch sehr leicht nach hinten losgehen. So bequem das Aussuchen von daheim auch ist, bei der Ausrüstung gilt: *Ausprobieren!* Außer wenn Sie genau wissen, was Sie haben möchten, oder das Teil schon in Verwendung haben, führt kein Weg daran vorbei, ein Sportgeschäft aufzusuchen. Nehmen Sie den gewünschten Artikel in die Hand, ziehen Sie ihn an, gehen/laufen darin herum, fragen Sie die Verkäufer. Vielleicht entdecken Sie auch ein Produkt, das Sie gar nicht im Auge hatten, für Ihren Einsatzzweck jedoch besser geeignet ist. Es gibt nichts Ärgerlicheres, als wenn das vermeintliche Schnäppchen aus dem Internet so gar nichts gemein hat mit dem Teil, das Sie dann in Händen halten. Fotos können oft täuschen – dies betrifft nicht nur Laufausrüstung.

Grundsätzlich gilt es, sich vor dem Kauf „unbedingt notwendiger" Ausrüstungsgegenstände folgendes zu vergegenwärtigen:

Wir leben in einer durch und durch gesättigten Wegwerfgesellschaft. Unser Wirtschaftssystem ist auf ständiges Wachstum ausgelegt, um nicht zu kollabieren. Darum wird heute meist produziert, um zu verkaufen und nicht, um die Menschen gesünder zu machen oder ihnen das Leben zu erleichtern. Um immer mehr Geld zu verdienen und den Umsatz zu steigern, ist es notwendig, zu dem bereits bestehenden Angebot an Waren und Dienstleistungen neue Produkte und Absatzmöglichkeiten zu kreieren, um den Konsum weiter zu befeuern. Dies kann in einem gesättigten Markt erreicht werden durch die verkürzte Lebenszeit von Produkten (minderwertige Qualität trotz hoher technischer Standards), Weiterentwicklung bestehender Produkte, Entwicklung neuer Produkte, wirkliche Innovationen oder die Herstellung purer Luxusartikel. Dies hat natürlich gravierende negative Auswirkungen auf unseren Heimatplaneten und all seine Bewohner, denn die Grenzen des Wachstums sind längst erreicht.[190] Wenn wir der lateinischen Wurzel des Wortes Konsum (*consumere* = vergeuden, verbrauchen, verwenden, aber auch zerstören) folgen und uns folgerichtig als Vergeuder/Zerstörer der Ressourcen unseres Heimatplaneten bezeichnen, kommen wir der Wahrheit schon bedeutend näher und würden die derzeitige Situation sehr treffend beschreiben.[191]

Die Dinge, auf die es beim Laufen – und im Leben – ankommt, kann man sowieso nicht kaufen. Dies wären Freude, Glück, Stolz, Zufriedenheit, Harmonie, beeindruckende Erlebnisse, unvergessliche Momente, …

Bewegungstier Mensch – Der geborene Läufer!

Das Zitat von Emil Zátopek „Vogel fliegt, Fisch schwimmt, Mensch läuft“ sagt eigentlich schon alles. Wenn Sie die vorangegangenen Kapitel aufmerksam gelesen haben, kommen Sie hoffentlich so wie ich zur einzig logischen Schlussfolgerung: Der Mensch ist ein absolutes Bewegungstier – und insbesondere der geborene Läufer! Man könnte diesen Gedanken auch noch verfeinern und hinzufügen „der geborene Langstreckenläufer“. Wenn Sie immer noch der Meinung sind, ein Samstagnachmittag müsse unbedingt mit Cola und Chips auf der Couch vor dem Fernseher verbracht werden, dann rufen Sie sich noch einmal die Faktenlage ins Gedächtnis:

1. Der Körper des Menschen ist physiologisch auf das Laufen ausgelegt.
2. Unser gesamter Körper benötigt Bewegung, um besser zu funktionieren.
3. Bewegung beruhigt den Geist, man wird ausgeglichener, stressresistenter.
4. Unser Körper wird leistungsfähiger, schlanker, gesünder.

Falls Sie noch leise Zweifel an Ihrem Körper (und Geist) haben, serviere ich Ihnen als Motivation ein paar Beispiele menschlicher Leistungsfähigkeit.

Den Beweis, dass die Ausrüstung bei weitem nicht der wichtigste Aspekt beim Laufen ist, lieferte der äthiopische Marathonläufer Abebe Bikila (* 7.08.1932, † 25.10.1973) beim olympischen Marathonlauf 1960 in Rom. Er nahm an diesem Lauf als einziger Teilnehmer ohne Schuhe teil und gewann diesen trotzdem. Und das damals in neuer Weltrekordzeit; zugleich war dies die erste olympische Goldmedaille für Afrika überhaupt. Es wurde viel darüber spekuliert, warum Bikila damals ohne Schuhe lief. Die einen meinten, er sei zu arm, um sich richtige Laufschuhe zu leisten, eine andere Geschichte behauptete, er wollte damit auf die prekären Lebensverhältnisse in seiner Heimat aufmerksam machen. Viel wahrscheinlicher ist wohl folgender Verlauf der Geschichte:

Bikila flog nur als Ersatzläufer für einen verletzten Landsmann nach Rom. Keiner der vorhandenen Laufschuhe des Ausrüsters passte wirklich. Also tat Bikila das, was er beinahe sein ganzes Leben lang gemacht hatte. Er lief ohne Schuhe. In nachträglichen Studien, die sein finnischer Trainer Onni Niskanen durchführte, zeigte sich, dass Bikila barfuß tatsächlich schneller laufen konnte als mit Schuhen.

Dabei wurde sein läuferisches Talent erst sehr spät erkannt. Im Alter von 24 Jahren gelang ihm bei den nationalen militärischen Meisterschaften sein erster Überraschungserfolg, damit qualifizierte er sich für die Olympischen Spiele in Rom. Bemerkenswert, wenn man bedenkt, dass Bikila seine sportliche Laufbahn in einem Alter begann, in dem heutige Sportler auf der Höhe ihrer Leistungsfähigkeit sind oder bereits anfangen, über die Zeit nach dem Spitzensport nachzudenken.

1964 trat Bikila bei den olympischen Spielen in Tokio erneut an und konnte seinen Erfolg von 1960 wiederholen, diesmal allerdings mit Schuhen. Bis zu diesem Zeitpunkt konnte kein olympischer Athlet einen Wiederholungssieg im Marathon feiern. Kleines Detail am Rande: Bikila musste sich sechs Wochen vor dem Rennen einer Blinddarmoperation unterziehen. Und trotzdem gewann er den Marathonlauf wieder in Weltrekordzeit.

Eine dritte olympische Goldmedaille im Marathon blieb ihm verwehrt. Bei den olympischen Spielen 1968 in Mexiko ging er verletzt an den Start. Er musste das Rennen bei Kilometer 17 abbrechen, da er wahrscheinlich einen Ermüdungsbruch im Fuß erlitten hatte.

Abebe Bikila war auch sonst ein außergewöhnlicher Mensch. Obwohl er im Alter von 37 Jahren nach einem schweren Autounfall von der Hüfte abwärts gelähmt war und im Rollstuhl saß, verlor er die Liebe zur Bewegung nicht. Er entdeckte das Bogenschießen für sich, spielte Tischtennis und nahm im Jahre 1970 an einem Schlittenhunderennen in Norwegen teil. Als Abebe Bikila 1973 an einer Hirnblutung (wahrscheinlich in Zusammenhang mit seinem Autounfall) starb, kamen ca. 65.000 Menschen in die äthiopische Hauptstadt Addis Abeba, um dem einstigen Hirtenjungen, der als unbekannter Ersatzmann zu den olympischen Spielen flog und als Goldmedaillengewinner und Nationalheld zurückkehrte, die letzte Ehre zu erweisen.[192/193/194]

Das zu Recht oft genannte Paradebeispiel eines außergewöhnlichen Läufers ist der Tscheche Emil Zátopek (* 19.09.1922, † 21.11.2000). Außergewöhnlich und wohl für manche Zeitgenossen erschreckend waren sowohl sein Laufstil, als auch seine Trainingsmethoden. Sein Laufstil brachte ihm den Spitznamen „Die tschechische Lokomotive“ ein. Geschuldet war diese Bezeichnung zum Teil seiner optischen Behäbigkeit aber auch der Tatsache, dass eine Lokomotive meistens einem Zug vorgespannt ist, sprich vorne liegt. Zátopek hatte aufgrund der Tatsache, dass es nicht wirklich ein tschechisches Laufteam gab, praktisch alle Freiheiten. Nach der dubiosen Verhaftung seines Trainers Jan Haluza und dessen Verurteilung in einem Schauprozess nach der Machtübernahme der kommunistischen Partei im Februar 1948 trainierte Zátopek sich einfach selbst. Bei den Olympischen Sommerspielen 1948 in London gewann er die Goldmedaille im 10.000-m-Lauf sowie die Silbermedaille im 5.000-m-Lauf. Legendär ist jedoch sein Antreten bei den Olympischen Spielen 1952 in Helsinki. Er gewann nicht nur den 10.000-m-Lauf, wo er als Favorit an den Start ging, sondern auch noch den 5.000-m-Lauf und den Marathon. Alles innerhalb von acht Tagen.

Sein Verhalten und seine Trainingsgestaltung waren nach damaligen – und auch heutigen – Maßstäben mehr als ungewöhnlich. Für den Marathon, den er noch nie zuvor in einem Wettbewerb gelaufen war, meldete er sich erst kurz vor Annahmeschluss an. Man könnte sagen, aus einer Laune heraus – oder auch aus Liebe zum Laufen.

Beinahe nicht zu glauben sind ebenfalls die Begleitumstände, die zu seinem Marathon-Sieg geführt haben. Denn was macht man, wenn man noch nie einen Marathon gelaufen ist? Man hängt sich an einen erfahrenen Läufer, in diesem Fall an einen Engländer namens Jim Peters. Dieser Jim Peters war jedoch nicht nur ein erfahrener Athlet (1946 englischer Meister über die sechs Meilen, 1951 lief er seinen ersten Marathon und gewann diesen), sondern auch jener Läufer, der 1952 die Weltbestzeit im Marathon aufgestellt hatte und 1953 als erster einen Marathon unter 2:20 Stunden gelaufen war.[199] Peters ging also als Favorit in dieses Rennen. Er lief von Anfang an ein sehr hohes Tempo, dennoch holte ihn Zátopek (zusammen mit dem Schweden Gustaf Jansson, der in diesem Rennen den 3. Platz belegte) kurz vor Kilometer 20 ein. Zátopek als Marathonneuling soll Peters angeblich gefragt haben, ob denn sein Tempo in Ordnung wäre oder er zu schnell sei. Peters selbst lief schon an seiner Leistungsgrenze und musste sich vom Tschechen wohl verhöhnt vorgekommen sein. So antwortete er ihm, sein Tempo sei nicht zu schnell, sondern zu langsam. Zátopek war ob dieser Aussage zwar irritiert, bedankte sich jedoch brav beim Engländer für die Auskunft und beschleunigte seine Schritte. Er lief Jim Peters davon und gewann seinen ersten Marathon – noch dazu bei einer Olympiade und in olympischer Rekordzeit (2:23:03 Std.). Um die „Zátopek-spiele" abzurunden, sei auch noch erwähnt, dass seine Ehefrau Dana Zátopková wenige Minuten nach dem Sieg ihres Mannes über 5.000 Meter ebenfalls eine Goldmedaille gewann (im Speerwurf).

Zátopek gewann unzählige Titel und stellte zahlreiche Bestleistungen auf. Und das, obwohl sein Laufstil alles andere als elegant wirkte und seine Trainingsgestaltung, gelinde gesagt, sehr unorthodox war. Laufen hatte für Zátopek viel mit Einfachheit und Klarheit zu tun: „Hier ist der Start, dort ist das Ziel. Dazwischen musst du laufen."

Er trainierte sehr oft nach dem Intervalltraining, allerdings mit so hohen Wiederholungen, dass auch heutige Spitzenläufer nur ungläubig den Kopf schütteln. 400-m-Läufe mit 200-m-Trabpausen hören sich ja noch vertretbar an, aber Zátopek spulte dieses Programm mit bis zu 50 Wiederholungen ab! Das ergibt für ein (!) Intervalltraining 30 km. Anzumerken wäre hier noch, dass er vor allem am Anfang seiner Läuferkarriere oft in Militärstiefeln lief (ja ja, das richtige Schuhwerk ist entscheidend). In der gängigen sportwissenschaftlichen Literatur wird von solchen Belastungen (umgangssprachlich auch „Rosskuren" genannt) dringend abgeraten. Zátopeks Meinung dazu war: „Mach's dir im Training schwer, dann wird es im Wettkampf leichter."

Zátopek war nicht nur ein herausragender Läufer, sondern auch ein bemerkenswerter Mensch. Nach dem Einmarsch der sowjetischen Truppen 1968 (Prager Frühling) kletterte er in Uniform auf einen Panzer und appellierte an die Sowjets, wieder nach Hause zu fahren. Daraufhin wurde er aus der Partei und der Armee ausgeschlossen und zur Strafe in ein Uranbergwerk versetzt, wo er sechs Jahre lang unter widrigen Umständen seinen Lebensunterhalt verdienen musste. 1974 wurde Zátopek rehabilitiert, bekam eine Anstellung im Sportdokumentationszentrum in Prag und durfte auch wieder ins Ausland reisen. Bis zu seinem Tod im Jahre 2000 lebte er mit seiner Frau in einer kleinen Wohnung in Prag, verehrt von seinen tschechischen Landsleuten wegen seiner sportlichen Erfolge – vor allem aber wegen seiner politischen Haltung.[195/196/197/198/200]

Einen Marathon zu laufen ist schon anstrengend genug, möchte man meinen. Aber können Sie sich vorstellen, mehr als die magischen 42,195 km zu laufen? Vielleicht gar fünf Marathons in Folge, sprich 135 Meilen (ca. 217 Kilometer)? Und das vielleicht auch noch an einem der heißesten Orte der Erde? Nun, es gibt Menschen, die das machen. Und zwar freiwillig. Einer von ihnen ist der Amerikaner Scott Jurek. Niemand hätte ihm in seinen Kindheitstagen zugetraut, den Badwater Ultramarathon einmal zu absolvieren – geschweige denn, ihn zu gewinnen. Als Scott Jurek das erste Mal im Jahr 2005 bei diesem Bewerb an den Start ging, war er in der Ultralaufszene bereits ein äußerst bekannter und erfolgreicher Läufer. Das Western States 100 in der Sierra Nevada hatte er bis zu diesem Zeitpunkt (2005) sieben Mal in Serie gewonnen. Doch Badwater forderte Jurek gehörig. Sein Training war bisher eher auf Geländeläufe und Berge ausgelegt gewesen. Laufeinheiten auf Asphalt waren eher die Ausnahme und ein spezielles Hitzetraining hatte Jurek auch nicht absolviert. Dabei sollte dies für einen Badwater-Teilnehmer Pflicht sein. Da die Strecke entlang des Highway 190 führt, wird man mit extremer Hitze konfrontiert, denn die Temperaturen im Juli (Termin der Austragung) können tagsüber 50 ° Celsius und mehr erreichen. Um es auf den Punkt zu bringen, die suboptimale Vorbereitung sowie die lebensfeindlichen Bedingungen im Tal des Todes forderten ihren Tribut. In Scott Jureks Fall bedeutete dies, dass er sich etwa bei Kilometer 96 übergeben musste und schließlich neben der Strecke kollabierte. Für die meisten Menschen würde dies heißen, dass das Rennen vorbei ist. Doch Jurek war – so wie auch Bikila und Zátopek – anscheinend aus einem ganz besonderen Holz geschnitzt. Nach einigen Minuten, in denen er völlig weggetreten war, stand er wieder auf und lief das Rennen zu Ende. Aber nicht nur das, er lief in neuer Rekordzeit als Erster durch das Ziel am Whitney Portal. Nicht sein ohne Zweifel extrem durchtrainierter Körper war ausschlaggebend für diesen Erfolg, sondern sein absoluter Einsatzwille. Dieser machte den einst schlaksigen, durchschnittlich sportlich begabten Jungen aus Minnesota zu einem der besten Ultraläufer überhaupt. Auch im darauffolgenden Jahr stand er wieder am Start – und gewann erneut. Die „Siegesprämie" war in beiden Jahren dieselbe, eine eher profane Gürtelschnalle. Diese bekommen allerdings alle Läufer, die die Strecke in einer Zeit unter 48 Stunden bewältigen. Finanziell ausgesorgt haben Badwater-Sieger also nicht unbedingt. Läufer, die sich solch extremen Belastungen aussetzen, sind ein – sagen wir mal – besonderer Athletentyp und suchen viel mehr eine innere Belohnung für ihr Tun.[200]

Wenn Ihnen solche „normalen" Läufe zu langweilig sind, können Sie sich auch mit Läufern messen, die vier Beine haben. Wie wäre es zum Beispiel, sich ein Rennen mit einem Pferd zu liefern – und dieses Rennen auch noch zu gewinnen? Es gibt einige wenige Orte auf unserem Planeten, wo solche Rennen ausgetragen werden. Eines davon wird alljährlich in dem walisischen Ort Llanwrtyd Wells veranstaltet.

Die nüchternen Eckdaten des Laufes lauten wie folgt: Streckenlänge 35,4 km, ca. 1.000 Höhenmeter, die Strecke ist ein abwechslungsreicher Mix aus Teer-, Schotter- und Geländewegen mit zwei – oder auch mehreren – Flussdurchquerungen. Beschäftigt man sich jedoch näher mit der Streckenführung, so stellt man fest, dass An- und Abstiege mit bis zu 30 % Steigung zu bewältigen sind und die Strecke teilweise mitten durch Hochmoorgebiete führt, was die Orientierung nicht unbedingt erleichtert. Da die britische Presse diese Landschaft „gruelling welsh terrain“ (frei übersetzt „grüne Hölle von Wales“) nennt, kann man davon ausgehen, dass die Strecke mit ländlicher walisischer Idylle nicht viel zu tun hat. Das Rennen *Man versus Horse* wird seit 1980 ausgetragen und soll seinen Ursprung in einer Wette zweier Pub-Besucher haben. Diese stritten über die Frage, wer über eine längere Strecke wohl schneller sei – Mensch oder Pferd. Wie so oft ließ sich die Frage nicht zufriedenstellend ausdiskutieren und man machte die Probe aufs Exempel. Seitdem messen sich jährlich etwa 250 Läufer und 45 Pferde (mit Reitern). Erwartungsgemäß gewannen bei dieser Veranstaltung immer die Pferde. Allerdings nur bis zum Jahr 2004. In diesem Jahr siegte der Brite Huw Lobb mit 41 Sekunden Vorsprung vor dem schnellsten Pferd. Drei Jahre später machte ihm der Deutsche Florian Holzinger dieses Kunststück nach. Die britische Presse bezeichnete Holzinger als „Der Mann mit der Pferdelunge“. Was auf den ersten Blick so erstaunlich erscheint, ist es jedoch eigentlich nicht.[201/202]

Dass bisher nur zweimal Menschen als Sieger aus dem Duell Mensch gegen Pferd hervorgegangen sind, wundert zumindest Alberto Minetti, Wissenschaftler an der Manchester Metropolitan

University. Der Forscher hat die verschiedensten Pferde-Express-Systeme untersucht: vom Perserreich mit Kyrus dem Großen bis zum Overland Pony Express in den USA. Trotz des großen zeitlichen Rahmens und unterschiedlicher Topografie gibt es doch auffallende Übereinstimmungen. So betrug die durchschnittliche Geschwindigkeit der berittenen Boten ca. 16 km/h. Zudem wurden im Abstand von jeweils ca. 20–25 km Versorgungsstationen eingerichtet, an denen die Pferde gewechselt werden konnten. Gut trainierte Ultraläufer (Strecken von 100 km und mehr) laufen etwa genauso schnell wie die Pferde dieser berittenen Boten, die besten Marathonläufer sogar schneller (ca. 20 km/h), jedoch im Vergleich zu den Tieren doppelt so weit. Die Erklärung dazu: Pferde haben schwere, massige Körper, die viel Energie benötigen. Auf längeren Strecken sind sie nicht in der Lage, ihre Körper bei hohem Tempo ausreichend zu kühlen. So kann die produzierte Wärme dann zu Überhitzung („Kühlproblem") und weiter zu Kreislaufbeschwerden führen.

Menschen beeinträchtigt die Wärmeentwicklung unter Belastung weit weniger. Das ausgeklügelte Kühlsystem des Menschen macht ihn zu einem äußert effektiven Langstreckenläufer, der schon mal dem einen oder anderen Pferd davonläuft.[202/203]

Dies sind alles sehr beeindruckende, ja geradezu fantastische Erzählungen von außergewöhnlichen Läufern. Doch wer glaubt, dass nur Männer mit läuferischen Ausdauerleistungen punkten können, irrt gewaltig. Immer mehr Frauen entdecken das Laufen und auch die langen Distanzen für sich. Vor allem was die mentale Komponente betrifft, sind Frauen unheimlich stark – eine Grundvoraussetzung für Langstreckenbewerbe aller Art.

Christine Thürmer aus Deutschland ist eine der „meistgewanderten" Menschen auf diesem Planeten. Die nach eigenen Aussagen eher unsportliche Frau war eine erfolgreiche Managerin. Studium, Job, Karriere, Geldverdienen. Doch nur bis zum Dezember 2003. Dann wird sie überraschend gekündigt. Sie ist nun arbeitslos – und hat Zeit. In ihr reift die Idee, einmal etwas anderes zu machen. Hin und her gerissen zwischen Sicherheitsdenken und Abenteuerlust macht sich die 36-jährige an die Planung für den PCT – den Pacific Crest Trail: 4.277 km durch die amerikanischen Bundesstaaten Washington, Oregon und Kalifornien, von der kanadischen an die mexikanische Grenze. Doch dies war erst der Anfang. Nach dem PCT wanderte sie auch am Continental Divide Trail (CDT, 4.200–5.000 km, je nach Routenvariante) und schließlich auch den dritten großen amerikanischen Langstreckenwanderweg, den Appalachian Trail (3.508 km). Danach wanderte sie im australischen Outback, durch Florida und Arizona und durch West- und Südeuropa. Insgesamt ca. 33.000 km legte sie so zu Fuß zurück. Sie fuhr auch Fahrrad, insgesamt ca. 30.000 km durch Australien, Neuseeland, Japan, Korea, die USA und Nordeuropa. Auch mit dem Boot war Thürmer unterwegs. Mehr als 6.000 km paddelte sie auf dem Yukon, dem Mississippi, in den Sümpfen Floridas, den Seen Minnesotas und den Kanälen Schwedens. Ihre Bücher tragen dann auch die bezeichnenden Titel *Laufen. Essen. Schlafen.* oder *Wandern. Radeln. Paddeln.*[204]

Auch Brigid Wefelnberg, eine Deutsche mit amerikanischen Wurzeln, fällt in die Kategorie „bewegungshungriger Mensch“. Die alleinerziehende Mutter zweier Töchter, mit Vollzeitjob, betreibt das Laufen wie viele andere auch als Hobby, nur ein wenig intensiver: Wo für den Durchschnittsläufer ein Marathon schon das Höchste der Gefühle ist, fängt für Frau Wefelnberg das Vergnügen erst an. Läufe mit Distanzen jenseits der 200-km-Marke sind ihr Metier. Wären diese Distanzen allein nicht schon geeignet, den

Großteil der Bevölkerung in die Knie zu zwingen, läuft sie mit Vorliebe in den Wüsten dieser Welt oder über deren Berge. Eine kleine Auswahl ihrer Läufe:

- Marathon des Sables, 250 km durch die marokkanische Wüste in den Jahren 2006, 2007, 2008, 2010, 2013 und 2017
- Atacama Crossing, 250 km durch die Atacama-Wüste in Chile
- Gobi March, 250 km in der Wüste Gobi, Mongolei
- Kalahari Augrabies Extreme Marathon, 250 km durch die Kalahari (Südafrika/Namibia) in den Jahren 2012 und 2015
- Bhutan Ultra, 220 km im Himalaja, Bhutan
- The Track, 520 km durch das australische Outback, in den Jahren 2015 und 2017 (hier finishte sie mit einer gebrochenen Rippe)

Zur Abkühlung gab es Läufe im Himalaja über die drei höchsten Pässe der Welt (La Ultra – The High, 333 km) oder gleich am Polarkreis (Polar Circle Marathon, 90 km) in Grönland.[205]

Wem die Wüste zu heiß ist, der kann sich an den Niederländer Wim Hof halten. Dieser Mann trägt den Spitznamen „Iceman" zu Recht. In Läuferkreisen ist der bärtige Niederländer nicht unbedingt bekannt. Dabei hat er bei einer außergewöhnlichen Laufveranstaltung teilgenommen: einem Marathon am nördlichen Polarkreis. Bei einer Temperatur von ca. minus 16 ° Celsius absolvierte Wim Hof diesen Marathon in kurzen Hosen und Sandalen. Trotz der Bedenken einiger Fachleute im Vorfeld der Veranstaltung schaffte Hof diesen Marathonlauf. Dass er der einzige Teilnehmer beim „Oben-Ohne-Marathon" in Finnland war, überrascht wohl niemanden. Auch hier war die Vorbereitung des Iceman eher läuferuntypisch. Das Training des damals Fünfzigjährigen umfasste spezielle

Atemübungen und ein Extra-Kältetraining. So trainierte er im Kühlhaus eines Schlachthofes und schwamm im Winter nachts in den Amsterdamer Grachten. Als Generalprobe tauchte Wim Hof einen Tag vor dem Marathon mehrere Dutzend Meter unter dem Eis. Damit wollte er nicht nur zeigen, wozu Menschen fähig sind, sondern auch folgendes: Einsatz und Kontrolle des Geistes sind wichtiger als körperliches Training. Dass solch ein ausgeprägter Einsatzwille keine Ausnahmeerscheinung ist, bewies er im Jahr 2014. Damals wollte Wim Hof mit einer Gruppe von Leuten den Kilimandscharo besteigen. Damit das nicht zu einfach würde, setzte man sich ein Zeitlimit von 48 Stunden. Erwähnenswert ist auch, dass einige Teilnehmer unter Krankheiten wie Multipler Sklerose, Rheuma, Krebs und Morbus Crohn litten und keine Bergerfahrung hatten. Aber dafür hatten sie Wim Hof. Der Iceman überzeugte die Teilnehmer der Expedition davon, dass Atmung, Kältetraining sowie Einsatzwille wichtiger sind als Alpinerfahrung und Ausrüstung. Vor allem letzteres. Darum schlug er vor, den Weg zum Gipfel in kurzen Hosen und mit nacktem Oberkörper zu absolvieren.

Es kam natürlich, wie es kommen musste. Von den 26 Teilnehmern erreichten 24 Uhuru Peak, den Gipfel in 5.895 Metern Höhe. Wim Hof bewies eindrucksvoll, dass Menschen zu weit mehr fähig sind, als sie glauben. In speziellen Kursen können Interessierte mittlerweile die „Wim-Hof-Methode“ bestehend aus Atemtechnik, Kältetraining und Mentaltraining erlernen.[206]

Auch der Südafrikaner Mike Horn ist davon überzeugt, dass Menschen zu mehr fähig sind, als sie gemeinhin glauben. Dabei war die Unternehmung, die er im Juni 1999 begann, auf den ersten Blick recht simpel. Er wollte einfach die Erde entlang des Äquators umrunden. Bei näherer Betrachtung (vor allem einer Weltkarte) offenbart sich diese Reise als richtig großes Abenteuer. Da Mike

Horn die ca. 46.000 km ohne motorisierte Hilfe absolvieren wollte, bedeutete dies Wandern, Segeln, Schwimmen, Radfahren und Paddeln. Und nicht nur durch Wüsten, Dschungel und Sümpfe sowie über Gebirge. Es galt mit Atlantik, Pazifik und Indischem Ozean auch drei Weltmeere zu überqueren. Um möglichst nahe an der unsichtbaren Linie des Äquators zu bleiben, erlaubte sich Horn eine maximale Abweichung von 40 km nördlich und südlich. Die 17 Monate dauernde Reise hielt so einige Überraschungen bereit. Er überlebte den Biss einer giftigen Schlange im brasilianischen Regenwald, trotzte zahlreichen Stürmen auf dem Atlantik und dem Pazifik und kam auf dem Indischen Ozean in einem mehrtägigen Zyklon nur knapp mit dem Leben davon. Auch der größten Gefahr, der man bei so einem Unterfangen zwangsläufig begegnet, konnte er sich mehr als einmal mit einer ordentlichen Portion Mut und noch mehr Glück entziehen – dem Menschen: Drogenbanden und Guerilleros in Kolumbien, die ihn für einen Spion hielten, oder auch marodierende Banden und Soldaten in unüberschaubaren Konflikten in Afrika, die in ihm eine lukrative Einnahmequelle sahen oder eine willkommene Ablenkung, die man getrost drangsalieren und ausrauben konnte. Auch die massiven Umweltzerstörungen in einigen der schönsten Gegenden unseres Planeten machten Mike Horn zu schaffen. So heißt das letzte Kapitel in seinem Buch *Breitengrad Null* dann auch „Am Schlimmsten ist der Mensch". Über Sinn oder Unsinn einer solchen Unternehmung ließe sich trefflich streiten. Was den gesundheitlichen Aspekt angeht, hat mich am meisten das Bild von Mike Horn beeindruckt, wie er in einem Einbaum sitzt und einen der zahllosen Wasserläufe des Amazonas befährt. Man sieht einen sonnengegerbten Mann ohne das geringste Übergewicht. Er wirkt auf dem Bild wie aus Stein gemeißelt – die perfekte Blaupause für eine griechische oder römische Heldenstatue.[207]

Das alles sind lediglich Beispiele von Menschen, die sich freiwillig solchen Strapazen aussetzen und sich bewusst dafür entschieden haben. Zu welchen körperlichen und geistigen Leistungen Menschen imstande sind, zeigt sich allerdings erst dann, wenn das eigene Leben bedroht ist und der Überlebenstrieb zum Tragen kommt. Extremsituationen und Grenzerfahrungen bringen das zum Vorschein, was wirklich in uns steckt.

Der Name Aron Ralston wird den wenigsten Menschen etwas sagen, nicht einmal Läufern. Dabei hat dieser junge Mann einen der härtesten Ultraläufe weltweit bestritten, das Leadville Trail 100. Er hat diesen Lauf aber nicht gewonnen und er wird wohl auch in den nächsten Jahren nicht in der Siegerliste auftauchen. Dennoch wollte der Veranstalter des Rennens Kenneth Chloubер ihn unbedingt dabei haben. Er erließ ihm sogar die Startgebühr. Und das war sonst gar nicht seine Art.[200] Was war so besonders an diesem Aron Ralston? Statt seines rechten Unterarms trägt er eine Prothese. Jetzt könnte man meinen, das ist zwar bedauernswert, es gibt jedoch einige Menschen, die eine Prothese tragen. Das mag stimmen, besonders waren jedoch die Umstände, die dazu führten, wie Ralston seinen rechten Arm verlor. Im April 2003 brach Aron Ralston alleine zu einer Tagestour durch einen Canyon in Utah auf. Doch diese normale Unternehmung nahm eine völlig unerwartete Wendung. Mitten im Canyon löste sich ein ca. 500 kg schwerer Felsblock und klemmte seine rechte Hand ein. Ralston saß in der Falle. Alle Befreiungsversuche scheiterten. Auf Rettung von außerhalb brauchte er nicht zu hoffen, da er niemandem gesagt hatte, wohin er ging. Nach fünf langen Tagen mit brütender Hitze tagsüber und klirrendem Frost in den Nächten hatte der 28-jährige Ralston eigentlich schon mit seinem Leben abgeschlossen. In einem letzten Aufbäumen seines Überlebenswillens tat er etwas

Unglaubliches, er amputierte seinen rechten Unterarm. Und das bei vollem Bewusstsein, ohne Operationsbesteck, sondern mit einem handelsüblichen Multitool. Die Prozedur dauerte ca. eine Stunde. Ralston durchtrennte dabei mit seiner linken Hand Haut, Muskelstränge, Sehnen, Blutgefäße und Nervenstränge. Da er keine Knochensäge hatte, brach er sich nacheinander Elle und Speiche. Nach der Amputation hatte sich Ralston zwar aus dieser tödlichen Falle befreit, doch es wartete noch der Rückweg zu seinem Wagen auf ihn, mit dem er ins nächste Krankenhaus fahren musste, um endlich medizinische Versorgung in Anspruch nehmen zu können. In seinem geschwächten Zustand musste er sich einhändig einen 19 Meter hohen Abhang abseilen und sich blutend bei glühender Hitze auf den Weg zu seinem abgestellten Wagen machen. Doch er hatte unsagbares Glück. Nach ca. 11 km Fußmarsch fanden ihn die inzwischen alarmierten Rettungskräfte und er wurde mit einem Hubschrauber in das nächstgelegene Krankenhaus geflogen. Ralston selbst bezeichnet die ganze zeitliche Abfolge bis zu seiner Rettung als ein Wunder.[208]

Diese Geschichte ist auch ein Beispiel dafür, was wir können, wenn wir alles geben. Darum wollte Ken Chlouber Aron Ralston unbedingt bei seinem Rennen dabei haben, denn für ihn verkörpert Ralston das Motto von Leadville: „Du bist zäher, als du denkst, und du kannst mehr leisten, als du glaubst."[200]

Was all diese unterschiedlichen Menschen eint, sozusagen der kleinste gemeinsame Nenner, ist folgendes: Sie alle sehen/sahen einen Sinn in ihrem Tun und ihrem Leben, eben wegen oder trotz all der Strapazen und Herausforderungen, die ihnen widerfuhren. Sich nicht unterkriegen zu lassen, aus seinem Leben etwas Besonderes zu machen – dem Leben Sinn geben. All die Schwierigkeiten, Herausforderungen und Krisen des Lebens fordern und formen uns

Menschen. In Ausnahmesituationen zeigt sich unser wahres Wesen – und gleichzeitig bietet sich die Möglichkeit, daraus zu lernen und als Mensch zu wachsen.

Viele Menschen in unserer satten und trägen Gesellschaft fragen mit weinerlicher Stimme oder im selbstgerechten Ton der Verbitterung nach dem Sinn des Lebens. Dabei meinen sie doch nur: „Was habe ich vom Leben zu erwarten?“

Der Psychiater und Neurologe Viktor Frankl drehte diese Frage einmal um 180 ° und fragte stattdessen: „Was erwartet das Leben von uns?“ Die Fragen, die das Leben an uns hat, beantwortet man nicht durch Reden oder Grübeln, sondern durch die Tat. Durch richtiges Verhalten, durch rechte Handlung, durch das, was man gemeinhin als Vorbildwirkung bezeichnet.[209]

Nehmen Sie sich an den vorhin angeführten Personen ein Beispiel für das, was der Mensch zu leisten imstande ist. Auch wenn unser kultivierter Kleingeist uns oft das Gegenteil weismachen will. Sie können sich die Leistung jedes einzelnen dieser Menschen als Vorbild nehmen und ihnen eventuell auch nacheifern. Weitaus wichtiger wäre es aus meiner Sicht jedoch, wenn Sie sich etwas anderes zum Vorbild nähmen, was alle diese beeindruckenden Menschen auszeichnet: **„Gib niemals auf!“**

„Man muss den Menschen die Wunder zeigen,
die sie selbst vollbringen können.“

Willi Dungl

Und jetzt?

Auch wenn Sie am liebsten gleich loslaufen würden und Ihre Schritte erst wieder heimwärts lenken, wenn die Sonne sich dem Horizont nähert, so kommt man doch nicht umhin, ein klein wenig zu planen. Wie lässt sich das Laufen in unseren oft schon zur Gänze ausgefüllten Tagesablauf integrieren?

Es gilt, das Laufen nicht als weiteren lästigen Termin zu sehen, sondern als Bereicherung unseres Lebens. Sehen Sie es als einen Teil, der bisher vernachlässigt worden ist. Oder auch als Gegengift zu unserer meist fremdbestimmten Vollgasgesellschaft. Da wir nun wissen, dass ausreichend Bewegung maßgeblich zu unserem Wohlbefinden und unserer Gesundheit beiträgt, wäre es mehr als sinnvoll, dem Laufen einen Fixplatz in unserem persönlichen Tages-, Wochen- und Jahresplan einzuräumen. Die drei großen Bereiche, die unser Leben in den westlichen Industriegesellschaften bestimmen, sind:

- **Familie:** Darunter fallen alle Aktivitäten und Verpflichtungen, die das Familienleben mit sich bringt. Dies sind neben dem Familienalltag unzählige Taxifahrten für Ihre Kinder, Elternabende, Geburtstagsfeiern, Familienfeste, Hochzeiten, Begräbnisse, Ausflüge mit den Kindern und/oder Partner, Urlaube, etc.

- **Freizeit:** Jener Abschnitt eines Tages (Feierabend), einer Woche (Wochenende) oder des Jahres (Urlaub), der frei von beruflichen Verpflichtungen ist. Dazu gehören Treffen mit Freunden, Hobbys, notwendige Erholungsphasen nach der Arbeit, aber auch Tätigkeiten wie ein Hausbau, Instandhaltungsarbeiten bei Haus, Wohnung, Auto, etc. Freizeit und Familie überschneiden sich oft.
- **Beruf:** Um sich das Leben in unserer Gesellschaft leisten und all die Dinge kaufen zu können, von denen wir glauben, dass wir sie unbedingt brauchen, ist es für die meisten in der Bevölkerung notwendig, einer regelmäßigen bezahlten Arbeit nachzugehen. Ein Großteil des Tages ist somit schon verplant. Zur Normalarbeitszeit kommen noch Überstunden, Wochenend- und Nachtdienste sowie Weiterbildungsmaßnahmen.

Um neben den großen Bereichen Familie, Freizeit und Beruf noch Zeit für einige Läufe zu haben, wird Ihnen nichts anderes übrigbleiben, als in einem (oder allen) der eben genannten Bereichen einige Stunden abzuzweigen. Für die meisten Hobbyläufer ist der Tages- und Wochenablauf wohl ähnlich: Montag bis Freitag tagsüber arbeiten, abends und am Wochenende Verpflichtungen und Aktivitäten aus den Bereichen Familie und Freizeit nachgehen. Viel Zeit und Energie bleibt verständlicherweise oft nicht mehr. Kommt dann vielleicht noch ein Großprojekt wie ein Hausbau dazu, ist oft alleine schon der Gedanke laufen zu gehen Luxus. Mit Kindern ist eine langfristige Planung ohnehin nicht möglich. Da tauscht man den sonntäglichen langen Lauf schon mal gegen Händchenhalten und Geschichtenvorlesen am Krankenbett ein oder dient als „letzte Rettung“ bei vergessenen Hausaufgaben und Schulprojekten.

Bevor Sie an die Planung gehen, wo, wie und wann Sie sich Zeit nehmen können für Ihre läuferischen Aktivitäten, möchte ich Ihnen einen gut gemeinten Ratschlag vorab ans Herz legen:

Hinterlassen Sie nirgends verbrannte Erde!

Das soll heißen, dass Sie mit Ihrem Entschluss, nun ein Läufer zu werden, niemanden vor den Kopf stoßen sollten. Wenn der Marathonlauf, auf den Sie sich ein Jahr lang vorbereitet haben, auf exakt das gleiche Wochenende fällt wie der 90. Geburtstag Ihrer Großmutter oder die Hochzeit Ihrer besten Freundin, überlegen Sie besser zweimal, ob nicht doch ein anderer Termin für Ihren Lauf infrage kommt (Laufbewerbe – vor allem Marathonläufe – gibt es mittlerweile wie Sand am Meer). Im Gegenzug sollten Sie sich aber auch nicht von jedem 08/15 Kaffeekränzchen vom Training oder einer Laufveranstaltung abhalten lassen. Hier gilt es sorgfältig abzuwägen. Familie und Freunde (sprich Beziehungen) sind einzigartig und wertvoll; viel wertvoller, als ein Wettbewerb es jemals sein könnte. Haben Sie außerdem Nachsicht mit jenen, die noch nicht Ihre Willensstärke erlangt haben und nicht dem Laufen frönen. Was für Sie normal ist (oder bald sein sollte), löst bei Nichtläufern oft völliges Unverständnis aus.

Hier kommen wir zu einem weiteren wichtigen Punkt. Viele sehen ihre – mehr oder weniger – regelmäßigen Läufe als etwas, das man zusätzlich in seinen Alltag einbauen muss. Es gilt, diese Sichtweise radikal zu ändern bzw. den Knoten im Gehirn zu lösen. Sie müssen sich als Läufer sehen, als jemanden, der eine angeborene Fähigkeit wiederentdeckt und endlich wieder in sein Leben lässt. Sie sollten sich als Läufer spüren und Ihr Leben danach ausrichten. Zu den Bereichen Familie, Freizeit und Beruf könnte man als vierten Teilbereich Bewegung, insbesondere das Laufen, nehmen. Nicht mehr und nicht weniger. Sie sind ein geborener Läufer, also leben Sie auch so.

Sie sollten an den Punkt gelangen, wo ein verpasster Lauf Sie ärgert. Aber nicht, weil Sie für einen bestimmten Wettkampf trainieren und das in Ihrem Trainingsplan so vorgesehen war, sondern einfach deswegen, weil Sie einen Lauf verpasst haben – sich eben nicht bewegen konnten. Das Laufen sollte so fest in Ihren Tagesablauf integriert sein wie die Tasse Tee zum Frühstück. Setzen Sie sich das Ziel, eine gewisse Grundkondition das ganze Jahr über zu halten. Nehmen Sie sich z. B. vor, jederzeit einen 20-km-Lauf absolvieren zu können und trotzdem Ihr sonstiges Tagespensum aus den Bereichen Familie, Freizeit und Beruf nicht zu vernachlässigen.

Familie

Wenn Sie hier Zeit für Ihre läuferischen Aktivitäten abzweigen, haben Sie nur zwei Möglichkeiten, um etwaigem Unfrieden oder möglichen Beschwerden entgegenzuwirken. Entweder Sie kompensieren die verlorene Zeit durch ein Mehr an Zuwendungen während der verbleibenden Zeit (sprich mehr Aufmerksamkeit, mehr Ausflüge, mehr Geschenke, …) oder Sie integrieren Ihre Familie ins Laufen. Kinder lieben es normalerweise, zusammen mit den Eltern etwas zu unternehmen, wenn der sportliche Ehrgeiz der Eltern den Kindern den Spaß an der Bewegung nicht nachhaltig verleidet. Hüten Sie sich davor, jede gemeinsame Familienbewegungseinheit zu einem Wettkampf zu machen (vor allem Männer sind dafür sehr anfällig). Hier geht es in erster Linie darum, gemeinsam etwas zu unternehmen und Bewegung als etwas Natürliches anzusehen, und nicht darum, Trainingsfortschritte zu erzielen oder sich bis zum Anschlag zu verausgaben. Wenn die übrige Familie Ihre Bewegungs- und Laufleidenschaft teilt, ist das Verständnis für eigene Trainingsläufe und die Teilnahme an diversen Laufveranstaltungen umso höher. Gemeinsame Erlebnisse verbinden, das gilt besonders für Familien. Positive Erinnerungen an gemeinsame Unternehmungen in der Kindheit wirken bis ins Erwachsenenalter nach. Solche Erlebnisse sind sowohl Teil der gemeinsamen Familiengeschichte als auch der darin involvierten Einzelpersonen. Im besten Fall wird so die Freude an der Bewegung von einer Generation an die nächste weitergegeben.

Freizeit

Die Freizeit ist wohl jener Bereich, der für Ihre läuferischen Aktivitäten am leichtesten Raum lässt. Aber hüten Sie sich davor, etwa einfach weniger zu schlafen. Einerseits benötigen Sie durch die zusätzliche körperliche Betätigung mehr Erholungsphasen und Schlaf, andererseits könnten Sie Gefahr laufen, sich völlig zu verausgaben. Dabei wollen wir mit dem Laufen genau das Gegenteil erreichen: sich nicht noch etwas zusätzlich aufhalsen, sondern einen Ausgleich schaffen, etwas für Gesundheit und Wohlbefinden tun.

Obwohl wir Menschen auf allen Gebieten Unglaubliches leisten können, ist der Akku irgendwann einmal leer, wenn wir ständig über unsere Verhältnisse leben. Wenn Sie glauben, sich für einen Marathon optimal vorbereiten zu können, Sie jedoch nichts an Ihrem bisherigen Verhalten ändern, sind Sie schlecht beraten. Denn wenn nebenbei eine mindestens Vierzigstundenwoche, eine Familie, vielleicht noch ein Hausbau und eventuell auch noch eine schwangere Frau zu Buche stehen, wird die Luft schon sehr dünn. Da der Tag für alle Menschen nur 24 Stunden hat, geht sich das mit einer solch hohen Belastung über kurz oder lang beim besten Willen nicht aus. Sie werden unweigerlich ein großes Schlafdefizit ansammeln, von Erholungsphasen kann keine Rede mehr sein. Sich mehr aufzuladen als man – gesund – bewältigen kann, ist der beste Weg, völlig auszubrennen.

Allerdings gibt es schon Bereiche, bei denen man ansetzen kann, um mehr Zeit für Bewegung zu haben.

Bei vielen Menschen ist der Fernsehapparat (dies gilt auch für Streamingdienste und Videoportale) ein unglaublich großer Zeitfresser. Obwohl bei Befragungen ein Großteil angibt, nicht täglich fernzusehen, lohnt es sich, seinen eigenen TV-Konsum kritisch zu hinterfragen. Machen Sie einen Selbstversuch. Verzichten Sie eine Woche lang konsequent auf Ihren Fernseher/Computer. Sie werden überrascht sein, über wie viel freie Zeit Sie auf einmal verfügen. Wenn Sie die Zeit, die Sie für das Fernsehen aufwenden, 1:1 in Laufeinheiten übertragen, werden wir wohl bald von Ihnen in der Zeitung lesen. Laut ORF Medienforschung betrug die durchschnittliche TV-Nutzungszeit 2020 (ab 12 Jahren) 209 Minuten.[210] Das sind fast dreieinhalb Stunden. Laufen Sie das mal täglich! Wenn Sie auf ebener Strecke in der Stunde 10 km laufen (was ein moderates Lauftempo darstellt), kämen Sie auf eine wöchentliche Laufleistung von ca. 240 km. Da wären Sie von der reinen Kilometerleistung her schon im Bereich der absoluten Marathon-Weltspitze.

Dies ist nur ein Beispiel, wie sehr unser moderner Lebensstil unsere natürliche Veranlagung zur Bewegung zurückdrängt. Nebenbei hat die Reduktion des Fernsehkonsums noch den zusätzlichen Vorteil, das Hirn nicht ständig mit medialem Junkfood zu überschwemmen. Die Welt dreht sich auch noch, wenn Sie nicht täglich am Fernseher kleben. Dasselbe gilt auch für die Zeit, die wir für soziale Medien, Computerspiele, Netflix-Serienmarathons und das Handy generell aufwenden.

Auch das Überangebot von Veranstaltungen aller Art in unserer Wohlstandsgesellschaft ist für viele Menschen sehr verlockend. So angenehm es ist, aus einem großen Angebot von Konzerten, Theateraufführungen, Festen, Vorträgen und dergleichen wählen zu können – Sie müssen nicht bei jedem „Sauaustreiben" dabei sein. Wie in vielen anderen Bereichen sollten Sie Qualität den Vorzug gegenüber Quantität geben.

Beruf

Sollten Sie selbstständig sein, können Sie „relativ einfach" über Ihre Zeit verfügen – was allerdings meist auch nur für Außenstehende so aussieht. Oft arbeiten Selbstständige mehr als unselbstständig Erwerbstätige. Als Arbeiter oder Angestellter ist es dafür schwieriger, sich für sein Lauftraining freizuspielen, da oft sehr starre Arbeitszeiten vorgegeben sind.

Ob unselbstständig oder selbstständig: Wenn Sie jede freie Minute an Ihrem Arbeitsplatz verbringen, viele Überstunden leisten und sich für unersetzlich halten, sollten Sie Ihre Einstellung zur Arbeit generell überdenken. Jeder Mensch/Arbeitsplatz ist ersetzbar und mir ist von niemandem bekannt, der am Ende seines Lebens je gesagt hätte, „Ach, hätte ich doch mehr gearbeitet!"[211] Menschen, die vor ihrem Tod etwas bereuen, bereuen meist nicht die Dinge, die sie getan haben und von denen sie (aus welchen Gründen auch immer) glaubten, dass sie sie tun müssten, sondern eher jene, die sie nicht getan haben.[211]

Es gibt viele Gründe, warum wir die vielen kleinen und großen Träume in unserem Leben oft nicht verwirklichen: sei es die fehlende Zeit durch eine hohe Arbeitsbelastung, Angst vor sozialer Ächtung, da man etwas tut, was „man einfach nicht macht", die vielen Ablenkungen in unserer Gesellschaft, die einen immer weiter von seinem wahren Wesen entfernen, Energie raubende Beziehungen – beruflich wie privat – die trotzdem aufrecht erhalten werden, oder Geldmangel, da wir für alles Mögliche Geld ausgeben – nur nicht für die Erfüllung unserer Herzenswünsche.

Überdenken Sie gelegentlich Ihre Einstellung zur Arbeit und fragen Sie sich, ob Sie das tun, was Sie wirklich wollen. Sehr oft wenden wir viel Zeit und Energie für Dinge auf, von denen wir meinen, Sie tun zu müssen. Um Karriere zu machen, Status und Anerkennung zu erreichen oder auch Geld oder Liebe (besonders tragisch) zu bekommen. Unsere ureigenen Herzensangelegenheiten werden immer weiter in den Hintergrund gedrängt. Ergibt sich dann doch einmal die Möglichkeit dafür, hat man oft keine Energie mehr übrig – wenn man nach vielen Jahren seine Träume nicht ohnehin schon begraben und vergessen hat. Halten Sie von Zeit zu Zeit inne und denken Sie darüber nach, ob Sie das Leben führen, das Sie wollen. Wenn Sie Ihr Leben hin und wieder von Ballast befreien (von solchem, den Sie sich selbst aufladen und solchem, den andere gerne bei Ihnen abladen), bleiben Ihnen Zeit und Energie, um sich dem zu widmen, was Sie wirklich erfüllt und zufriedenstellt. Sie können nicht nur Zeit zum Laufen finden, auch Sie als Mensch sowie in weiterer Folge Ihre beruflichen und privaten Beziehungen werden davon enorm profitieren.[212]

Trainingsgestaltung

Wie versprochen, werde ich Ihnen keine Trainingspläne vorstellen, die Sie akribisch zu befolgen haben, um dieses oder jenes Ziel zu erreichen. Das können andere viel besser und es gibt in einschlägigen Büchern und im Internet haufenweise Literatur dazu. Wie Ihre persönliche Trainingsgestaltung aussehen soll, können letzten Endes nur Sie selbst wissen. Man kann zwei grundlegende Aspekte unterscheiden, die Ihr Training maßgeblich beeinflussen:

1. Sie haben keine Wettkampfambitionen und laufen nur für sich selbst.
2. Sie bereiten sich auf eine organisierte Laufveranstaltung vor.

Wenn Sie sich selbst der ersten Gruppe zuordnen, haben Sie wirklich alle Freiheiten. Wann, wo, wie oft, welche Intensität, alleine, zu zweit oder in einer Gruppe – völlig egal. Hauptsache Sie laufen und haben Spaß dabei.

Sind Sie ein Läufer der Gruppe 2, haben Sie selbstverständlich einige Einschränkungen und Vorgaben in Ihrer Trainingsplanung zu berücksichtigen. Zuallererst einmal gibt Ihnen der Termin der Laufveranstaltung einen zeitlichen Rahmen von der Entscheidung zur Teilnahme bis zum Tag X vor. Das Training ist dann in diesem vorgegebenen Zeitraum so zu gestalten, dass Sie den Bewerb auf jeden Fall gesund und am besten mit einem Lächeln beenden können.

Auch die Art der Veranstaltung ist maßgeblich für Ihre Trainingsgestaltung verantwortlich. Nehmen Sie an einem 10-km-Lauf teil, an einem Marathon oder gar an einem Ultralauf? Laufen Sie in einer Stadt, auf oder über einen Berg, oder aber spielen Sie vielleicht sogar mit dem Gedanken an einen Wüstenlauf? Findet der Lauf in Ihrer näheren Umgebung statt oder müssen Sie eine weite Anreise in Kauf nehmen? Benötigen Sie eine spezielle Ausrüstung, besondere Fertigkeiten oder auch Fremdsprachenkenntnisse?

Der dritte Aspekt ist Ihr aktueller läuferischer Istzustand. Starten Sie praktisch bei null, schaffen Sie ein paar Kilometer zu laufen, oder sind Sie bereits ein erfahrener Läufer?

Für mich ideal ist die Kombination aus beiden Gruppen. Das Training der Läufergruppe 1 sollte so gestaltet sein, dass Sie mühelos bzw. mit relativ kurzer Vorbereitungszeit an einem Wettkampf Ihrer Wahl teilnehmen können. Im Klartext heißt das, dass Ihre „normalen" Laufgewohnheiten (Ihre Grundlagenausdauer) Sie jederzeit dazu befähigen sollten, einen Langstreckenlauf zu starten – egal ob Sommer oder Winter, rauf auf einen Berg oder rund um einen See. Wenn Sie sich jedes Jahr ein Ziel setzen – ein Jahres-Highlight Ihrer läuferischen Aktivitäten –, dann sollte es ihnen leichter fallen, die Trainingsfrequenz aufrechtzuerhalten. Egal ob es die Teilnahme an einer organisierten Laufveranstaltung ist oder Sie sich alleine ein Ziel vornehmen, Sie haben etwas, auf das Sie sich freuen können.

Ob Sie sich eher der Läufergruppe 1 oder 2 zuordnen, und welche Ziele Sie sich auch setzen mögen, einige grundlegende Punkte gelten für alle Läufer. Diese sollten Sie bei Ihrer Trainingsgestaltung unbedingt berücksichtigen.

Punkt 1

Unabhängig davon, was Ihre Ziele sind und wie Sie diese erreichen wollen, egal, wie teuer Ihre Ausrüstung und wie ausgefeilt Ihr

Trainingsplan und Ihre Ernährung sind, dürfen Sie eines nicht vergessen: Sie müssen immer selbst laufen!

Punkt 2

Sie müssen immer selbst laufen!

Punkt 3

Sie müssen immer selbst laufen! (Ich weiß, dass es langsam langweilig wird, aber viele Läufer vergessen diesen Punkt sehr gerne.)

Punkt 4

Es ist ohne Belang, ob es Ihr Ziel ist, 10 km am Stück laufen zu können, Ihren Hausberg im Laufschritt zu bezwingen, oder Sie an einem Marathon teilnehmen wollen. Stellen Sie sich immer die Frage, ob Sie das wirklich für sich wollen. Viele Entscheidungen unseres Lebens treffen wir beeinflusst von anderen. All die gut gemeinten Ratschläge, gesellschaftlichen Zwänge und sozialen Verpflichtungen machen freie Entscheidungen oft nur schwer möglich. Darum sollten Sie beim Laufen frei entscheiden, ob Sie das angepeilte Ziel auch wirklich für sich wollen. Nicht weil der Freund, Nachbar oder Arbeitskollege das auch macht („Was der kann, kann ich schon lange"), es gerade „in" ist („Einmal im Leben musst du Marathon laufen") oder die soziale Anerkennung dafür hoch ist („Du bist Marathonläufer? Wow, Respekt!"). Mangelnde Selbstreflexion, falsch verstandener Ehrgeiz, gruppendynamische Prozesse und die daraus resultierenden – manchmal fragwürdigen – Entscheidungen haben schon so manchem die Freude am Laufen vergällt. Selbst negative gesundheitliche Auswirkungen bis hin zu Todesfällen können die Folge sein, wenn die körperliche Verfassung mit dem sportlichen Ehrgeiz nicht Schritt halten kann.

Punkt 5

Gesunde haben viele Wünsche, Kranke nur einen.

Sprichwort

Ihre Gesundheit sollte bei allen Aktivitäten immer im Vordergrund stehen. Keine Medaille, keine Urkunde, keine Bestzeit ist es wert, Ihre Gesundheit aufs Spiel zu setzen. Wenn Sie nur ein wenig in der Gegend herumjoggen wollen, müssen Sie nicht unbedingt eine große sportärztliche Untersuchung machen (vorausgesetzt, Sie sind gesund, gehören keiner Risikogruppe an und leiden nicht bereits an einer Erkrankung). Sollten Sie längere Distanzen ins Auge fassen, ist eine Untersuchung aber durchaus sinnvoll. Wenn Sie unsicher sind, gehen Sie auf jeden Fall zum Arzt Ihres Vertrauens.

Falls Sie sich krank fühlen oder krank sind, verzichten Sie auf jede Art sportlicher Betätigung! Die drohenden gesundheitlichen Nachteile, wenn Sie ein Training trotzdem durchziehen oder an einer Laufveranstaltung teilnehmen, wiegen hier viel schwerer als Ihr Ruf als „harter Hund“.

Punkt 6

Nehmen Sie sich genügend Zeit, Ihre Ziele zu erreichen. Sie müssen nicht von 0 auf Marathon-Level laufen! Machen Sie langsam, genießen Sie das Laufen. So hat Ihr Körper auch Gelegenheit, sich an die neuen Gewohnheiten anzupassen – er wird es Ihnen mit mehr Leistungsfähigkeit und geringerer Verletzungsanfälligkeit danken. Das Leben ist für die meisten Menschen ohnehin schon stressig genug. Den Stresspegel durch unrealistische Ziele beim Laufen noch zu erhöhen, liegt ganz und gar nicht in der Natur der Sache. Stecken Sie sich realistische Etappenziele und laufen Sie langsam und entschlossen auf Ihr Ziel zu. Und falls Sie unterwegs erkennen, dass Sie kein Marathonläufer sind, was soll's. Suchen Sie sich ein anderes Ziel. Sie sind niemandem Rechenschaft schuldig, wie Sie Ihr (Läufer-)Leben gestalten.

Punkt 7

Auch wenn ich (vor allem beim Laufen) ein vehementer Verfechter der Eigenverantwortung bin, sollten Sie nicht völlig „beratungsresistent" gegenüber den Ratschlägen erfahrener Läufer sein. Vor allem nicht am Anfang Ihrer Läuferkarriere. Ganz gleich, ob Sie mit jemandem persönlich sprechen, sich einen Vortrag anhören oder ein Buch lesen: Seien Sie aufmerksam, stellen Sie viele Fragen und ziehen Sie Ihre eigenen Schlüsse.

„Ein Dummkopf lernt nichts aus seinen Fehlern. Ein kluger Mensch lernt aus seinen Fehlern. Ein Genie lernt aus den Fehlern der anderen."

Punkt 8

Bei aller Liebe zum Laufen und unserer Veranlagung zum Langstreckenlauf, unterschätzen Sie lange Distanzen bitte nicht! Wir sind keine drahtigen Barfußläufer mehr, die jeden Tag auf unterschiedlichste Weise körperlich gefordert werden. Wir sind – so traurig und hart das auch klingen mag – großteils wohlstandsverweichlichte Jammerlappen und Weicheier. All die Geräte und Maschinen, die uns den beruflichen und privaten Alltag erleichtern, schwächen unseren Körper, indem sie ihm Arbeit abnehmen (Kein Vorteil ohne Nachteil). Nur die wenigsten kompensieren dies durch eine höhere Trainingsintensität.

Eine Strecke von 10 km zu laufen, bringt den Großteil der Durchschnittsbevölkerung schon gefährlich nahe an den Rand extremer Überbelastung (wenn die Strecke überhaupt vollständig laufend zurückgelegt werden kann). Tasten Sie sich langsam an die längeren Distanzen heran, Ihr Körper ist diese Art von Aktivität noch nicht gewohnt. Dies schult zugleich auch Ihre mentale Ausdauer; Geduld und Einsatzwille bilden das geistige Rüstzeug für den Langstreckenlauf. Übertriebener Ehrgeiz dagegen kann die guten Vorsätze ganz schnell ins Gegenteil verkehren. Sich etwas vorzustellen bzw. einzubilden ist eine Sache, den Körper dies dann auch ausführen zu lassen, etwas ganz Anderes. Unser modernes Anspruchsdenken mit dem Credo „Jetzt sofort" funktioniert hier nicht. Kopf und Körper haben das Programm Couch-Potato erst gegen das neue Programm „Bewegung ist normal" zu tauschen. Und glauben Sie mir, alte Programmierungen (bzw. Konditionierungen) können unglaublich hartnäckig sein.

Punkt 9

Sorgen Sie für Abwechslung. Die wenigsten Läufer halten ein eintöniges Lauftraining durch, wenn Sie immer die gleiche Strecke im immer gleichen Tempo herunterspulen. Suchen Sie sich mehrere Strecken, variieren Sie das Tempo, bauen Sie Hindernisse in Ihre Läufe ein. Unsere Vorfahren sind auch nicht auf völlig ebenem Untergrund schnurgeradeaus gelaufen. Denken Sie daran, Sie dürfen und sollen Ihren Körper ruhig ein wenig fordern.

Punkt 10

Träumen, planen und dann eigenverantwortlich handeln! Jede große Reise beginnt mit dem ersten Schritt. Auch all die großen Namen in der Läuferszene haben einmal klein begonnen, denken Sie daran. Sie selbst haben es in der Hand, wie weit Sie gehen bzw. laufen wollen.

Punkt 11

Beim Laufen wie im Leben generell gilt: „Sei einfach du selbst – alle anderen gibt es schon."

Das heißt, sich nicht selbst etwas einzureden oder von anderen weismachen zu lassen, wer man ist bzw. sein soll. Es gilt, sich selbst zu erkennen, seine Stärken und Schwächen ehrlich zu benennen. Nur so ist es möglich, seiner Bestimmung zu folgen.

Punkt 12

Glauben Sie an sich selbst! Glauben Sie daran, dass Ihre Entscheidungen die für Sie richtigen sind. Glauben Sie daran, dass Sie scheinbar unmöglich erscheinende Ziele erreichen können. Der erste Marathon ist meist der schwerste, weil Sie gar nicht glauben können, dass Sie es schaffen werden. Sie können auch ruhig daran glauben, dass es Distanzen jenseits der berühmten 42,195 km gibt, die Sie ebenso bewältigen können.

Punkt 13

Auch wenn das Training manchmal mühsam ist, Verletzungen sich hartnäckig halten und sich scheinbar alles und jeder gegen Sie als Läufer verschworen hat: Geben Sie die Hoffnung nicht auf! Bei einem Lauf kann das Gefühl zu fliegen manchmal nahtlos in bleischwere Beine übergehen, die sich nur noch mühevoll bewegen lassen. Das Leben ist nur in den allerseltensten Fällen eine Gerade ohne Steigungen. Denken Sie daran, jeder Schritt bringt Sie dem Ziel ein kleines Stück näher. Und auch der härteste Tag geht vorüber.

Punkt 14

Lieben Sie das Laufen! So wie ein Kind, laufen Sie um des Laufens willen. Nicht Meter, Sekunden, Platzierungen und Medaillen sollten Ihr Antrieb sein, sondern einzigartige Erlebnisse, tiefgehende Gefühle und unbezahlbare Erfahrungen – einfach gute Erinnerungen daran, was Sie selbst aus eigenem Antrieb in Ihrem Leben erreicht haben.

Warum nur?

Oft wird Läufern die Frage gestellt, warum sie laufen. Was treibt sie an, sich regelmäßig die Laufschuhe zu schnüren und in der Gegend herumzurennen? Woher beziehen sie die Motivation für das Training, um etwa einen Marathon zu laufen oder gar einen Ultralauf? Vor allem Langstreckenläufern unterstellt man gerne Masochismus und/oder einen mehr oder weniger stark ausgeprägten Geltungsdrang. Die Antworten vieler Läufer auf das Warum weisen jedoch in eine andere Richtung und ähneln sich auffällig, es fallen oft Begriffe wie Freude, Stolz und Zufriedenheit:

- Die Freude an der Bewegung. Diese geht in unserer modernen Gesellschaft mit all ihren Annehmlichkeiten zusehends verloren.
- Den eigenen Körper spüren. In unserer „verkopften“ Gesellschaft verlieren wir mehr und mehr die Verbindung zu unserem Körper. Die Selbsteinschätzung, was den eigenen Körper betrifft, ist beim Durchschnittswohlstandsbürger oft nicht mehr gegeben. Das Laufen ist eine Möglichkeit, die Verbindung wieder herzustellen. Es heißt nicht umsonst „Mens sana in corpore sano“ (Ein gesunder Geist in einem gesunden Körper).
- Etwas Besonderes schaffen. Unser Leben in West-/Mitteleuropa ist für die meisten Menschen sehr sicher und verläuft in geregelten Bahnen. Vielen Menschen fehlt jedoch oft unbewusst etwas, das ihren Alltag beleben würde. Einen Marathon zu laufen ist z. B. wie ein kleines Leuchtfeuer im trägen Meer der Alltagsroutine.

- Der Stolz auf die eigene Leistung. Spezialisierung und Arbeitsteilung kennzeichnen unsere Arbeitswelt. Um etwas fertigstellen zu können, sind in der Regel viele Beteiligte notwendig. Beim Laufen ist das nicht so, Sie alleine sind von Anfang bis Ende verantwortlich, beteiligt und auch der Hauptakteur. Dies ist für viele Menschen unglaublich befriedigend – und ein enormer Schub für das Selbstvertrauen.

Darüber hinaus denke ich, dass das Laufen noch weit tiefer geht. Die positiven Auswirkungen auf Körper und Geist sind für mich persönlich zwar sehr willkommen, bilden jedoch nur die halbe Wahrheit ab. Der eigentliche Grund, warum ich so gerne laufe, ist ein völlig anderer. Das Laufen schenkt mir ein Gefühl tiefsten Friedens. Ich verwende absichtlich dieses Wort, denn es beschreibt treffend, was ich oft schon während und nach einem mehrstündigen Lauf empfinde. Das Laufen fordert einerseits den Körper und entspannt zugleich den Geist. Das Gefühl, im Hier und Jetzt zu sein, etwas aus eigenem Antrieb tun zu können, ohne auf andere Menschen angewiesen zu sein. Vor allem wenn ich alleine in der Natur laufe, empfinde ich zuweilen ein geradezu erhabenes Gefühl der Verbundenheit. Das Gefühl, sich nicht durch die Natur zu bewegen, sondern ein Teil von ihr zu sein. Dies geht weit über die rein körperliche Bewegung des Laufens hinaus. Für mich ist dies der spirituelle Aspekt des Laufens. All das, was wir im Alltag so oft vermissen, ist im Laufen auf so einzigartige Weise vereint: Bewegung, Klarheit, Harmonie, Frieden.

Falls Sie jetzt noch immer keinen Drang verspüren, sich zu bewegen, nehmen Sie bitte Kontakt mit Ihrem Arzt oder Apotheker auf – denn ich kann Ihnen nicht mehr helfen!

Die Kardinalstugenden des Läufers

„Tugend besteht nicht aus der Abwesenheit der Leidenschaften, sondern in deren Kontrolle."

Josh Billings

„Tugend ist die Kraft, durch welche ein Wesen mit der vollen, ihm eigenen Seinsgewalt seinem Werdedrang zu folgen vermag!"

Thomas von Aquin

Wenn Sie nun genug Mut und Zuversicht geschöpft haben, um Ihr eigener Trainer, Ernährungsberater und Motivationscoach zu werden, haben Sie den Großteil für ein selbstbestimmtes Läuferleben schon erreicht. Für den nötigen Feinschliff ist es empfehlenswert, den Blick auf etwas zu lenken, das altbacken erscheinen mag, jedoch nicht nur Ihre läuferischen Aktivitäten wesentlich erleichtern wird.

Was kann man sowohl angehenden als auch erfahrenen Läufern gleichsam mit auf den Weg geben? Was macht das Laufen mit uns Menschen? Werden wir wirklich zu besseren Menschen, nur weil wir uns regelmäßig bewegen?

Laufen alleine ändert nicht unseren Charakter oder unsere Wertvorstellungen. Es birgt jedoch das Potenzial einer Wandlung, wenn man sich darauf einlässt, das Laufen nicht nur als Sport zu sehen. Es passiert leider viel zu oft, dass falsch verstandener Ehrgeiz, gepaart mit einer überschießenden Wettkampfmentalität zu Rücksichtslosigkeit und sogar zu Unsportlichkeit führt. Egal, ob dies der Läufer ist, der gleich nach dem Startschuss beim Marathon völlig unnötigerweise drängelt und stößt, um schon auf den ersten Metern ein paar Plätze gut zu machen; oder derjenige, der seinem Vordermann absichtlich auf die Schuhbänder oder Ferse steigt, damit dieser den Schuh verliert; oder einer Läuferin nicht über ein Hindernis hilft, weil sie – wenn sie schon bei so einer Veranstaltung mitmacht – alles gefälligst selbst zu schaffen hat; oder an der Labestation andere Läufer anrempelt, weil diese sich zu viel Zeit nehmen, aber erst, nachdem er die Helfer dort beleidigt hat, weil die Verpflegung nicht den eigenen hohen Erwartungen entspricht; oder an anderen offensichtlich verletzten oder in anderweitigen Schwierigkeiten steckenden Teilnehmern ohne mit der Wimper zu zucken vorbeiläuft.

Dies alles sind Auswüchse unserer Leistungsgesellschaft und haben mit dem, was Laufen für mich bedeutet, nichts gemein. Natürlich kann es mühsam sein, auf den ersten Kilometern eines großen Stadt-Marathons Schulter an Schulter eingeklemmt dahinzutraben, ohne seinen eigenen Rhythmus zu finden, aber glauben Sie mir, den Läufern um Sie herum geht es höchstwahrscheinlich genauso. Würde jeder rücksichtslos stoßen und drängen, wäre das Chaos perfekt.

Bei einem Traillauf ist der Läufer vor Ihnen auf dem schmalen Waldweg zu langsam? Anstatt Ihrem Unmut Luft zu machen oder ihm auf die Pelle zu rücken, sollten Sie freundlich fragen, ob er Sie bei nächster Gelegenheit vorbeilässt. Vielleicht hat er Sie noch gar nicht bemerkt. Mit Freundlichkeit erreicht man oft mehr. Eventuell ergibt sich auch eine kurze Plauderei – soll alles schon passiert sein. Und es gilt auch zu bedenken, dass hin und wieder Sie selbst der langsame Läufer sein können.

Anderen Läufern über ein Hindernis oder schwierigen Streckenabschnitt zu helfen, das letzte Stück Banane an der Labestation nicht für sich selbst zu beanspruchen, den Energieriegel, der eigentlich für die letzten Kilometer gedacht war, einem völlig ausgepumpten Läufer zu überlassen, den Laufkollegen während einer Schwächephase nicht einfach stehen zu lassen und stur sein Tempo weiterzulaufen, bei einem verletzten Läufer zu warten und ihm Mut zuzusprechen, bis die Sanitäter kommen, oder dem Läufer am Streckenrand, der sich übergeben muss, seinen ganzen Vorrat an Papiertaschentüchern auszuhändigen – all das wird auf keiner Ergebnisliste vermerkt oder Ihnen im Ziel auf Ihre Zeit gutgeschrieben. All das sollte jedoch selbstverständlich sein und wichtiger als ein paar Minuten früher im Ziel zu sein.

So wie ein Leben nicht schnörkellos verläuft, wird wohl auch kein Lauf nach Wunsch von Punkt A (Start) nach Punkt B (Ziel) zu absolvieren sein. Die Hindernisse, Störungen und Unwägbarkeiten fordern und formen uns. Sowohl den Körper als auch den Geist. So wie im Leben sollte es auch beim Laufen gewisse „Mindeststandards" geben, an die man sich halten sollte. In unserer modernen Leistungsgesellschaft werden Gewinner generell auf ein Podest gehoben. Erfolg wird verehrt wie ein goldenes Kalb. Wie Siege und Erfolge zustande kommen, interessiert oft nur die Wenigsten.

Dies ist nicht nur im Spitzensport so, auch im Breitensport hat diese Entwicklung längst Fuß gefasst. Manchmal könnte man meinen, dass Rücksichtslosigkeit – sowohl dem eigenen Körper als auch anderen Sportlern gegenüber – schon zum guten Ton gehört. Hochgezüchtete Athleten mit einer rücksichtslosen Siegermentalität taugen meiner Meinung nach überhaupt nicht als positive Vorbilder; schon gar nicht für Kinder und Jugendliche.

Laufen hat viel mit Klarheit und Harmonie, aber auch mit Zielstrebigkeit, Einsatzwillen und Selbstüberwindung zu tun.

So ist es nicht nur möglich, einen Berg hinaufzulaufen, Marathondistanzen zu bewältigen oder eine Wüste zu durchqueren, sondern auch unsere zweifellos vorhandenen rohen, niederen Instinkte zu zügeln. Wenn wir den Blick über einige Jahrhunderte der Menschheitsgeschichte schweifen lassen, sehen wir, dass dieses Thema uns Menschen immer schon beschäftigt hat.

Es geht mir hier nicht um eine Verklärung oder Romantisierung der Vergangenheit, weil früher ja doch alles besser war (sogar die Zukunft). Moral, Werte und Idealvorstellungen sind kritisch zu hinterfragen und auch im Kontext der damaligen Zeit zu sehen. Nicht alles, was vor hunderten von Jahren normal war, lässt sich 1:1 in unsere Zeit übernehmen.

Man sollte allerdings auch nicht den weit verbreiteten Fehler begehen, all das, was Menschen in der Vergangenheit schufen, als rückständig abzuwerten. Aus der Geschichte zu lernen bedeutet, das zu übernehmen, was sich bewährt hat, und (gegebenenfalls) für die Jetztzeit zu adaptieren. Das, was sich als Fehler oder Irrweg herausgestellt hat, lässt man weg. Das wäre eine Möglichkeit, dass die Menschheit nicht in mehr oder minder regelmäßigen Abständen Fehler wiederholt und vieles wieder neu entdecken bzw. lernen muss, was oft schon vor langer Zeit bekannt war.

Die Tugendlehre des Mittelalters ist so ein Erfahrungsschatz, aus dem sich auch heute noch einiges Brauchbare heben und verwenden lässt.

„Ich bin das Schwert des Kriegers, in dem sich die alten Werte mit den neuen vereinen.“

Zitat aus dem Film „Last Samurai“[216]

In nahezu allen mittelalterlichen Rittergeschichten ist eine der Kernaussagen, dass es möglich ist, sich über die selbst heute noch zweifellos vorhandenen niederen Instinkte in uns zu erheben. Und zwar durch Werte und Ideale, die eine Verhaltensweise hervorbrachten, die gemeinhin als Ritterlichkeit bezeichnet wurde. Mit dem Bild des Ritters assoziieren viele Menschen immer noch den strahlenden Helden ohne Fehl und Tadel, den unerschrockenen Streiter für die gerechte Sache. Sein vorbildliches Handeln, eben diese Ritterlichkeit, bezieht man zwar meist auf den Ritterstand, der diese spezielle Verhaltensweise hervorbrachte und immer weiter verfeinerte, jedoch konnte jeder ritterlich handeln – unabhängig davon, welcher Klasse man angehörte, vom einfachen Volk bis zu Edelleuten gab man sich gern den Anstrich noblen Denkens und Handelns. Ritterlichkeit war und ist – trotz mancher gegenteiliger Ansichten – keine Frage der Geburt.[213] Bauern oder Handwerker legten oft ein nobleres Verhalten an den Tag als so mancher Ritter kraft seiner Abstammung.

Heutzutage stehen das Individuum und seine Bedürfnisse im Mittelpunkt, vor allem der Körper ist für viele eine Spielwiese zur Selbstoptimierung. Welche Folgen dies für andere Menschen oder auch die Gesellschaft hat, ist oft keine Überlegung wert. Eine Vorbildwirkung oder auch positive Auswirkungen auf die Gesellschaft sind in diesem „System“ nicht vorgesehen.[214]

Im Gegensatz dazu stand das Tugendsystem des Mittelalters, welches viel mit Dienen und Diensten zu tun hatte. Die Ideale, Wertvorstellungen und Dienste (der Gottes-Dienst, der Herren-Dienst und der Minne-Dienst) sollten nicht nur dem Individuum helfen, sich selbst zu verwirklichen, sondern dadurch auch einen positiven Beitrag für die Gesellschaft zu leisten (sozusagen eine klassische Win-win-Situation).

Tugend bzw. tugendhaftes Verhalten riecht heute für viele nach Selbstverleugnung, Verzicht und Disziplin. Dabei sollte ein tugendhaftes Leben den Menschen auf lange Sicht befreien. Tugenden und deren Befolgung sollten und sollen sowohl dem Einzelnen als auch der Gesellschaft zum Vorteil gereichen. Zweifellos kostet Tugendhaftigkeit Überwindung – und genau darin liegt das Problem für viele Menschen, sowohl in der Vergangenheit als auch heute. Warum sich die Mühe machen, wenn scheinbar alle anderen dies nicht tun oder nur halbherzig dabei sind?

Tugendhaftigkeit hat nichts damit zu tun, sein gesellschaftliches Ansehen zu heben oder dafür „in den Himmel" zu kommen. Es geht dabei vielmehr um das, was früher als „gedeihliche Lebensführung" oder auch als „gelungenes Leben" bezeichnet wurde. In die heutige Zeit übersetzt könnte man einfach sagen, ein gutes oder geglücktes Leben.

Auch wenn die hohen Ideale und Werte nur von wenigen wirklich gelebt wurden, so gab es doch zumindest eine Richtschnur, die gesellschaftlich anerkannt war und an der man sich orientieren konnte. So war es zumindest in gewissen Situationen möglich, ein tugendhaftes Verhalten zu zeigen. Allemal besser als ein ständig rohes und ungezügeltes, impulsgesteuertes Verhalten an den Tag zu legen, weil man mangels geeigneter Vorgaben gar keine Idee einer anderen Lebensführung bzw. Entscheidungsfindung hat, und man demzufolge auch um die Möglichkeit gebracht wird, sein Verhalten neu auszurichten.[213/215]

Für die grundlegende Einstellung und das Verhalten beim Laufen ist diese Tugendlehre, welche im Hochmittelalter (ca. 1170–1250) ihre Blüte hatte, durchaus interessant. Ausgehend von der Tugendlehre der Antike entwickelte sich im europäischen Raum durch zahlreiche Einflüsse, die über die Jahrhunderte ihre Spuren hinterließen, ein ganz spezieller Verhaltenskodex. Betonte Sokrates in seiner antiken Tugendlehre vor allem Stärke, so milderte sich dies unter dem zunehmenden christlichen Einfluss merklich ab.[213]

Das Ideal der Ritterlichkeit vereinte schließlich sowohl Stärke als auch Milde in einer auch heute noch sehr anziehenden Verbindung. Nicht umsonst sind Filme und Serien, die den Themenbereich um Ritterlichkeit in all seinen Facetten aufgreifen, so beliebt und erfolgreich – siehe etwa *Herr der Ringe, Game of Thrones* oder die Jedi-Ritter aus *Star Wars.*

Einen einheitlichen festgeschriebenen Verhaltenskodex bzw. „die Tugendlehre" im engeren Sinn gab es im Mittelalter nicht, sehr wohl aber waren gewisse Ideale und Werte weit verbreitet und wurden gemeinhin als erstrebenswert angenommen. Dies waren Tapferkeit, Würde, Ehre, Demut, Treue, aber auch Höflichkeit, Geduld und Mitgefühl. Waren diese Tugenden abhängig von Zeit und Ort auch unterschiedlich gewichtet, so bildeten sich im Lauf der Zeit doch einige heraus, die höher bewertet wurden als andere. Diese Haupt- oder Primärtugenden gab es seit der Antike, der griechische Philosoph Platon (ca. 428–348 v. Chr.) und der römische Politiker, Schriftsteller und Philosoph Marcus Tullius Cicero (106–43 v. Chr.) trugen maßgeblich zu deren Verbreitung bei. Der heute gebräuchliche Ausdruck „Kardinaltugend" geht höchstwahrscheinlich auf den lateinischen Kirchenlehrer Ambrosius von Mailand (339–397 n. Chr.) zurück. Das, was wir heute unter den vier Kardinaltugenden verstehen, fußt maßgeblich auf den Schriften des katholischen Theologen und Philosophen Thomas von Aquin (1225–1274 n. Chr.). Seine Überlegungen und Ausführungen dazu sind sehr umfangreich und zeugen heute noch von der Hingabe und Ernsthaftigkeit, mit der er sich diesem Themenkomplex gewidmet hat.[213/214/215/217/218/219]

Tugendhaftigkeit wird nicht mit Geld aufgewogen, sondern mit Lob und Bewunderung. Tugenden sind also als gute und erwünschte Werte anzusehen, die sowohl für den Einzelnen als auch die Gesellschaft nützliche und positive Ergebnisse zur Folge haben.[215/217] Der Begriff mag auf den ersten Blick antiquiert anmuten, eine nähere Betrachtung lohnt sich jedoch allemal. In einer immer beliebigeren und formloseren Gesellschaft, in der „eh alles erlaubt ist" und eine allgemeine „Verpöbelung"[213] um sich greift, können diese Tugenden einen Kompass bieten, um nicht völlig in einen Zustand abzugleiten, der sowohl unseren Körper als auch unseren Geist lähmt und in weiterer Folge auch nachteilige Auswirkungen auf die Gesellschaft als Ganzes hat. Ich habe versucht, diese Kardinaltugenden „läufergerecht" aufzubereiten – das eine oder andere lässt sich vielleicht sogar im „normalen" Leben anwenden.

Klugheit[213/214/219]

Die Klugheit ist die erste unter den Tugenden und zugleich die Bedingung für alle anderen. Klugheit hat mit Intelligenz nicht unmittelbar zu tun, schließt sie aber auch nicht aus. Intelligente Menschen neigen sehr leicht zu mehr oder minder ausgeprägten Formen der Besserwisserei bis hin zur Unbelehrbarkeit (heute „Beratungsresistenz"). Der Philosoph Josef Pieper bezeichnet dies als „Widerstand gegen die Wahrheit der wirklichen Dinge". Die Klugheit verwehrt sich dagegen nicht trotzig und verschanzt sich auch nicht hinter einem vermeintlich vorhandenen Wissen, welches keiner Erweiterung bedarf. Für kluge Menschen bestehen viele Möglichkeiten dazuzulernen. Die Voraussetzung dafür ist so einfach wie auch schwierig – man muss bereit sein, sich etwas sagen zu lassen.

Klugheit hat auch nichts mit dem Anhäufen von Wissen und der unreflektierten Wiedergabe dessen zu tun. Klugheit ist das Erkennen der Wirklichkeit, der Wille, etwas grundlegend zu verstehen; dazulernen zu wollen und danach entsprechend zu handeln. Dies schließt auch die Fähigkeit zur Selbstkritik ein, etwa eigene Meinungen und Sichtweisen zu ändern, wenn diese einem tatsächlichen Erkenntnisgewinn im Wege stehen.

Dies ist auch die passende Überleitung zum Laufen. Klugheit beim Laufen heißt, den Spagat zu schaffen zwischen „sich nicht alles einreden lassen" von Werbung, Fachleuten und Laufgurus und der weitverbreiteten „Ich-weiß-alles-besser-Mentalität". Mit beiden schottet man sich von echtem Lernen und somit auch vor Weiterentwicklung ab. Niemand sollte Sie besser kennen als Sie sich selbst. Treffen Sie die Wahl Ihres Trainingsumfanges was Anzahl, Dauer und Intensität betrifft wohlüberlegt, ruhig und gelassen. Wählen Sie die Art der Laufveranstaltungen ebenso nach diesen Kriterien aus. Unter Einbeziehung Ihres persönlichen Umfeldes, Ihrer aktuellen Lebenssituation und Ihrer körperlichen und mentalen Verfassung sollte es möglich sein, in Ihrem privaten und beruflichen Umfeld keine verbrannte Erde zu hinterlassen sowie Ihren Körper nicht durch sinnlose Gewaltaktionen zu schädigen.

Gerechtigkeit[213/219]

Diese ist schwer zu fassen, hängt sie doch sehr vom eigenen Standpunkt, der eigenen Lebenswirklichkeit ab. Die meisten Menschen wünschen sich eine gerechte Welt, doch wie diese in der Praxis aussehen soll, darüber scheiden sich die Geister. Ungerechtigkeiten lassen sich leichter erkennen, doch Gerechtigkeit? Für Thomas von Aquin ist sie kein endgültiger und andauernder Zustand, sondern hat stets etwas Vorübergehendes und auch Unvollkommenes an sich. Sie ist ein Produkt, das von der Verschiedenheit aller Beteiligten abhängig ist. Es ist somit ein ausgleichendes Element. Die absolute, unumstößliche und weltumspannende Gerechtigkeit gibt es nicht und wird es wohl auch in Zukunft nicht geben. Auf die göttliche Gerechtigkeit zu hoffen oder darauf, dass Politiker eine gerechte Welt erschaffen (wie immer diese auch aussehen soll) ist eher vergebene Liebesmüh. Ein großer Schritt ist schon getan, wenn man sein direktes Umfeld gerecht behandelt – eben so, wie man selbst auch behandelt werden möchte.

Beim Laufen liegt das ausgleichende Element der Gerechtigkeit darin, unsere Wunschvorstellungen (Geist) mit unseren tatsächlichen Gegebenheiten (Körper) in Einklang zu bringen. Meist übersteigt das Wollen das Können und man hadert mit allerlei wirklichen und noch viel mehr eingebildeten Ungerechtigkeiten, die einem widerfahren und die volle Leistungsentfaltung behindern. Darum seien Sie vor allem Ihrem Körper gegenüber gerecht, der Unglaubliches leistet. Er ist es, der Sie ins Ziel trägt. Wenn Sie Ihren Körper von Zeit zu Zeit ordentlich fordern, ist es nur gerecht, ihm auch entsprechende Erholungsphasen zu gönnen.

Tapferkeit[213/220/221/222/223]

Diese wird oft mit Mut gleichgesetzt, unterscheidet sich jedoch in einigen Punkten grundlegend davon. Laut Duden wird Mut definiert als „Fähigkeit, in einer gefährlichen, riskanten Situation seine Angst zu überwinden; Furchtlosigkeit angesichts einer Situation, in der man Angst haben könnte.“, Tapferkeit als „unerschrockenes, mutiges Verhalten im Augenblick der Gefahr“. Das heißt also, ein mutiger Mensch muss nicht zwangsläufig tapfer sein, Tapferkeit beinhaltet jedoch sehr wohl Mut. Die Ausgangslage ist meist ähnlich, etwa ein Risiko einzugehen, eine Gefahr auf sich zu nehmen oder auch Sicherheiten aufzugeben. Mut oder mutiges Verhalten alleine ist jedoch eine aktive Handlung, eine freie Willensentscheidung mit der Aussicht auf ein Gelingen – ein glückliches und/oder sinnvolles Ende.

Tapferkeit dagegen ist meist keine freie Entscheidung und meint das Ausharren unter widrigen Umständen oder das Ertragen belastender Situationen – ohne Aussicht auf ein glückliches Ende oder aber mit dem Wissen zu scheitern (etwa in Form von sozialer Ausgrenzung/Ächtung, körperlichen Verletzungen oder des eigenen Todes). Tapferkeit hat somit auch viel mit Leidensfähigkeit und Durchhaltevermögen zu tun. Auch der Glaube, für höhere Werte oder „die gute Sache“ zu kämpfen, befähigt die Menschen zu Tapferkeit.

Heute dienen Tapferkeit und noch viel mehr Mut meist nicht mehr dem Überleben, sondern sie sind oft ein Mittel zur Identitätsfindung und damit auch zur Abgrenzung. Dies soll durch das Ausüben von Risikosportarten gelingen oder mittels anderer waghalsiger Unternehmungen, die dann etwa in den sozialen Medien zur Schau gestellt werden.

Mut und Tapferkeit können sich auch übersteigern – man spricht dann von den negativ besetzten Begriffen Übermut und Tollkühnheit, aber auch von Vermessenheit und Leichtsinn. Diese „Zerrformen“ tragen ein großes zerstörerisches Potenzial in sich, sowohl für den Akteur selbst als auch für sein Umfeld.

Beim Laufen können Sie ruhig den nötigen Mut aufbringen, auch einmal unpopuläre Entscheidungen zu treffen, was Trainingsgestaltung, Ernährung, Ausrüstung oder die Art von Laufveranstaltungen betrifft, an denen Sie teilnehmen möchten. Bleiben sie tapfer dabei, egal was Freunde, Läuferkollegen oder der Zeitgeist vorgeben. Wenn es einmal nicht nach Wunsch läuft, ist das kein Grund, gleich die Flinte ins Korn zu werfen. Die eine oder andere Durststrecke wird sich zwangsläufig einstellen – aber auch wieder vergehen. Wegen jedem kleinen Problem muss man nicht sofort entgeistert aufgeben und seine Ziele über den Haufen werfen, denn Tapferkeit erfordert auch ein hohes Maß an Geduld.

Maß[213/224]

Dies ist wohl die Tugend, die den meisten von uns am schwersten fällt. In unserer Überflussgesellschaft verbinden wir damit oft Einschränkungen beim Essen und Trinken. Doch Maß halten meint nicht nur das Einschränken oder Fasten in Bezug auf die Nahrungsaufnahme, sondern geht weit darüber hinaus. Darunter versteht man eine grundlegende Ordnung der gesamten Lebensführung, alle Bereiche des täglichen Lebens sind davon betroffen. Maßvoll agieren meint nicht nur das Zuviel, sondern auch das Zuwenig. So wie ein Übermaß an Nahrung oder Bewegung hat auch ein Mangel daran nachteilige Auswirkungen. Mit Maß- Halten ist ursprünglich die „rechte Mischung" gemeint, der Wille soll die Triebe, Leidenschaften, Instinkte unter Kontrolle halten, um sie zielgerichtet einsetzen und nutzen zu können.

Da hierzu ein freier Wille notwendig ist, aber Ablenkungen und Verlockungen so vielfältig sind, fällt das vielen Menschen unglaublich schwer.

Für Läufer bedeutet Maß oft, dem Körper einerseits nicht zu viel an Belastung zuzumuten und ihm andererseits aber zu wenig an Erholung zu bieten (bei Bewegungsmuffeln verhält es sich genau umgekehrt). Ein maßvolles (Läufer-)Leben zu führen heißt auch nicht, in einem langweiligen, ereignis- und freudlosen Zustand dahinzudämmern. Das rechte Maß bedeutet, meinem über die Maßen beanspruchten Körper auch die nötige Regeneration zukommen zu lassen. Und nicht, immer die gleiche Strecke im immer gleichen Tempo im Wohlfühlbereich dahinzutraben. Auf die Bewegungs-Highlights im Leben (wie etwa einen Marathon) sollten als ausgleichendes Element Phasen bewusster Ruhe und Entspannung folgen. Weder Raubbau durch exzessive Belastungen noch Deformation durch ständige Trägheit sollte die Maxime sein – eben das rechte Maß.

Betrachtet man diese Tugenden und sieht im Vergleich dazu, wie manche Läufer ihr Training gestalten und bei Laufveranstaltungen agieren, kann man schon ins Grübeln geraten. Ich denke nicht, dass es unbedingt notwendig ist, jede absolvierte Laufeinheit unverzüglich auf sozialen Medien zu veröffentlichen, mit Kampfschreien oder markigen Sprüchen in eine Laufveranstaltung zu starten, mit zusammen-gebissenen Zähnen wie ein Bulldozer über die Strecke zu pflügen oder auch mit geballter Faust über die Ziellinie zu laufen.

Der Zeitgeist rät zwar zur gnadenlosen Selbstdarstellung, jedoch muss man als Läufer nicht jeden wissen lassen, welch „harter Hund“ man doch ist. Auch auf leisen Sohlen kommt man ins Ziel.

Schlussworte

Ich hoffe, ich konnte das Interesse einiger (noch) Nichtläufer für eine Bewegungsform wecken, die uns Menschen einfach im Blut liegt. Den Läufern unter den Lesern konnte ich hoffentlich einige Denkanstöße liefern, fernab von dem, was in unserer heutigen Wohlstandsgesellschaft gerade in, cool, geil oder politisch korrekt ist. Ich wünsche Ihnen, dass Sie den grassierenden Leistungsgedanken minimieren können zugunsten der puren, kindlichen Freude am Laufen.

Und 1 – 2 – 3 … Los!

Quellenverzeichnis

Kapitel 2:

1 www.rekorde-im-sport.de/Leichtathletik/maenner_100m.html 21.10.2020

2 www.spiegel.de/wissenschaft/mensch/menschen-sind-ausdauersportler-und-geparden-sprinter.html 05.10.2015

3 https://www.planet-wissen.de/gesellschaft/sport/die_geschichte_des_laufens/index.html 18.09.2019

4 https://www.survivalinternational.de/da-habt-ihrs 27.02.2018

5 https://www.spiegel.de/spiegel/print/d-13511053.html 11.09.2018

6 www1.uni-giessen.de/palaver/safrika/heft2c.htm 28.02.2018

7 https://www.info-namibia.com/de/aktivitaeten-und-sehenswuerdigkeiten/kalahari/kalahari 02.10.2019

8 https://www.spiegel.de/politik/hinter-der-welt-a-6853cb6d-0002-0001-0000-000013511053 04.10.2021

9 Christopher McDougall „Born to Run“, Karl Blessing Verlag 2010, ISBN 978-3-89667-366-4

10 https://www.wissenschaft-aktuell.de/artikel/Evolution__Wie_der_Mensch_zum_Langstreckenlaeufer_wurde1771015590621.html 17.12.2021

11 https://www.spiegel.de/wissenschaft/schock-nach-dem-tod-des-propheten-a-46318e2b-0002-0001-0000-000013511763 05.10.2021

12 https://www.zeit.de/1984/31/todfit 05.10.2021

13 https://www.sportalpen.com/natural-running-und-die-wissenschaft.html 11.09.2018

14 https://www.matthias-marquardt.com/lauftechnik/ideale-lauftechnik/ 05.10.2021

15 https://www.matthias-marquardt.com/verletzungen/ 11.09.2019

16 https://www.barfuss-schuhe.net/wissen/barfussschuhe-studien/7326/ 11.09.2018

17 https://www.aerztezeitung.de/Medizin/Barfussschuh-ist-kein-Selbstlaeufer-307091.html 11.09.2018

18 https://www.dshs-koeln.de/aktuelles/forschung-aktuell/archiv/nr-52017/personen 18.09.2018

19 https://www.gesundheit.de/wellness/koerperpflege/fusspflege/barfuss-laufen-ist-gesund 11.09.2018

Kapitel 3:

20 https://www.gesundheit.gv.at/leben/bewegung/koerper/warum-bewegung 05.10.2021

21 https://www.gesundheit.gv.at/leben/bewegung/koerper/was-ist-bewegung 05.10.2021

22 https://www.kleinezeitung.at/lebensart/gesundheit/5693190/AlzheimerDemenz_Bewegung-ist-Balsam-fuer-unser-Gehirn 21.09.2019

23 Katy Bowman „Bewegung liegt in deiner DNA“, riva Verlag 2016, ISBN 978-3-86883-855-8

24 Frank Waters „Das Buch der Hopi“, Droemer Knaur Jänner 2000, ISBN 3-426-77444-5

25 https://www.fr.de/panorama/weisen-wueste-11328493.html 18.09.2018

26 https://www.focus.de/gesundheit/news/tempo-der-renner-der-evolution_aid_212176.html 02.10.2019

27 https://www.barefoot-academy.com/2018/01/13/was-den-menschen-zum-perfekten-laeufer-macht/ 02.10.2019

28 https://www.hno-aerzte-im-netz.de/unsere-sinne/gleichgewicht-halten/vestibulaeres-system.html 02.10.2019

29 https://www.planet-wissen.de/natur/anatomie_des_menschen/bewegung_muskeln_ausdauer_koordination/index.html 05.10.2015

30 https://www.lifeline.de/medizinwissen/todesursachen-id123761.html 02.09.2019

31 https://www.gesundheit.gv.at/leben/ernaehrung/richtige-ernaehrung/ernaehrungsabhaengige-krankheiten 19.09.2019

32 https://kurier.at/leben/no-sports-stammt-gar-nicht-von-winston-churchill/292.846.635 03.10.2019

33 https://www.gesundheit.gv.at/leben/altern/gesund-im-alter/biologisches-alter 03.10.2019

34 https://www.euro.who.int/de/health-topics/noncommunicable-diseases/diabetes/news/news/2015/11/physical-inactivity-and-diabetes#:~:text=Risikofaktoren%20f%C3%BCr%20Diabetes&text=Diese%20Risikofaktoren%20lassen%20sich%20beeinflussen,der%20neuen%20F%C3%A4lle%20von%20Diabetes. 05.10.2021

35 https://www.zentrum-der-gesundheit.de/ernaehrung/ernaehrungsformen/ungesunde-ernaehrung/generation-chips-ia 05.10.2021

36 https://www.genios.de/fachzeitschriften/artikel/AEZT/20100428/viel-bier-kippen-chips-und-fernsehe/000600105.html 05.10.2019

37 https://www.euro.who.int/de/health-topics/noncommunicable-diseases/obesity/news/news/2017/10/world-obesity-day-understanding-the-social-consequences-of-obesity 04.10.2021

38 https://www.kinderaerzte-im-netz.de/krankheiten/uebergewicht-fettsuchtadipositas/auswirkungen/ 04.10.2019

39 https://www.dr-walser.ch/ausdauerraeuber.pdf 05.10.2021

40 https://www.runnersworld.de/training-basiswissen/21-gruende-warum-jeder-laufen-sollte/ 19.09.2018

41 https://www.kleinezeitung.at/lebensart/gesundheit/4834558/Infografik_So-wirkt-Bewegung-im-Koerper 06.11.2015

42 https://www.dak.de/dakonline/live/dak/gesundheit/Macht_Laufen_gluecklich-1613000.html 19.09.2018

43 https://broschuerenservice.sozialministerium.at/Home/Download?publicationId=277

44 https://www.krebsinformationsdienst.de/tumorarten/grundlagen/krebsstatistiken.php 20.09.2018

45 https://www.gesundheit.gv.at/krankheiten/krebs/info/entstehung 2.10.2018

46 https://www.krebshilfe-ooe.at/information/krebs-krebs-risiko/lifestyle#c7460 05.10.2021

47 https://www.aerzteblatt.de/archiv/172128/Adipositas-Hohe-Relevanz-fuer-Krebs 2.10.2018

48 https://www.krebsgesellschaft.de/onko-internetportal/basis-informationen-krebs/vorsorge-und-frueherkennung/id-12-einfache-regeln-schuetzen-vor-krebs.html 20.09.2018

49 https://www.gesundheit.gv.at/krankheiten/krebs/info/praevention-frueherkennung 2.10.2018

50 https://www.krebshilfe.net/information/krebs-krebs-risiko/krebs-risikofaktoren 2.10.2018

51 https://www.bayerisches-aerzteblatt.de/fileadmin/aerzteblatt/ausgaben/2013/02/einzelpdf/BAB_1_2013_22_23.pdf 2.10.2018

52 https://www.krebshilfe.net/fileadmin/user_upload/Dachverband/Brosch%C3%BCren/2020_Ernaehrung_bei_Krebs.pdf 17.12.2021

53 https://www.krebsinformationsdienst.de/vorbeugung/risiken/umweltgifte.php 7.10.2019

54 https://science.orf.at/v2/stories/2989389/ 1.10.2019

55 https://science.orf.at/v2/stories/2863153/#:~:text=Fett%20oder%20Zucker%20%E2%80%93%20was%20ist,w%C3%A4ren%20f%C3%BCr%20die%20Gesundheit%20ideal. 1.10.2019

56 https://science.orf.at/v2/stories/2864328/ 1.10.2019

57 https://science.orf.at/v2/stories/2992257/ 1.10.2019

58 https://staging.jem.at/2013/expertenbericht/fettgewebe-als-endokrines-organ-189l/ 7.10.2019

59 https://www.derstandard.at/story/2000089221810/high-durch-laufen-ein-gefuehl-als-ob-alles-fliesst 8.10.2019

60 https://www.achilles-running.de/mythos-endorphine/ 2.10.2019

61 https://lexikon.stangl.eu/303/flow 5.10.2021

Kapitel 4:

62 https://www.n-tv.de/panorama/Eltern-zerren-Kinder-ins-Ziel-article17398851.html 06.04.2016

63 https://www.sportkomplott.de/stars-im-vollzug 05.10.2021

64 https://www.suva.ch/de-CH/material/Sicherheitsregeln-Tipps/sport-trotz-kaelte#:~:text=Joggen%20im%20Winter,Temperaturen%20trocknet%20die%20Schleimh%C3%A4ute%20aus.&text=Deshalb%20sollten%20Sie%20beim%20Sport,K%C3%A4lte%20auf%20Sport%20im%20Freien. 11.10.2019

65 https://www.nada.at/de/praevention/dopipedia/marketshow-was-ist-doping 13.06.2018

66 https://lawm.sportschau.de/peking2015/doping/Leichtathletik-Doping-Geschichte,dopinggeschichte174.html 24.09.2019

67 http://www.chemgapedia.de/vsengine/vlu/vsc/de/ch/16/biochem/pmbrain/braindoping.vlu/Page/vsc/de/ch/16/biochem/pmbrain/nmw_amphet.vscml/Supplement/2.html 11.10.2019

68 https://www.bleibsauber.nada.at/de/wer-dopt/bekannte-dopingfaelle (13.06.2018

69 https://www.radsport-news.com/sport/sportnews_78167.htm 24.09.2019

70 https://lawm.sportschau.de/peking2015/doping/dopinggeschichte182_page-6.html 24.09.2019

71 https://www.profil.at/home/ausser-atem-auch-olympiasiegerin-kate-allen-medikamente-244198 08.10.2021

72 https://www.spiegel.de/sport/sonst/doping-in-kenia-mehrjaehrige-sperren-fuer-sieben-athleten-a-1065025.html 30.11.2015

73 https://www.dw.com/de/doping-skandal-in-kenia-laufend-neuer-%C3%A4rger/a-18856674 30.11.2015

74 https://runaustria.at/news/2020/01/betrug-und-manipulation-wilson-kipsang-am-doping-pranger/ 27.05.2020

75 https://runaustria.at/kurzmeldungen/2020/03/marokko-und-nigeria-neue-doping-hochrisiko-nationen/ 27.05.2020

76 https://www.bleibsauber.nada.at/de/wer-dopt/doping-im-breiten--und-freizeitsport 13.06.2018

77 https://www.planet-wissen.de/gesellschaft/sport/doping_gefaehrliche_mittel/interview-perikles-simon-100.html 13.06.2018

78 https://www.bleibsauber.nada.at/de/wer-dopt/doping-bei-jugendlichen 13.06.2018

79 https://www.bleibsauber.nada.at/de/wer-dopt/dopingmentalitaet-der-gesellschaft 13.06.2018 Siehe auch: https://www.iges.com/e6/e1621/e10211/e6061/e6064/e6199/e9682/e9684/attr_objs9687/DAK_Gesundheitsreport_2009_ger.pdf 07.12.2021

80 https://www.nada.at/de/praevention/dopipedia/marketshow-warum-wird-gedopt (80) 13.06.2018

81 https://www.chemie.de/lexikon/Kreatin.html#:~:text=Kreatin%20wird%20in%20der%20Niere,als%20Bestandteil%20der%20Fleischbr%C3%BChe%20entdeckt. 23.09.2019

82 https://www.nada.at/de/praevention/dopipedia/marketshow-warum-ist-doping-verboten 13.06.2018

83 https://www.nada.at/de/praevention/dopipedia/marketshow-risiken-nebenwirkungen 13.06.2018

84 https://www.bleibsauber.nada.at/de/wer-dopt/dopinghandel-schwarzmarkt 13.06.2018

85 https://www.physio.uni-luebeck.de/fileadmin/files/lehre/Humanmedizin/Wahlfaecher/Sportphysiologie/doping_am_arbeitspl_netz.pdf 08.10.2021

86 https://www.nau.ch/sport/leichtathletik/wegen-doping-olympiasieger-sterben-fruher-als-der-durchschnitt-65705740 04.11.2020

87 https://www.aerztezeitung.de/Medizin/Freizeitsportler-gefaehrden-immer-oefter-ihre-Herzgesundheit-mit-Doping-224415.html 4.11.2019

88 https://www.sportschau.de/doping/Die-grosse-Heuchelei-102.html 24.09.2019

89 https://www.bildak.com/fileadmin/templates/team/Niebauer-Artikeln/Todesfall_b.Marathon.pdf 13.10.2021

90 https://www.apotheken-umschau.de/Sport/Fitness-Ist-zu-viel-Sport-schaedlich-553439.html 31.10.2019

Kapitel 5:

91 https://www.personal-fitness.at/fit/cms.nsf/pages/muskulaereenergie 15.06.2020

92 https://www.laufendgesund.at/default.aspx?PageId=99 15.06.2020

93 https://www.gesundheit.gv.at/leben/bewegung/koerpergewicht/energiestoffwechsel 15.06.2020

94 https://www.fitforlife.ch/artikel/protein-fuer-ausdauersportler/ 10.06.2020

95 https://www.tagesspiegel.de/themen/freie-universitaet-berlin/steinzeit-essen-wie-die-steinzeitmenschen/14592662.html 14.10.2018

96 https://www.vegan.at/inhalt/definition-veganismus 13.10.2021

97 https://www.vfed.de/de/vfed/berufspraxis/fachtexte 13.10.2021

98 Heidrun Schaller „Die Paleo (R)evolution", books4success 2015, ISBN 978-3-86470-243-3

99 https://www.gesundheit.gv.at/leben/ernaehrung/info/fluessigkeitsbedarf#:~:text=Je%20nach%20Alter%20sollten%20Jugendliche,Liter%20bei%20Erwachsenen%20pro%20Tag. 13.06.2018

100 https://unicef.at/einsatzbereiche/wasser-hygiene/ 08.10.2018

101 https://www.rundschau-online.de/ratgeber/gesundheit/wissenschaftler-erklaert-das-passiert-im-koerper--wenn-wir-zu-wenig-wasser-trinken-26883402 19.10.2021

102 https://www.hdsports.at/ernaehrung/viel-vor-und-waehrend-dem-laufen-trinken-wieso-dieser-mythos-lebensgefaehrlich-ist 08.10.2018

103 https://runaustria.at/training/gesundheit/2016/10/gefahrenpole-dehydrierung-und-hyponatriaemie/ 25.09.2019

104 https://www.spektrum.de/frage/kann-man-sterben-wenn-man-zu-viel-wasser-trinkt/1523653 04.12.2017

105 https://www.welt.de/sport/fitness/article143909758/Reines-Leitungswasser-ist-beim-Sport-gefaehrlich.html 09.10.2018

106 https://www.verbraucherzentrale.de/wissen/lebensmittel/gesund-ernaehren/himalayasalz-8638 12.10.2020

107 https://apotheken-umschau.de/print/article/191765 22.11.2019

108 https://www.personalfitness.de/lifestyle/288 19.10.2021

109 https://www.krone.at/1840854 27.11.2019

110 https://www.derstandard.at/story/2000080930276/lokale-alternativen-zum-weitgereisten-superfood 27.11.2019

111 https://www.bluehendesoesterreich.at/naturmagazin/heimisches-superfood-wenn-gsundes-um-die-ecke-waechst 27.11.2019

112 Christopher McDougall „Born to Run", Karl Blessing Verlag 2010, ISBN 978-3-89667-366-4

113 https://www.zentrum-der-gesundheit.de/artikel/fasten-formen-methoden/intermittierendes-fasten-ia 28.11.2019

114 Ulrich Neumeister „Veggie-Wahn", Freya Verlag 2016, ISBN 978-3-99025-245-1

115 Yoshinori Nagumo „Ein leerer Magen macht gesund.", Goldmann 2014, ISBN 978-3-442-22049-6

116 Christopher McDougall „Handbuch des Helden", Karl Blessing Verlag 2015, ISBN 978-3-89667-491-3

117 https://www.dw.com/de/so-reagiert-der-k%C3%B6rper-auf-hunger/a-6641241 04.12.2019

118 https://de.statista.com/statistik/daten/studie/287859/umfrage/pro-kopf-konsum-von-zucker-in-oesterreich/ 23.10.2018

119 https://sz-magazin.sueddeutsche.de/gesundheit/der-mann-der-es-mit-der-zuckerindustrie-aufnahm-84240 11.09.2018

120 https://www.focus.de/wissen/diverses/lebensmittel-us-professor-robert-lustig-zucker-ist-gift_id_4358163.html 11.09.2018

121 https://www.zeit.de/wissen/gesundheit/2016-05/zucker-verschwoerung-ernaehrung-fett-uebergewicht 11.09.2018

122 M.O. Bruker, Ilse Gutjahr „Zucker, Zucker. Krank durch Fabrikzucker", emu-Verlag 1999, ISBN 3-89189-034-6

123 Inke Jochims „Ausstieg aus der Zuckersucht", Hedwig Verlag 2004, ISBN 3-9808847-3-2

124 https://www.ndr.de/ratgeber/verbraucher/Zucker-Gefaehrlich-Gesundheit-ungesund,zucker133.html 23.10.2018

125 https://arbeitsblaetter.stangl-taller.at/SUCHT/Zucker.shtml 09.11.2020

126 https://www.deutschlandfunk.de/spende-an-ngo-coca-cola-beeinflusste-forschung-ueber.2852.de.html?dram:article_id=337887 12.09.2018

127 https://www.ages.at/download/0/0/31662582e74dc4cc57cef1bc65633198c0fd0063/fileadmin/AGES2015/Themen/Krankheitserreger_Dateien/Zoonosen/LM_bedingte_Ausbr%C3%BCche/AGES_BERICHT_Lebensmittelbedingte_Infektionskrankheiten_1l_BF.PDF 26.11.2020

128 https://www.gesundheit.gv.at/krankheiten/sucht/nikotinsucht/rauchen 05.03.2020

129 https://www.runnersworld.de/gesund-essen-trinken/vier-gruende-bier-zu-trinken/ 15.06.2020

130 https://www.suchtmittel.de/info/alkohol/000206.php 25.10.2018

131 https://www.gesundheit.gv.at/krankheiten/sucht/alkoholismus/alkohol-substanz-wirkung 28.02.2018

132 https://www.suchtmittel.de/info/alkohol/002184.php 25.10.2018

133 https://www.faz.net/aktuell/feuilleton/medien/andreas-pichlers-doku-alkohol-der-globale-rausch-16764595.html 09.07.2021

134 https://www.pharma-fakten.de/news/details/876-alkoholkonsum-3-millionen-todesfaelle-weltweit/#:~:text=Alkohol%3A%20ein%20Risikofaktor%20f%C3%BCr%20zahlreiche%20Krankheiten&text=1%2C7%20Millionen%20Todesf%C3%A4lle%20entstanden,DALYs%20gingen%20auf%20Verletzungen%20zur%C3%BCck. 22.09.2021

135 https://www.aerztezeitung.de/Medizin/Rotwein-Forscher-hat-Studien-gepanscht-280368.html 15.06.2020

136 https://www.welt.de/gesundheit/article160311021/So-schaedlich-ist-Alkohol-fuer-die-Muskeln.html#:~:text=Denjenigen%2C%20die%20auf%20das%20ein,Training%20auswirken%22%2C%20sagt%20Barnes. 29.10.2019

137 https://www.marathonfitness.de/alkohol-und-sport-muskelaufbau/ 29.10.2019

138 https://www.scinexx.de/news/medizin/gehirn-alkohol-wirkt-noch-wochen-nach/ 07.10.2019

Kapitel 6:

139 https://www.psych.mpg.de/848223/schlaf 21.10.2020

140 https://www.gesundheit.gv.at/krankheiten/gehirn-nerven/schlafstoerungen/schlafstadien 27.11.2019

141 https://www.apotheken-umschau.de/Schlafstoerungen 07.05.2019

142 https://www.menshealth.de/behandlung/was-passiert-wenn-ich-zu-wenig-schlafe/#:~:text=Schlafmangel%20erh%C3%B6ht%20die%20Aussch%C3%BCttung%20von,Folgen%3A%20Stress%20und%20Kopfschmerzen. 07.05.2019

143 https://www.derstandard.at/story/2000082079528/wie-lange-ueberlebt-ein-mensch-ohne-schlaf 12.09.2019

144 https://www.spektrum.de/lexikon/neurowissenschaft/fatale-familiaere-insomnie/3942 04.11.2021

145 https://www.springermedizin.de/emedpedia/enzyklopaedie-der-schlafmedizin/tryptophan-und-serotonin?epediaDoi=10.1007%2F978-3-642-54672-3_220 11.10.2021

146 https://help.orf.at/v3/stories/2794344/ 16.09.2019

147 https://www.psychiatrie.de/psychopharmaka/beruhigungs-schlafmittel.html 16.09.2019

Kapitel 7:

148 https://www.runnersworld.de/laufschuhe/nike-geschichte/ 31.10.2018

149 https://www.gesund-vital.de/high-heels 04.10.2020

150 https://www.welt.de/gesundheit/article126778690/Barfusslaufen-ist-Doping-fuer-die-Fuesse.html 06.11.2018

151 https://www.welt.de/gesundheit/article149657659/Schon-kleine-Kinder-laufen-sich-die-Fuesse-kaputt.html 07.11.2018

152 https://www.deutschlandfunk.de/200-geburtstag-von-sebastian-kneipp-einer-der-vaeter.871.de.html?dram:article_id=497297 04.10.2021

153 https://www.kneippvereine-gladbeck-essen.de/dokumente/upload/23d34_Barfuss.pdf 17.12.2021

154 https://www.runnersworld.de/ausruestung/-es-bleibt-spannend-in-der-laufschuhentwicklung.347580.htm 11.09.2018

155 https://www.zentrum-der-gesundheit.de/artikel/umwelt/textilien-giftstoffe-ia 07.11.2018

156 https://wirtschaftslexikon.gabler.de/definition/greenwashing-51592 24.10.2020

157 https://www.bmlrt.gv.at/ 12.11.2018

158 https://www.umweltberatung.at/download/?id=Textilienbroschuere-1106--umweltberatung.pdf 17.12.2021

159 https://www.siegelklarheit.de/15-bluesign-product 23.11.2018

160 https://www.global-standard.org/de/der-standard.html 23.11.2018

161 https://www.fairtrade.at/was-ist-fairtrade/fairtrade-siegel.html 23.11.2018

162 https://www.oeko-tex.com/de/unsere-standards/standard-100-by-oeko-tex 23.11.2018

163 https://www.br.de/puls/themen/popkultur/faire-mode-104.html 14.11.2018

164 https://www.wwf.de/themen-projekte/meere-kuesten/plastik/unsere-ozeane-versinken-im-plastikmuell 21.11.2018

165 https://greenwire.greenpeace.de/system/files/2019-04/s01951_greenpeace_report_konsumkollaps_fast_fashion.pdf 17.12.2021

166 https://www.biorama.eu/kein-plastik-ist-auch-keine-loesung/#:~:text=Mikroplastik%20aus%20Textilien%20gilt%20als,keine%20umweltfreundliche%20Alternative%20zu%20Polyester.&text=Doch%20ein%20Kunstfaser%2DBoykott%20w%C3%A4re%20laut%20der%20Umweltorganisation%20Greenpeace%20keine%20L%C3%B6sung 14.11.2018

167 https://help.orf.at/v3/stories/2829735/ 26.09.2019

168 https://www.bergzeit.at/magazin/synthetikfasern-nachhaltig-outdoor-textilien/ 04.11.2021

169 https://utopia.de/ratgeber/nachhaltige-outdoor-bekleidung/ 26.09.2019

170 https://www.tao.info/materialien/laufbekleidung/ 21.04.2020

171 https://recyclingportal.eu/Archive/27888 21.04.2020

172 https://www.zeit.de/wissen/umwelt/2019-06/recycling-plastikmuell-kunststoff-umweltverschmutzung-umweltschutz 21.04.2020

173 https://scroc.eu/nachhaltigkeit/ 04.11.2021

174 https://www.petromax-shop.de/petromax_de/petromax-bekleidung/loden.html 04.11.2021

175 Chuck Palahniuk „Fight Club“, Knaur 1999, ISBN 3-426-61617-3

176 https://www.achilles-running.de/kompression-shirts-struempfe/ 06.11.2018

177 https://www.ofaaustria.at/de-at/kompressions-oder-stuetzstruempfe/ 20.12.2018

178 https://www.runnersworld.de/ausruestung/kompressionsstruempfe-koennen-laeufer-schneller-machen.368036.htmpfe+k%c3%b6nnen+l%c3%a4ufer+schneller+machen&ei=ymmrx_vlevfo1fap8u-yma&start=10&sa=n&ved=2ahukewj72oyjicjsahv3zxuihfk3dayq8tmdegqicra1&biw=1920&bih=969 06.11.2018

179 https://www.spiegel.de/gesundheit/ernaehrung/leistungsmessung-im-sport-pulskontrolle-ist-ueberholt-a-900275.html 23.11.2018

180 https://www.achilles-running.de/laufen-mit-musik/ 08.10.2015

181 https://www.derstandard.at/story/2000012977262/musik-ueber-kopfhoerer-nicht-laenger-als-eine-stunde-taeglich 26.09.2019

182 https://www.apotheken-umschau.de/Krebs/Wie-gefaehrlich-ist-Handystrahlung-535337.html 02.10.2018

183 https://www.diagnose-funk.org/ratgeber/mobilfunk-5g-risiken-alternativen/mobilfunk-auseinandersetzung-um-die-risiken/gibt-es-einen-grenzwert-der-schuetzt 15.05.2020

184 https://www.krebsinformationsdienst.de/vorbeugung/risiken/krebs-durch-handys-mobilfunk-elektrosmog.php 28.05.2020

185 https://www.runnersworld.de/laufzubehoer/lauf-und-trinkrucksaecke/ 14.10.2020

186 https://www.bergfreunde.de/basislager/polarisation-bei-sonnenbrillen-was-ist-das/ 17.12.2021

187 https://www.optiker-steiermark.at/sonnenbrillen-guide/ 16.11.2021

188 https://berghasen.com/2017/07/18/wandern-stoecke-vorteile-nachteile/ 16.10.2020

189 https://xc-run.de/material/stoecke/stockeinsatz-die-welt-der-trailrunning-stoecke/ 16.10.2020

190 https://www.economy4mankind.org/wirtschaftswachstum-kritik-alternativen/ 21.11.2018

191 Johannes Heimrath „Die Post-Kollaps-Gesellschaft“, Scorpio Verlag 2012, ISBN 978-3-942166-78-2

Kapitel 8:

192 https://www.faz.net/aktuell/sport/mehr-sport/der-erste-olympiasieger-afrikas-barfuss-auf-der-via-appia-11041192.html 12.08.2019

193 https://de.wikipedia.org/wiki/Abebe_Bikila 12.08.2019

194 https://www.bisp-surf.de/Record/PU201009006729 12.08.2019

195 https://www.tagesspiegel.de/sport/kolumne-so-laeuft-es-das-rezept-von-emil-zatopek/14679346.html 08.06.2018

196 https://www.spiegel.de/geschichte/olympia-1952-emil-zatopeks-marathon-rekord-a-947636.html 08.06.2018

197 https://www.spiegel.de/spiegel/print/d-21977282.html 08.06.2018

198 https://www.faz.net/aktuell/sport/legenden-laufwunder-zatopek-tot-112465.html 28.04.2020

199 https://de.wikipedia.org/wiki/Jim_Peters 13.08.2019

200 Christopher McDougall „Born to Run", Karl Blessing Verlag 2010, ISBN 978-3-89667-366-4

201 https://www.hobbylauf.de/berichte/holzinger/man_versus_horse.htm 13.06.2019

202 https://www.focus.de/gesundheit/news/tempo-der-renner-der-evolution_aid_212176.html 26.04.2019

203 https://sciencev1.orf.at/news/99318.html 13.08.2019

204 Christine Thürmer „Laufen. Essen. Schlafen.", Piper Verlag 2018, ISBN 978-3-492-40488-4

205 Brigid Wefelnberg „The Track. Auf Umwegen zur Extremläuferin" Piper Verlag 2017, ISBN 978-3-89029-485-8

206 Wim Hof, Koen de Jong „Die Kraft der Kälte", riva Verlag 2018, ISBN 978-3-7423-0051-5

207 Mike Horn „Breitengrad Null", Piper Verlag 2004, ISBN 3-492-24037-2

208 Aron Ralston „Im Canyon", Ullstein Verlag 2016, ISBN 978-3550076206

209 Viktor E. Frankl „...trotzdem Ja zum Leben sagen", dtv 2005, ISBN 3-423-30142-2

Kapitel 9:

210 https://der.orf.at/medienforschung/fernsehen/fernsehnutzunginoesterreich/index.html 05.11.2021

211 Bronnie Ware „5 Dinge, die Sterbende am meisten bereuen", Arkana 2015, ISBN 978-3-442-15752-5

212 John Strelecky „ Das Café am Rande der Welt", dtv 2020, ISBN 978-3-423-20969-4

Kapitel 10:

213 Alexander von Schönburg „Die Kunst des lässigen Anstands", Piper Verlag 2018, ISBN 978-3-492-05595-6

214 Emil Schlee „Ritter sein – um der Zukunft willen", Verlag für außergewöhnliche Perspektiven 1996, ISBN 3-922367-80-1

215 https://gams.uni-graz.at/o:lima.10/UE_I_COPY1 03.09.2020

216 https://www.filmzitate.de/zitate/Last-Samurai-2004x0 04.09.2020

217 https://www.wertesysteme.de/werte-glossar/tugend/ 03.09.2020

218 https://www.kathpedia.com/index.php/Kardinaltugenden 03.09.2020

219 http://www.theologie-heute.de/KardinaltugendenMunchen05.pdf 03.09.2020

220 https://www.duden.de/rechtschreibung/Mut 01.10.2020

221 https://www.duden.de/rechtschreibung/Tapferkeit 01.10.2020

222 https://de.wikipedia.org/wiki/Mut 01.10.2020

223 https://www.kathpedia.com/index.php?title=Tapferkeit 02.10.2020

224 http://www.kathpedia.com/index.php?title=M%C3%A4%C3%9Figung 02.10.2020

Autorenbiografie

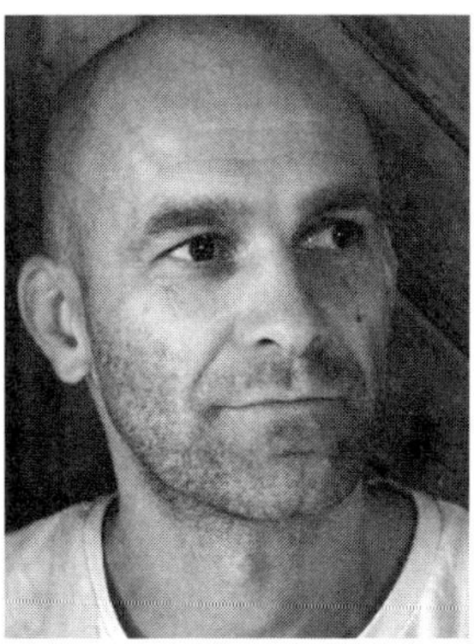

Markus Teni, *1972 geboren, lebt und arbeitet als selbstständiger Bautechniker in der Steiermark. Er ist verheiratet, Vater von fünf Kindern und leidenschaftlicher Läufer.*

Lorenz Borsche

Nahrungsergänzung im Selbstversuch

Softcover, 272 Seiten,
ISBN 978-3-99100-325-0
€ 19

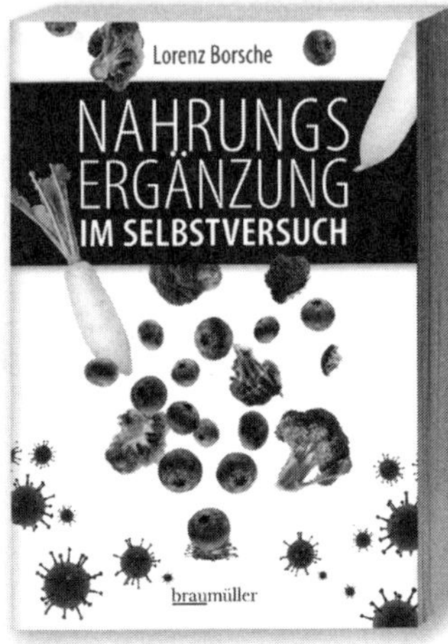

Der Mensch kann bei ausgewogener Ernährung, maßvollem Einsatz von Sonnenlicht und ausreichender Bewegung seinem Körper fast alles zuführen und bereitstellen, was für ein weitestgehend krankheitsfreies Leben und ein starkes Immunsystem notwendig ist. Aber eben nur fast. Wie viel ist zu ergänzen? Lorenz Borsche hat – ärztlich kontrolliert – den Selbstversuch gemacht und berichtet von seinen Erfahrungen.

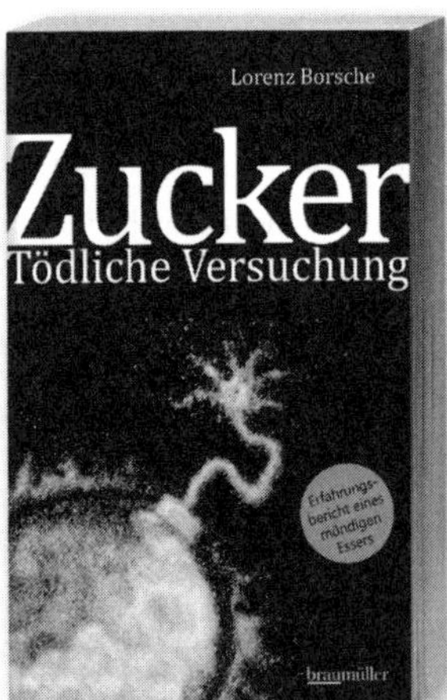

Lorenz Borsche

Zucker - Tödliche Versuchung

Softcover, 112 Seiten,
ISBN 978-3-99100-241-3
€ 12

Warum nehme ich täglich zu, obwohl ich doch normal esse? Warum habe ich ständig Hunger und muss „was kleines Süßes" zwischen den Mahlzeiten einschieben? – Erfahrungsbericht eines mündigen Essers. Mit gesundem Menschenverstand und einigen Tipps lässt sich die Kontrolle über das eigene Leben ganz einfach zurückgewinnen.

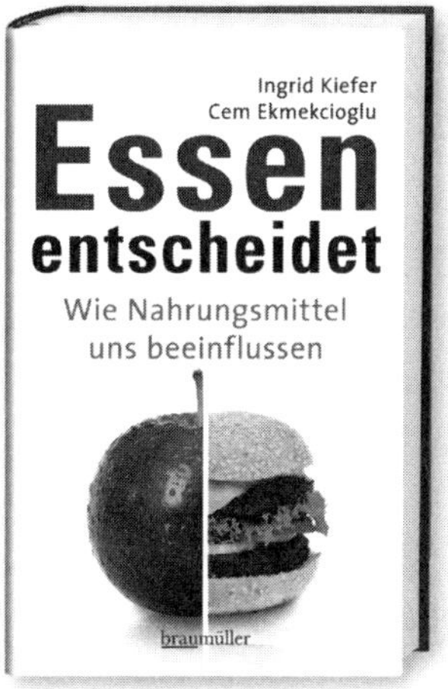

Cem Ekmekcioglu, Ingrid Kiefer
Essen entscheidet
Wie Nahrungsmittel uns beeinflussen

Gebunden, 246 Seiten,
ISBN 978-3-99100-067-9
€ 19,90

Wie wichtig ist regelmäßiges Essen? Welche Nahrungsmittel können tatsächlich unsere Stimmung verbessern und welche steigern die körperliche und geistige Leistungsfähigkeit? Macht Zucker aggressiv oder Fast Food depressiv? Welche Nährstoffe fehlen Vegetariern, Rauchern oder Gemüseverweigerern? Diese und viele weitere Fragen werden auf allgemein verständliche und nachvollziehbare Weise beantwortet.

Cem Ekmekcioglu, Ingrid Kiefer
Fitness geht durch den Magen
Wie Ernährung unsere geistige und körperliche Leistungsfähigkeit beeinflusst

Gebunden, 232 Seiten,
ISBN 978-3-99100-123-2
€ 19,90

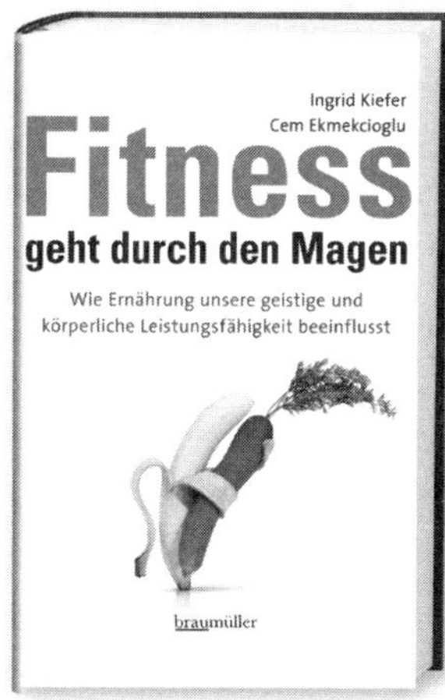

Unsere Umwelt – von Schule oder Arbeitsplatz bis zum Lebenspartner – verlangt unsere volle Leistung. Erfahren Sie in diesem Buch alles über den Einfluss der Ernährung auf die geistige und körperliche Leistungsfähigkeit.

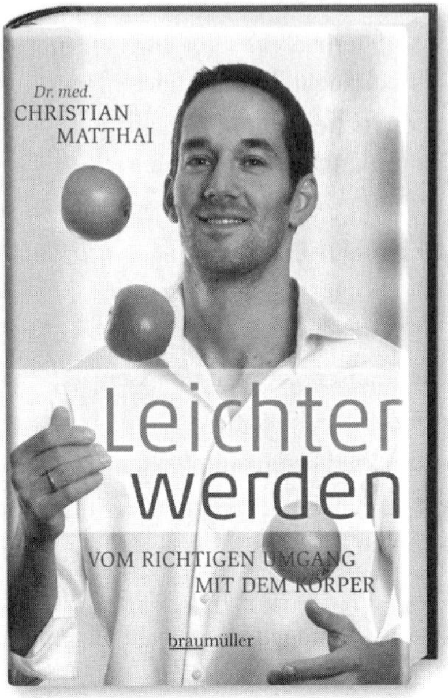

Christian Matthai

Leichter werden

Vom richtigen Umgang mit dem Körper

Gebunden, 192 Seiten,
ISBN 978-3-99100-090-7
€ 19,90

Mehr als die Hälfte der erwachsenen Europäer ist übergewichtig. Haben wir verlernt gesund zu leben? Oder ist der menschliche Körper des 21. Jahrhunderts durch falsche Ernährung bereits verweichlicht? Der aus den Medien bekannte Gesundheitsexperte Dr. Christian Matthai zeigt mit seinem neuen Buch, wie man seinen Körper in Form hält.
Und er setzt dabei nicht nur bei der Ernährung an: Leichter werden handelt auch von der richtigen Lebensführung und startet von Grund auf mit den neuesten wissenschaftlichen Erkenntnissen zum Stoffwechsel und Hormonhaushalt. Wo ein Wille, da ein Weg: Ein gesundes und glückliches Leben fängt im Kopf an und äußert sich neben der Ernährung auch in der täglichen Bewegung.
Dr. Christian Matthai beleuchtet mit Leichter werden auf charmante und verständliche Art Ernährung und Lebensführung, verbindet sie miteinander zum ultimativen „Well Aging"-Konzept. Das wissenschaftliche Fundament spricht damit auch jene Leser an, die bereits mit der Materie vertraut sind.